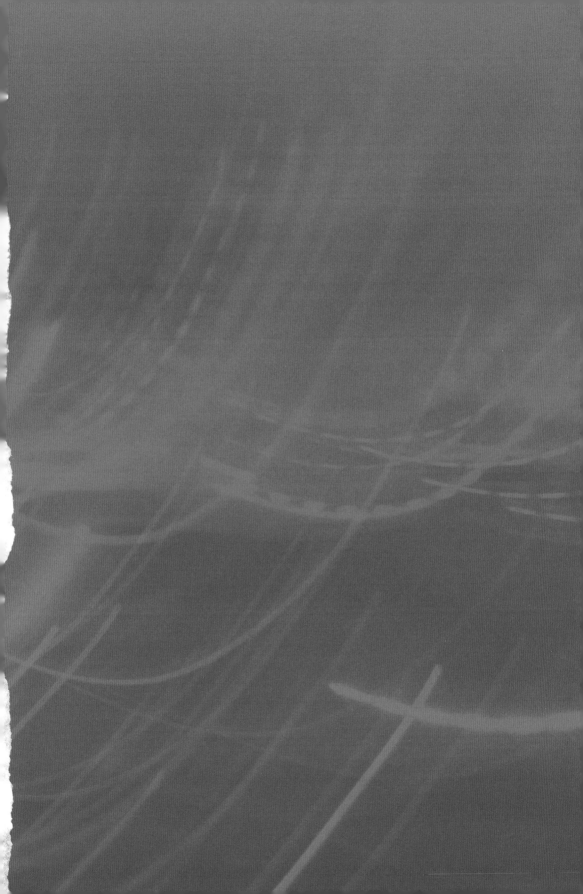

EVERYDAY
GIVING
IN CHINA

韩俊魁 邓 锁 马剑银 等 著

中国公众捐款

谁在捐·怎么捐·捐给谁

Who is Giving?
How Giving Happens?
To Whom?

社会科学文献出版社

SOCIAL SCIENCES ACADEMIC PRESS (CHINA)

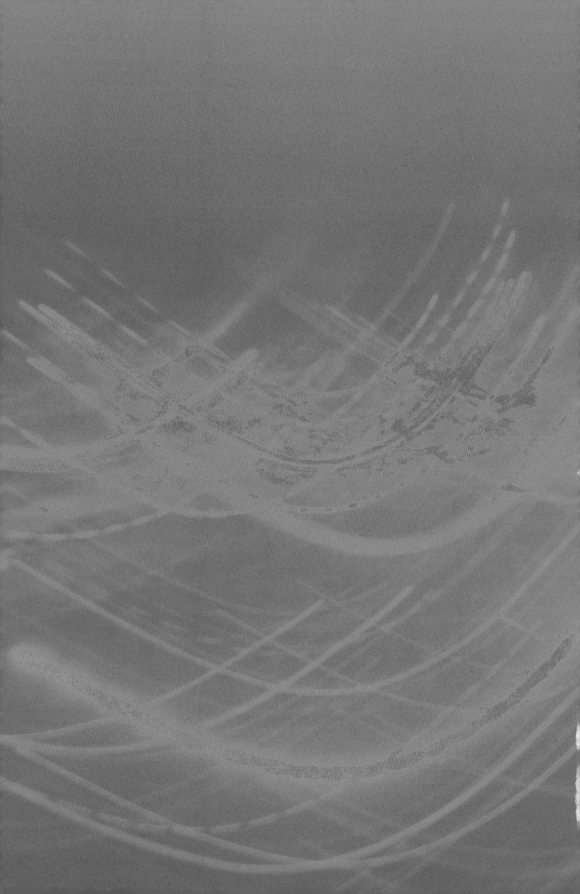

序

2013 年 12 月，盖茨先生首次在其个人博客中提到公众捐赠，正值美国第二届"捐赠星期二"（Giving Tuesday）收官。在美国，感恩节期间囤货送礼的传统久已有之，但是在"黑色星期五"和"网购星期一"之后，倡导善举的"捐赠星期二"赋予了传统的感恩节以新的温度。盖茨夫妇每年都会在"捐赠星期二"期间，从个人的银行卡账户捐款给他们喜爱的非营利组织，并常常在推特转发和举荐这些组织。

不约而同，2012 年，新浪成立微公益平台，利用微博用户的社交网络引入互动机制，支持和孵化了"免费午餐""微博打拐""大爱清尘"等多个全国性的公益品牌，也成功推出"冰桶挑战""爱心一碗饭"等热门公益话题。2015 年，腾讯公益联合数百家社会组织、企业和知名人士共同发起"99 公益日"——中国第一个由民间发起的全民慈善捐赠日，通过移动互联网让日常小额捐赠进入亿万网民的视线。2016 年，支付宝公益推出了"蚂蚁森林"，四年之内累计超过 5 亿用户通过互联网参与了环保善行。2020年，新冠肺炎疫情暴发的第一个月，2993 万人次通过互联网公开募捐平台在短短一个月的时间里，共捐赠 15.68 亿元支持一线抗疫，人均捐赠额为81.95 元。

盖茨先生在他的博客中提到："捐赠星期二"代表了一个新的潮流——以技术提升慈善的效率和效果。的确如此，互联网技术正在改变中国公益慈善的格局，它使数以亿计的网民了解、参与和监督公益慈善项目和活动，促使公益行业把效率和透明原则放在首位。网络技术不仅帮助捐赠人更加方便地支付，还帮助他们更便捷地收集信息、了解项目、对比效果，使他们的捐赠更加理性和科学。

而互联网捐赠又只是持久而广泛的日常捐赠的一个切入点，其发展离不开公众捐赠的文化、历史和社会基础。"达则兼济天下"道出了中国同胞心怀天下的情怀，而"勿以善小而不为"这样对日常善行的鼓励和教诲，也诠释了公众捐赠的文化根基。

为了更加全面地了解中国公众捐赠的基本情况和发展趋势，2019年初，盖茨基金会支持北京师范大学和北京大学等高校的联合团队开展了本次横跨东中西12个县市的公众捐款调研。希望调研的成果能够为关心公众捐赠的社会组织、平台组织、管理机构和各方伙伴，提供有用的数据基础和行动参考，从而进一步促进公众捐赠的发展。

清晰地记得，收到定量分析初稿的那个下午，我恰好结束一个和腾讯公益平台的会议。站在中关村川流不息的路边上，我迫不及待地在手机上一页页翻看这4400份调研问卷所揭示的秘密，忍不住拨通电话和课题组的老师们兴奋地讨论起来。

调研结果既有出乎意料的数据，又在诸多方面证实了业内人士的猜想。例如，39.31%的受访者表示在过去三年内做过捐款，32.54%的受访者在过去一年之内做过捐款。这一比例高出已有的一些区域性或国际报告中中国人捐赠的数据，体现了慷慨助人精神较为广泛的基础。而超过55%的受访人曾经通过互联网平台支持个人求助，这样让我们并不意外地看到，直接捐赠与回应个人求助，在广大网民的观念中等同于"做好事"的慈善。而在互联网之外，也有很多的公众在默默关注和支持公益慈善事业——32.4%的公众过去一年曾经直接捐赠给受益人，16.0%的公众直接捐赠给慈善组织，15.4%的公众通过单位集体组织进行捐赠。出乎意料的是，相比起信任慈善组织（10.4%）和信任求助者（10.3%）这两个捐款原因，60.2%的捐款人表示，他们捐赠的原因是相信"有余力者应该帮助别人"。

社会发展领域的需求是广泛而多元的，只有全社会共同关注、支持和贡献，才更利于共建和谐美好社会。高效透明的公益慈善也不再只是大基金会、企业家和专家才能践行的，即便是普通公众，只要能够进行小额捐赠并对机构数据稍做查找和判断，都可以参与到高效透明的慈善中来。

盖茨基金会的慈善发展团队，在倡导高净值家族进行长期和大额的战略性捐赠的同时，还在世界多个地区推动关于公众捐赠的探索工作。一方面，基金会联合研究机构，收集和分析公众捐赠的基本情况，让行业更加了解捐赠人，了解他们的特点，包括行事原则、信息来源和捐赠习惯等，从而更好地提升机构与捐赠人的互动和联系。另一方面，盖茨基金会团队积极支持对方法、渠道和平台的创新，鼓励公益伙伴去探索与捐赠人互动的有效途径，把研究中的好想法落实到实践中。

公众捐赠在每个国家和地区都有不同的机遇和挑战。美国大约有70%的人每年进行各种形式的捐赠，而且美国的个人捐赠（包括大额捐赠和公众捐赠）贡献了整体捐赠额的70%。但是，美国的总体捐赠额多年保持在400亿美元的水平，鲜有增加。而如果算上通货膨胀的影响，总捐款额还略有降低。我们合作伙伴的研究发现，捐赠缺乏计划性、缺乏社会规则的引导（例如，在捐赠金额和频率上）以及有过多的冲动型捐赠，这是需要引导捐赠人改变的主要方面。而超量的筹款信息、捐赠人面临的信息不对称以及复杂的捐赠步骤等，是公益机构和捐赠平台可以进一步突破的瓶颈。印度的情况又非常不同。根据2019年盖茨基金会支持的一项研究，印度公众捐款总额达到了51亿美元之多，其中90%都是宗教和个人求助类型的捐赠，约10%的公众捐款（约5.28亿美元）流向了社会组织。印度80%的公众捐款是通过线下完成的，移动支付等技术手段在慈善捐赠的应用中还有巨大的发展空间。

在中国，在互联网技术和平台的推动下，互联网捐赠在过去几年引领着公众捐赠的新潮流。同时，我们也看到了公众捐赠在参与的广度和深度上的巨大空间，一方面与高校研究者合作探索和了解公众捐赠的方方面面，并与行业伙伴分享研究的成果，一方面支持公益行业在倡导和鼓励公众捐赠方面进行创新和探索。在过去的四年中，盖茨基金会与来自民政部、高校研究机构、互联网募捐平台、公募基金会的同行者们，一起通过实践推动中国的公众捐赠事业。

写到这里，细心的读者可能注意到了，文中更多地使用了"公众捐赠"这个关键词，而非本书的关键词"公众捐款"。其实，研究团队在项目初期就对术语的使用和定义进行了详细的讨论。在英文语境中，我们统一使用了 Everyday Giving 这个词，而在中文语境中，同行对多个词语都有使用，包括"公众捐赠""日常捐赠""小额捐赠"等。为确保研究的精准度，团队最终将本次研究的范围限定在对"捐款"行为的研究上，暂不包括志愿行为以及实物、步数或声音等其他形式的捐赠。所以，本书也是围绕"公众捐款"展开论述的。而由于盖茨基金会的工作支持了包括公众捐款在内的更加宽泛的捐赠的定义，本文的介绍更偏向于使用"公众捐赠"的概念。

本次公众捐款研究，要特别感谢北京师范大学的韩俊魁老师和北京大学的邓锁老师，两位老师带领研究团队，包括马剑银、赵小平、林红、俞祖成、杨怀超、齐从鹏、石秀博、胡英姿、刘逸凡等各位老师和研究者，以不输于公众捐赠的速度，在不到一年的时间内完成了全国性的定量调研与分析、案例研究和书稿撰写。在两位老师及马剑银老师的共同带领以及其他8位作者的积极配合之下，烦琐的统稿工作得以在短时间内完成。项目初期，邓国胜、纪颖、张炎、李长文和卢玮静等老师都为项目提供了重要的指导和建议。基金会中心网的程刚、王璐、庆子等多位同行，对项目的管理和顺利实施也做出重要贡献。我谨代表盖茨基金会团队在此诚挚致谢，并期待在未来与更多伙伴在这一领域携手共同建设、开拓创新。

最后，感谢我的同事，盖茨基金会北京代表处和西雅图总部公益慈善发展团队对本项目的支持和厚望。

郝睿禧

比尔及梅琳达·盖茨基金会项目官员

2020 年 8 月

目　录

下编 典型案例研究

第九章 民间信仰驱动的本土慈善捐款

第十章 公众月捐的双重性

第十一章 始于公募、止于服务的互联网筹款模式

导论　比较视野中的中国公众捐款

一　研究问题、背景及其意义

近年来，尤其是在《慈善法》颁布和互联网筹款热潮兴起后，无论非营利领域的决策者、实务界还是研究者的关注点，都由聚焦组织而拓展至更多元的领域。公众捐款即其中热点之一。此项实证研究的材料主要来自京、浙、吉、赣、川、甘6省（市）的抽样调查数据，以及来自京、沪、浙等地的5个组织和平台的深度案例研究。围绕谁在捐、怎么捐、捐给谁等问题对捐款公众的特征、捐款规律等进行扫描和刻画。在呈现具体的研究框架和发现之前，有必要将公众捐款置于更广阔和复杂的背景及话语体系之中予以陈述，以凸显其发展脉络和研究价值。

（一）慈善简史及公众捐款的倒叙与还原

20世纪90年代，萨拉蒙等开展的一项跨国比较研究的数据显示，收费收益和政府资金在非营利部门的资金来源构成中分别占53%和34%，包括个人、基金会和公司等捐款在内的私人慈善所占比例仅为12%。接下来的发现终于让捐款者自豪感陡增：一旦将志愿服务时间折算在内，私人慈善在非营利部门12个领域之中的7个均成为收入的第一大来源（萨拉蒙、索克洛斯基，2007：34～63）。① 撇开志愿服务的重要作用不论，12%的份额如此之低，是

---

① 另一个有意思的现象是，发展中国家和转型中国家的私人慈善捐款在非营利部门现金收入中的比例反而普遍高于发达国家。例如，在盎格鲁－撒克逊国家的非营利部门收入中，源自收费收益、政府资金和慈善的比例分别为55%、36%和9%；北欧国家分别为59%、33%和7%；德、法等欧洲式福利伙伴关系国家分别为35%、58%和7%；日本、韩国（转下页注）

否就意味着私人慈善不重要呢？从萨拉蒙更早的一项研究中可以找到他对私人捐献（private contribution）重要性的辩护："私人捐献赋予这些组织（organizations）以卓然品格：虽为独立、私人的社会机构（institutions），却为实现必要的公共目的而存在。私人捐赠（private giving）在非营利组织的收入中份额虽少，但任何危及它（的行为）都意味着动摇非营利部门之本质。"（Salamon，1995：168）①进一步追问，假若私人慈善的份额萎缩为零，那其他两部分的资金来源为何就不能支撑非营利部门存在的合理性呢？非营利部门收费收益比例越高，财务独立性越强，不是越能实现其自治性和自主性吗？换言之，萨拉蒙为何非要坚持私人慈善对非营利部门本质的独有性呢？

紧接着，萨拉蒙（Salamon，1995）表达了对收费收益在非营利部门收入中比例的持续上升，尤其对非营利部门"商业化"的隐忧。很多组织收入中收费部分的增加，已说明其服务对象正在偏离穷人而转向有支付能力者。此外，将一些商业手法引入慈善领域能带来诸多创新，但"商业化"会挤压情感主义的空间，并在很大程度上削弱非营利部门的使命和身份。然而，萨拉蒙并未意识到其论证中的吊诡之处：在他试图戳穿非营利部门功能失调的三个神话——功能失调的神话（Dysfunctional Myths）、志愿主义的神话（the Myth of Voluntarism）以及完美概念的神话（The Myth of Immaculate Conception）时，却悄然为其所担心的非营利部门"商业化"打开了方便之门。也正是出于对上述两种资金来源份额增加以及志愿失灵的隐忧，萨拉蒙将目光投向了政府资金。至于政府资助是否会对非营利部门造成负面影响，萨拉蒙认为根本无须担心。恰恰相反，政府资助的削减将迫使非营利部门远离弱势群体（Salamon，1995：101 - 102，143 - 144）。也就是说，借助于托克维尔式的非营利部门之逻辑先在以及非营利部门与政府在公共目标取向

（接上页注①）等亚洲工业化国家分别为62%、35%和3%；发展中和转型中国家分别为61%、22%和17%。但若将志愿服务折算进私人慈善，这一规律就消失了，也见萨拉蒙、索克洛斯基（2007：34～63）。

① 萨拉蒙等西方作者在使用 private giving 和 private contribution，the Third Sector 和 the Non-Profit Sector，charity 和 philanthropy，以及 organization 和 institution 等词时，并未严格区分。其实，这并不意味着这些同义词或近义词之间毫无区别。

上的契合性，萨拉蒙完成了对二者为伙伴关系的论证。这一点并非没有争议。有些国家政府资金对非营利部门独立性的影响要比美国大得多，比如中国（韩俊魁，2015，2017b）。这样一来，萨拉蒙的论证逻辑可归纳为：因为和非营利部门存在伙伴关系，政府应当扩大资助，这样能防止商业化和收费收益比例的攀升，再通过保持私人慈善的稳定份额，从而使非营利部门的本质不被动摇。既然私人捐款对非营利部门之本质属性如此重要，那为何这一比例如此之低？难道公众缺乏爱心？还是说这一比例自新自由主义改革之后才开始降低？在萨拉蒙的论证链条中，私人慈善重要性的根本原因仍晦涩不明。

其实，对商业化和政府资助更为敏感和更具争议性的并非非营利部门，而是其中的一个子集——慈善组织及其事业。首先，毕竟与很多非营利组织不同，主要关注穷人等弱势群体的慈善组织饱受筹款之苦，受商业和政府影响更为显著。其次，接受巨额捐款固然令慈善组织喜出望外，但富豪捐款再多，也难保其慈善事业不坠。同时，在和大额捐赠方交往时，也难免"卖方"兜售其利益和价值。显然，若将公司捐款和富豪大额捐款等从私人慈善 12% 的比例中予以剔除，个人捐款所占比例显然更低。那么，研究个人捐款的意义何在呢？个人捐款和慈善组织及其事业的关系又是什么呢？

萨拉蒙的跨国比较研究一直试图超越"美国制造"综合征（Beyond the "Made in America" Syndrome），但历史比较的深度有限。与萨氏关注非营利部门的独立性不同，同样面对非营利部门与其他部门之间边界日渐模糊以及随之而来的压力，佩顿等（Payton and Moody，2008）试图开辟另一条解释路径。在思考"什么是只有非营利部门或慈善才能做到，而商业和政府均无法实现"这一独特性问题时，他们认为，非营利管理的思路忽视了更为基础的慈善本质。若要保证萨拉蒙所谓非营利部门必要的可辨别性（distinctiveness imperative），就须追寻慈善之原理及其角色。接下来，他们从人文视角将慈善界定为"追求公共善的志愿行为"（Voluntary action for the public good）。也就是说，这一界定将萨拉蒙等当然察觉到的志愿服务置于优先考虑的地位。这样一来，佩顿等在强调道德、政治参与等维度上将萨拉蒙的"私人慈善对保证非营利部门独立性至关重要"这一命题转换为

"慈善之所以重要，是因为与每个人的日常生活息息相关"。即每个人都可以是施惠者，也可能是受赠者，"我们都很脆弱。我们总会以某种方式受惠于慈善。我们都曾是未成年人"（Payton and Moody，2008：15）。如果遗忘了仁慈、爱邻里、公民性、宽容等日常美德，如果遗忘了正式的、组织化慈善之外非正式慈善所呈现的个体性、日常性、体验性、习得性的人人慈善自传（everybody's philanthropic autobiography），那就无法真正把握慈善的本质，自然会凭一些统计数据产生私人慈善日益萎缩的错觉。转换视角后发现，慈善远远超出了组织的范围，慈善也许没有我们想象的那么小，统计似乎也难以担当"精确计算慈善"之重任；也只有如此，我们才能在本体意义上使慈善或非营利部门摆脱商业和政府的负面影响，进而获得独立性。

由此，我们找到了本项研究的重大意义和问题起点。笔者认为，佩顿等人的逻辑起点基本成立，但慈善发展的事实比其论述更为复杂，因为慈善在历史上不断和各种外力相互形构。分析慈善，除了关注与之密切相关的商业、政府、基金会和个人，或许还有别的内容。

作为人类社会的伴生物，公众捐款、互助等现象普遍存在，其历史也定然久远。《圣经》中就有主称赞穷寡妇捐小钱的故事。然而，现代意义上的公众捐款引发关注，并自觉被人们视为一门艺术和技术而加以实践和运用，可能是18世纪下半叶以后的事了。之所以这样说，是基于西方慈善发展史的判断：以现代非营利组织为主要特征的现代慈善运动肇始于"仁慈时代"（Age of Benevolence）的18世纪①。及至19世纪初，年轻的麦考利讽刺地说：这是个社团的时代（This is the age of societies）。几乎所有英国人都加入了某个协会（association）。他们或分发书籍，或送患者去医院，或给穷人送毯子。晚一辈的詹姆士·斯蒂芬爵士也有同感："我们身处社团的时代（Ours is the age of societies）。哪里要革除压迫，哪里就有公众会议；哪里有悲伤需要治愈，哪里就有赞助人、副主席和秘书长；哪里有可以分

---

① 佩顿等人认为，"组织化慈善（organized charity）比民主和资本主义更为悠久，要早于基督教、佛教，甚至要早于那些消失在历史之中的社会和传统"（Payton and Moody，2008：13－14）。他们从慈善传统来这样解释没有问题，和笔者所说的"现代意义上的公众捐款以及现代非营利组织为特征的慈善运动"之间也并不矛盾。

享的祝福，哪里就有一个委员会。"（转引自 Himmelfarb，1991：3－4，186）
这些组织主要依赖筹款、筹集物资以及志愿服务而生存。于是，作为其有机
组成部分，公众捐款应当和同一范畴内的相对物——公众募款相伴生。此时
的慈善组织已发展出较为清晰的捐赠程序、资金使用目的和途径、财务审查、
惩罚措施等日常管理制度，还采取了慈善音乐会等多种筹款手段，以及购买
股票、彩票和公债等多种增值保值举措（姜鹏飞，2010）。这种组织化运作方
式显然为更多的捐款者提供了便捷的参与通道。至于高擎"慈善科学"（The
Science of Charity）大旗的募款以及善举的组织化实施，在 19 世纪 60 年代
以后已蔚然成风（Himmelfarb，1991：3，4，186）。这也是当时查尔斯·洛
赫（Charles Stewart Loch）对"组织"的出现大为惊讶的同时敏锐地察觉到
慈善与组织之间存在张力的慈善转型时代之侧影。总而言之，在日益祛魅
和现代个体生成的大背景下，现代公众捐款、公众募款和非营利组织的兴
起之间具有高度的相互同构性，这三者和古老的公众捐款及社会动员机制
之间也有着深刻的内在关联性和延续性。

　　正是在此环境的熏炙之下，19 世纪末 20 世纪初，富豪成立基金会这一
新的组织形式才有了可能①。若把现代非营利组织之发展作为慈善运动的第
二个阶段，那我们可以清楚地看到，这时萨拉蒙所关注的私人慈善进入了
一个新阶段，即所谓基金会、政府购买服务、公司捐赠等这些现代词语是
在慈善传统之上的新发明。随着福利国家承接了原有慈善的部分功能，劳
动、自助、专业化等观念不断深入人心，以及对更广泛的施加于弱势群体
之上的直接原因背后更多原因的追问，相当一部分传统慈善力量转为服务。
现代非营利组织比草根组织等非法人社团更能提供规模化绩效。但在提供所
谓专业服务的同时，其运作成本也急剧增加。因此，"慈善有成本"这种现代
说辞不断否定和规训"慈善无成本"的古训。这种慈善嬗变背后至少有两个
潜在后果值得警惕：随着各种复杂组织形式的出现以及捐款者至受益人之间
组织链条的不断延长，"捐赠者和受助者失去直接联系，慈善将失去其实践效
能及道德目的"（Friedman and Mcgarvie，2002：48）。此外，资本的本质绝

---

① 当然，这并不意味着历史上没有富豪的大额捐赠，也不意味着以前没有基金会的形式。只
　是说，在现代非营利组织运动中，基金会的数量、规模和作用均有很大的不同。

非慈善，否则商业部门并无存在之必要。借用布罗代尔（1997）资本主义的外向性和大企业的垄断性之判断，慈善很容易被资本掳掠为华美的装饰品。近年来，被佩顿等人视为慈善和非营利组织独立性重要标志的志愿运动在快速发展。这种古老基因一直存在，甚至可以说伴随人类始终。但也不排除一种新的动因出现，即志愿者个人对组织成本理性、规则理性乃至组织控制等能动性抵抗也在加剧。最后，古老的互助组织在近代社会保护运动中也成为抵御风险的重要形式，其合作的范围和领域扩展惊人。当然，不少互助组织并非非营利组织。随着贝克（2018）所言风险社会的来临，互助不断拓展地盘，重构一种社会性。但这种合作和佩顿等人所说的广义互惠仍有很大区别。这种互助甚至进入志愿服务领域。比如，努力以志愿服务时间的可比对性和可交换性来取代传统志愿服务时间的单向馈赠。这无疑在利用切分几乎不可分之物的"公平"手段来消解慈善。古老的基督教将财富视为获得拯救的障碍，将捐款视为归还本属于穷人的东西。两相比较，竟有云泥之别！

此外，关注捐助行为的心理学家注意到，和那些大额捐款者不同，小额捐款者对所捐机构是否真的帮助目标人群并不太感兴趣，而仅仅关注自我感觉是否良好，这就是所谓的"温情效应的捐助行为"（warm-glow giv-ing）（辛格，2019：10～11）。若如此，慈善和公众捐款又将去向何处？

佩顿等人研究的重点是慈善，并未论及非营利组织和慈善的关系。但可以看到，这一解释转向从正面，而不是用"非"这一前缀来界定该部门。带有强烈价值取向的志愿行动被置于慈善概念的核心，连同不分配约束机制成为这一部门的基本构成要素，慈善成为非营利部门的核心子集。这在一定程度上弱化了商业与非营利部门、捐款与慈善之间看似结实的纽带。以上所述，都构成本研究的复杂图景。

（二）中国语境中的公众捐款

以西为镜，理解中国慈善和公众捐款就容易了许多。中国慈善思想史源远流长，公众捐款亦古已有之。历史上，每逢自然灾害或社会动荡，民众捐款可圈可点。改革开放以来，中国经济快速发展，这为公众捐款奠定了良好的经济基础。随巨大社会转型而来的诸多挑战也给作为募款重要主体的非营利组织之发展提供了难得机遇和广阔空间。1988年实现归口管理以来，非营利组织快速发展，公众捐款在90年代也一度出现社会化和民间化的势头（孙立平等，1999）。2008年前后，西方国家经济衰退，基金会的发展、汶川地震、《慈善法》颁布等事件在很大程度上昭示着公众捐款的新契机。备受瞩目的是，随着互联网公募平台的出现，以互联网为依托的公众捐款快速增加。

与西方社会一样，中国在历史上并不缺乏爱心捐款。但由于中国社会的"大共同体本位"和"总体性"特征（秦晖，2010；邹谠，1986），政府或官方背景的非营利组织在吸收公众捐款方面一直发挥着巨大作用，具备公众募款功能的自下而上型非营利组织的发展道路要曲折得多。例如，远的来看，带有鲜明教化功能的明清善堂善会，却难以发展出现代公共性（梁其姿，2001；夫马进，2005，2006）；民国时期红十字运动围绕官举还是民办也进行了争论（张建俅，2007）。近的来说，20世纪50年代以后慈善长期被行政吸纳。改革开放后，民间捐款开始活跃，但在很大程度上是政府动员的结果。尽管在90年代中期可以频繁见到号召"开展经常性捐助"的文件，1991～1997年公众捐赠依然大幅下滑①。为应对这一情况，20世纪末《公益事业捐赠法》颁布。但在该法中，政府仍身兼运动员和裁判员的双重角色。甚至在十余年前的汶川震灾中，仍有高达约80%的社会捐赠流入政府账户（邓国胜等，2009）。资本介入后，即便是当前令人瞩目的互联网筹款，也并非都让人欣快（叶晓君，2018），负面讯息不时传出。公众捐款——互联网公募平台——慈善组织——其他非营利组织等关系格局在一定程度上被重塑。互联网公募平台的指定方式，无论在社会政策层面还是在法律层面无不有待商榷之处。追问究竟可发现，慈善和非营利组织的诸多法律政策分类体系并未很好衔接，且一直受到以政治分类为核心标准的强烈影响（Han Junkui，2019）。进而言之，中国的公众捐款、慈善事业

---

① 例如，《全国开展救灾扶贫送温暖活动捐助情况统计表》（1991～1997）显示，1991年，参捐城市30个，参捐人数7135万人，境内捐款13.46087亿元。但1997年参捐城市达到621个时，参捐人数却下降至4879万人，境内捐款仅有1.27641亿元（民政部救灾救济司，1998）。

和非营利组织的发展之间也呈现高度同构性特点，但此同构性和前述西方的彼同构性之间明显存有差异。

（三）研究意义

在上述背景之下，本研究的意义有三。

首先，在方法论上具有了阐释和反观本土公众捐款及其抽象文化的独特意义。

其次，在具体层面，我们试图通过定量和定性研究来描述中国公众捐款的一般图景和基本特征并予以解释，希冀这一研究成果对政府官员和非营利实务人士的日常工作都能带来一定启迪。

最后，我们希望能在慈善传统的脉络中倡导公众更加理性和稳定地进行捐款，在施受之间架起桥梁，使人们生活在有温度的环境中。

二　关键词界定

（一）捐款

首先，本研究聚焦捐赠资金而非捐赠物资、时间，更非血液、组织和器官等物。公众捐款仅仅是捐赠的一个子集，尽管在本体发生意义上可以说上述捐献行为均源于爱，但上述捐赠物之间的属性差异极大，捐赠不同物的背后也有不同的心理动机、社会逻辑和文化意涵。即使进行复杂的理论抽象，也难以在经验层面上将公众捐款这一子集的研究结论推衍至对中国捐赠的整体判断。特别强调的是，除了引用文献和官方法律、政策文件中的原有或特定表述，在一些章节中时有交叉使用的捐赠、募捐等词语在本书中主要指捐款维度。

其次，捐款包括规律性的日常捐款和非规律性的日常捐款，前者如月捐甚至日捐等，后者如偶尔为之的捐款。本研究的公众捐款包括这两者。

再次，只要是捐款都在我们的研究范围之内，本研究并不区分是否为定向捐款。

最后，本研究关注捐款（公众）这一输出端的特征描述与解释，也会尽可能地兼顾钱款捐出之后的流向及公众捐款的未来预期。

和"捐赠美国"(Giving USA)经历数十年的动态研究不同,本研究团队系首次执行此类项目。国内之前开展过类似研究(杨永娇、张东,2017;张进美、杜潇、刘书海,2018;等等),但无论在研究思路还是在研究方法、样本抽取等方面,都难以找到极为相近的对标成果。因此,本研究在基本面上是共时的,而非历时的。但是,我们在问卷设计和案例选择上尽可能放到更长时段内进行讨论。

(二)公众

本书所说的"公众",是指普通公众个人,相当于英语中的 individual 或 personal。难以清晰界定的所谓"高净值"人群并非本研究关注的重点。实际上,在发放问卷的过程中,我们也难以接触到大额捐赠的捐赠者。

(三)互助与个人求助

对于本研究而言,更为重要的和难以清晰界定的是慈善与互助、个人求助与个人公开募款等之间的区别与联系。

作为人类的本质属性,慈善和互助在历史上一样古老。起初,二者是在狭小地域或行业范围内所实施的行为。在英国,《斯品汉姆兰法案》之后,面对资本主义的兴起,互助的范围进一步扩大,延伸出合作的内容而成为社会保护运动的一部分。行业协会、国际合作社运动、互助保险、互助金融、互助盖房等都是蕴含古老精神的新形式。依据互助对象是否为弱势群体,互助可以分为非弱势群体之间的互助、弱势群体之间的互助以及二者混合三种形式。和后两类不同,第一类不属于慈善范畴。鉴于慈善和互助都是互惠互利行为,前者如佩顿所言的广义互惠,后者是狭义的互惠,因此慈善和互助有部分交叉。然而,《慈善法》简单地将互助排除在慈善范围之外,如作为该法补充条款的第110条规定:城乡社区组织、单位可以在本社区、单位内部开展群众性互助互济活动。可以想象,社区和单位内部为处于困境中的某个人提供帮助是慈善,也可以是互助。这样一来,该条款在一定程度上缩小了慈善的范围,也为非慈善性互助的进入留足了空间。当前国内互联网慈善类互助保险和非慈善类互助保险因缺少分类法律规制而给公众带来认知混淆即一例。

个人求助和公众捐款处于需求方和捐款方两端。《慈善法》第 35 条规定：捐赠人可以通过慈善组织捐赠，也可以直接向受益人捐赠。这一条款其实将受益人置于被动接受捐赠的地位。但实际上，作为法人的基金会为组织发展或受益人可以募款，公民个人当然也有权利为改善自身困境发起求助。个人求助有时也是遭遇困境者被迫采取的主动行为，其可以分为个人直接求助和个人间接求助。前者是指遭遇困境者向初级社会群体范围内的邻里、同事、朋友等特定人群主动发起的求助行为；后者是指由获知遭遇困境者信息的人通过组织（不一定是非营利组织）或由组织代之向社会不特定人群发起的求助行为。严格说来，前者不属于个人公开募款，但后者不然。这二者之间的边界比较模糊，互联网兴起之后，这一边界就更模糊不清了。鉴于个人求助和个人公开募款之间的一些模糊地带，可根据个人目的的主观意愿和客观后果等实际情况进行自由裁量。

三 研究框架及内容构成

研究设计之初，基于西方慈善发展史，笔者提炼出一个解释框架（见表 0 - 1）。围绕"谁在捐"、"捐给谁"、"怎么捐"和"捐之后"，我们分别考察了三种慈善形式。（1）基础慈善。这是最为古老的慈善阶段和具有本体意义的慈善形式。在该阶段，公众捐款多为初级社会群体或小共同体之内的行为。（2）组织化慈善。这里的组织除了宗教组织、单位制组织，还有包括慈善组织在内的非营利组织。从宗教组织发展到现代的非营利组织，历经千年。公众捐款也呈现宗教义务性捐款、志愿性捐款甚至单位强制性捐款等多种面向。（3）非基础的、非组织化的捐款。在此阶段，公众捐款已突破初级社会群体、狭小的共同体以及各种组织，通过互联网等手段实现。需要强调的是，这三个阶段及三种捐款形式并非后一个形式或阶段取代前一个，而是共存共生和相互借鉴、转化的关系。最后，我们还对影响公众捐款的政策环境进行了研究。

表 0 - 1　公众捐款研究框架

谁在捐	捐给谁		怎么捐	捐之后
个人（个体） 结构化特征：年龄、性别、民族、宗教信仰、政治面貌、户籍、职业、婚育状况、学历、收入等	基础慈善：初级社会群体，系统相对封闭	亲戚、朋友、邻里、同事、所住社区（多已陌生化；社区组织动员的捐赠介于基础慈善和组织化慈善之间）	一次性；非定期的频繁捐款；月捐	关注善款使用；捐后态度（后悔与否，对家人和身边熟人的影响）；可持续捐赠意愿
	组织化慈善：次级社会群体，系统相对开放	单位、慈善超市； 宗教组织；慈善组织；慈善组织之外的社会组织	是否包括海外捐款	同上	同上
	非基础的、非组织化的捐款	通过互联网和新闻报道捐款	是否包括海外捐款	同上	同上

围绕上述研究框架，研究团队认真设计了调查问卷（详见附录）。问卷中的测量问题尽可能涵盖上述维度。按照纪颖（北京大学）、张炎（北京市疾控中心）的最初设计，本研究使用多阶段分层抽样，采取省级、市级、区（县）级、街道（乡镇）、居委会（村委会）多个阶段；进行东、中、西、东北（同时考虑捐赠水平高低），城乡，年龄的分层，具体在每个抽样单元中（居委会/村委会）采取方便抽样方法，控制年龄和性别结构选择调查对象。每个省份抽取 2 个中等发展水平的市（区），每个市抽 1 个区 1 个县，每个区抽 1 个街道的 3 个居委会，每个县抽 1 个乡镇的 3 个村委会。在兼顾年龄、性别分层样本构成比例的前提下，采用方便抽样方法，从每个居委会/村委会抽取 60 名调查对象，最终在北京、浙江、吉林、江西、四川、甘肃 6 个省份进行了抽样调查，共获得 4404 份有效问卷。

此外，还精心挑选了 5 个案例。第一个是汕头存心善堂。该机构成立于 1898 年，是现存最久的非营利组织之一。该善堂具备上述三种形式的公众捐款：民间信仰驱动的基础慈善和组织化形式的公众捐款，还有近年来通过互联网实施的捐款。透过存心善堂案例，能够清晰地看到基于信仰驱动的朴素志愿服务所发挥的巨大作用。新的组织化慈善和互联网筹款进来后，和前述朴素的传统慈善之间有衔接，也有一定张力。第二个案例是自然之友。通过该案例研究，我们聚焦于月捐在现代非营利组织中的发展之路。和汕头存心善堂的基础慈善动员相比，自然之友基于具有相同或相似价值观的社群月捐动员就困难得多。除了公众对环保议题关注度不高外，不像基础慈善在初级社会群体内信任程度高和捐赠成本低，自然之友的捐款从捐赠人手中到大机构的手中，中间存在两大平台，即互联网公开平台和具有公募资质的平台，信任重塑困难，捐款成本也有所增加。第三个案例是中华少年儿童慈善救助基金会（简称儿慈会）。和环保相比，少年儿童和大病救助等都是极具吸引力的筹款领域。该组织充分利用其公募身份，广泛动员公众捐款，是近年来公众募款量最多的组织之一，具有很强的典型性。和其他同样有公募身份的基金会相比，儿慈会除了建章立制、规范项目管理，透过互联网平台和借助基金会"资助"理念最大限度地传播和筹款，还非常重视志愿者。前面也提到，志愿者和志愿服务是慈善及慈善事业的核心组成部分。第四个案例是上海联劝网。上海联劝网致力于为募款组织的线下筹款活动提供线上支持，也为其提供非定向捐赠平台。作为公开、透明的慈善募捐平台，上海联劝网鼓励募款组织通过发起线下筹款活动向捐赠人传递信任，建立核心理性捐赠人群体，进而支持组织的长期发展。上海联劝网属于民政部指定的20家互联网公募平台之一，但其致力于发展线上和线下募款相结合的联合募款模式，从而有别于轻松公益、水滴公益等互联网公募平台。最后一个案例是对以轻松公益和水滴公益为代表的互联网公募平台进行的研究，旨在考察和反思在近年来影响很大的互联网劝募过程中所遇到的法律层面的挑战。由于获取相关数据并非易事，故该案例更多采取的是法学的研究视角。这在一定程度上弥补了其他案例以及定量研究中法学研究的不足。

可以说，上述5个案例尽可能地满足和覆盖了研究框架的范围。除了能看到这些案例从基础慈善、组织化慈善，再到非基础的、非组织化的捐款的发展脉络，同时也在一定程度上呈现传统与现代的各种慈善理念、筹款手段等压缩在一个组织之内的复杂性。唯一遗憾的是，课题组未能选定依赖行政动员公众捐款的案例进行研究，只能依靠定量研究尽量予以补充。

　　为认识中国捐款的施受结构，我们还借鉴了非营利组织的"哑铃形"筹款模式，即从捐款者和受益者这两类主体是单一还是复数出发所获得的4种排列组合："一对一"、"一对多"、"多对一"和"多对多"（见图0-1）。"一"指一个法人或一个自然人，"多"指多个自然人或多个法人。若一种善款运作机制能将尽量多的捐款者和尽量多的受益者有机结合起来，就可以初步认定该机制在动员和使用资源方面的成功性，例如世界宣明会的哑铃形筹款机制（徐宇珊、韩俊魁，2009）。当然，这四种模式的概括还不够细致和周延。例如，若在捐款者和受益者之间加入是否有组织这一变量，就会出现8种组合；若中间出现两种或两种以上类型的组织，上述模式就会更加复杂，若将劝募者视为组织（包括非营利组织、营利组织和宗教组织等）、互联网或个人，将看到捐赠者与受益者之间更为复杂的互动关系。在实际研究中，我们的确发现了这种复杂性。但该模式所指涉的关于筹款和散财中的特殊主义和普遍主义，对于理解中西方个人日常捐款的差异有一定启发意义。

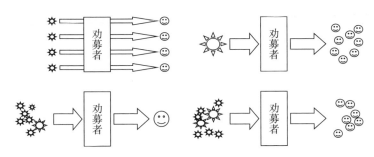

图0-1　"一对一"、"一对多"、"多对一"和"多对多"筹款模式示意

四　研究发现

　　为避免和后文的不必要重复，下文从宏观角度对本研究之要点进行归纳。

（一）谁在捐款？为什么捐款或不捐？

　　调查有如下发现。（1）39.31%的个人曾在过去三年里捐过款，过去一年（2018年度）的比例为32.54%。这一比例比国内已公开的相关研究数据略高，但远低于西方主要国家的公众捐款比例。由于缺乏对标数据，所以很难比较中国公众历年捐款比例的升降情况。（2）经研究团队测算，2018 年度中国公众日常捐款的总金额约为 1526.35 亿元。这一数额约占当年 GDP（90.03 万亿元）的 0.17%，显然较一些发达国家这一比例很低。（3）在已捐款的被调查者中，30.08% 的捐款者年平均捐款为 50 元及以下，55.41% 的捐款者年平均捐款为 100 元及以下，只有 9.63% 的捐款者年平均捐款额度超过 500 元。（4）一般认为政府动员公众捐款的力量很强，但统计结果中职业对捐款行为的影响并不显著。这可能与公众对捐款动员方的官方或民间组织的性质并不敏感等因素有关。（5）受教育水平、收入和公众捐款数量有显著相关。但与中等收入和高收入群体相比，低收入群体在捐款方面更加慷慨。（6）个人日常捐款和志愿者经历呈高度正相关。捐赠人群中志愿者的比例比非志愿者高出两成。在捐赠频次方面，志愿者在过去一年的平均捐款频次比非志愿者高出约 0.5 次；从捐赠金额来看，志愿者在过去一年的捐款数额要比非志愿者高 200 余元，高出了八成。（7）对慈善组织的信任程度越高，公众捐款的可能性越大，个人日常捐款数量越多，公众未来的捐款意愿也越强。

在关于为什么捐款的评价中，前三位最重要的原因分别是"有余力者应该帮助别人"（60.2%）、"被救助或募捐信息所感动"（36.6%）以及"捐款体现了公民责任"（18.4%）。也就是说，内在价值的实现是公众捐款最重要的动因。有意思的是，非捐款者则倾向于淡化个体内在价值层面的影响，转而强调自身经济条件、身边氛围的影响、组织的可信任度或社会政策等客观环境的制约。如"没有足够的钱进行捐赠"（50.70%）、"无法辨别求助信息的真假"（42.80%）、"周围的人很少捐款"（29.70%）、"担心所捐款项不能得到合理使用"（25.10%）、"捐款解决不了多大问题"（22.80%）、"没有相关的求助或募款信息来源"（17.20%）、"没有方便可靠的帮助途径和平台"（15.30%）以及"不相信募款的慈善组织或机构"（11.50%）等。同时我们还发现，捐款者对国内捐款环境的满意度要高于未捐款群体，持续捐款群体不论是对国内捐款环境的满意度还是对个人捐款行为的满意度都明显高于未持续捐款群体。此外，过去 12 个月内，仅有极少部分（1.4%）捐款者明确表示享受过税收减免政策。

综上所述，正向推动公众捐款的因素包括收入、志愿服务经历和组织信任程度等。这与西方发达国家的情形差别不大。而导致公众不捐款的情况显然不同，即中国公众捐款的政策、组织、交往圈等环境还亟须改善。在假定非捐款者收入条件不变的情况下，改善捐款环境、提升慈善相关信息的透明度与可信度和加大倡导力度等应该是提高公众捐款水平的有效途径。

（二）捐款到了哪里？

调查结果显示，（1）55.5%的捐款人选择了网络个人求助和互助平台，32.4%的直接捐给了受益人，16.0%的捐给了慈善组织，捐给单位或集体组织的比例为15.4%，捐给指定网络公募平台的比例为8.9%；（2）公众捐款对象最多的依次是儿童青少年（41.10%）、残疾人（17.00%）、老年人（14.00%）和妇女（6.00%）；（3）接近60%的受益对象为陌生人，而捐款对象是熟人的比例为31.6%；（4）医疗健康、减灾与救灾、扶贫与发展是中国2018年度公众捐款最多的三大领域，分别占50.90%、15.40%和11.70%。

由此推出以下结论。（1）不管是捐款流向、捐款对象还是捐款领域，都能明显看到中国公众捐款带有很强的救济扶弱取向，即偏重于生存和救助性的而非发展性的需求回应，这与发达国家的公众捐款行为有较大差异。从对儿慈会、存心善堂和自然之友案例的比较可以明显感受到这一点。（2）仍有大量捐款流向熟人，公众选择直接捐款这一非常传统的方式的比例也非常高。这说明基础慈善有极强的生命力，解释框架中所说的特殊主义仍有很大影响。捐给慈善组织的比例并不高，说明"哑铃形"筹款模式依然有很大的生长空间。总之，这与发达国家或地区亦相当不同。值得关注的是，我们发现现代慈善和互联网慈善中依然保留着大量基础慈善和互助的古老基因。因此，慈善文化也是横亘在政策制定者和实践者面前有待发掘的宝藏。接下来需要考量如何进一步挖掘和善用，而不是将传统慈善和现代慈善对立起来，更不是鄙视和抛弃传统文化。同理，互联网慈善无法包治百病。互联网仅仅是工具，工具有两面性，关键在于如何应用。从"互联网募款及其规范治理——以轻松、水滴两平台为例"的研究中可以充分看到这一点。（3）我们看到互助这一古老形式的生命力，无论在身边还是在陌生的互联网世界。互助可以分为保险目的取向和非保险目的取向。值得警惕和进一步研究的是，互助保险在一定程度上可能会对公众慈善捐款形成挤出效应。从存心善堂的案例可以见此端倪：2016年该机构引入轻松筹后，除了敬佛、师活动收入之外，其他收入都明显下降。当然，在高度风险的社会（贝克，2018），给弱势群体买保险是助其抵御风险的良好手段。如中国扶贫基金会的"顶梁柱计划"以及儿慈会案例。但是，这显然不属于互助保险的范畴。（4）从英、美、荷、加等发达国家的经验来看，以信仰为本之慈善（faith-based charity）的特征极其显著，捐款规模相当庞大。在中国大陆，尽管宗教信仰和慈善捐款呈显著正相关，但基于信仰的公众捐款在统计中的份额非常小。这可能与我们抽样所选地区以及回答宗教相关问题的样本量偏小等有关。但从存心善堂的案例可以发现以信仰为本的慈善的力量。中国台湾地区的经验（韩俊魁，2017）从一个侧面说明中国大陆以信仰为本的公众捐款有很大的潜力等待挖掘。

（三）怎么捐？

（1）从前文亦可发现，互联网成为日益重要的捐款渠道，选择直接捐给受益人的捐款比例也很可观，存心善堂以乡镇为基础的义工队依靠微信朋友圈捐款就生动地证明了这一点。当然，直接捐给受益人的很多也是通过互联网等社交媒体来实现的。（2）一般而言，捐款的规律性越强，慈善事业越稳定。例如，月捐人数越多，说明组织黏性越强，组织黏性越强，对组织化慈善的支撑能力就越强。日捐更是如此。而且，规律性捐赠对于塑造共同体和增加社会资本非常重要。但实际调查结果显示，大部分被访者捐款行为的规律性很弱，仅有1.9%和1.1%的被访者分别表示每季度都捐和每月都捐。上海联劝网和自然之友这两个案例，也说明月捐方式在中国仍在探索之中。这说明这一领域大有可为。而我们在调查存心善堂时就发现有不少人选择月捐和日捐。这与民间信仰中的慈善文化沃壤有重要关联。（3）在捐款方式方面，"通过网络个人求助和互助平台捐赠"的比例最高，达55.5%。其次，选择非常传统的"直接捐给受益人"的比例为32.4%。再次，"通过慈善组织捐款"的比例是16.0%，通过"单位或集体组织捐款"的比例也较高，为 15.4%。

（四）捐之后？

调查显示，51.1% 的捐款者在捐款后不会特别关注后续信息，仅有 31.8% 的捐款者在捐款之后关注受益人的状况能否得到改善，20.6% 的捐款者关心所捐款项能否得到合理使用，7.8% 的捐款者关注受益人和受赠组织的感谢回馈。正如在我们问及被访者是否会主动搜寻各类求助或募款信息时，只有 3% 的捐款者表示会主动搜寻，65% 的被访者从不主动搜寻相关信息。这说明捐款者—受赠组织—受益人之间的纽带和良性循环仍比较脆弱。培育理性的公众捐款依然任重道远。

最后，由于缺乏对标数据，我们难以判断政府投入购买服务资金和公众捐款之间的相关关系、组织捐赠量和公众捐赠量之间的关系。这些重要命题都有待进一步探索。

五　小结

从本体意义和基础慈善的层面来说，中西方公众捐款的文化和实践有诸多异曲同工之处。例如，对初级社会群体的极大关注，收入、志愿服务经历等和捐款之间的相关关系等。另外，由于中国不同的社会结构和社会政策，中国公众捐款也呈现许多不同面向和规律，如捐款者在选择施善对象、领域时表现的偏好，对慈善组织的信任度偏低，公众捐款的理性程度有待提高，与捐赠相关的政策环境亟待改善等。

本书是集体智慧的结晶。韩俊魁（北京师范大学教授）统筹了整项研究，并协调案例研究团队的工作。邓锁（北京大学副教授）协调定量团队的研究。韩俊魁、邓锁、马剑银（北京师范大学副教授）共同负责统稿工作。在纪颖和张炎设计了最初调查方案和问卷后，邓锁、郝睿禧（盖茨基金会）和韩俊魁在对问卷初稿进行了大量讨论的基础上定稿。具体篇章写作的分工如下：导论由韩俊魁撰写；第一章由邓锁完成；第二章和第八章由杨怀超（中央财经大学助理研究员）执笔；第三章、第五章和第七章由齐丛鹏（北京师范大学博士生）撰写；第四章和第六章由石秀博（北京大学硕士生）完成；赵小平（博士，北京市社科院社会学所副研究员）和韩俊魁共同撰写了第九章；第十章由林红（中国社会科学院助理研究员）完成；第十一章由胡英姿（北京社会管理职业学院讲师）执笔；俞祖成（上海外国语大学副教授）写作了第十二章；第十三章由马剑银、刘逸凡（北京师范大学硕士生）合作完成；余论由马剑银撰写。

盖茨基金会慷慨资助了本研究。基金会中心网在课题进度安排、筹划问卷发放、协调案例、调研、出版联系等方面做了大量工作。在此对郝睿禧、程刚（基金会中心网总裁）、王璐（基金会中心网副总裁）、梅双庆子（基金会中心网项目官员）等付出的努力表示诚挚谢意，尤其是郝睿禧全程参与研究各环节的讨论并贡献其智慧。若没有他们的鼎力支持，本研究不会开展得如此顺利。在研究前期，邓国胜（清华大学教授）、纪颖、张炎、李长文（北京社会管理职业学院副教授）、卢玮静（中国矿业大学讲师）等在研究思路拓展、问卷设计、抽样方案、案例推荐等方面给予了很多具体而有效的帮助。此外，靳东升（国家税务总局税收科学研究所研究员）、刘培峰（北京师范大学教授）、叶盈（方德瑞信）、何雪峰（人人公益）、谷青（福特基金会）于2019年11月28日参加了在基金会中心网会议室举办的初稿专家论证会，并提出了很多宝贵的完善建议。在书稿立项、编校等出版过程中，社会科学文献出版社的编辑刘骁军和易卉付出了艰苦努力。在此一并致谢。

此项研究耗时一年多，时间紧，任务重，定然存在不足之处。此研究聚焦于中国公众捐款，仅触及捐赠之一部分，更多关于中国公众捐赠的领域仍有待探索。课题组成员希望能在不远的将来继续推进这项极有意义的工作。

定量研究

第一章　中国公众捐款的基本特征

一　慈善事业的发展及其挑战

慈善事业伴随着中国的改革开放进程获得较快的发展。中国慈善联合会的统计显示，中国慈善捐赠的规模在 2017 年已经达到 1500 亿元，比上一年度增长了 7.68%，捐赠总额占全年 GDP 的 0.18%。其中，互联网捐赠的发展更为迅猛，相较同期增长了 118.9%。截止到 2019 年 8 月，全国登记认定慈善组织超过 7500 个。与此同时，我国慈善事业的政策环境也逐渐完善。2015 年出台的《慈善法》，推动了慈善事业进一步的规范化发展。慈善行业的透明度不断提升，政府相关部门陆续出台了多项优惠政策，健全慈善组织公开募捐、信息公开等监管机制。2018 年，民政部发布《慈善组织信息公开办法》，开通了全国慈善信息平台，其中特别强调政府对互联网募捐活动的监管。民政部先后指定了 20 家网络募捐平台，试图通过多种措施督促互联网救助平台的自律发展。2019 年 2 月，在新一轮的党和国家机构改革调整中，民政部组建了慈善事业促进与社会工作司，这将有利于更好地整合慈善社会工作领域的相关职能和资源。可以说，政府与社会公众对于现代公益慈善的意义已经形成了较多共识，中国的慈善事业进入一个快速全面发展的新阶段。

然而，还必须要看到，慈善事业仍然面临很多挑战。我国慈善事业的规模仍然较小，慈善事业发展不平衡。相较于企业、基金会等的慈善捐赠来说，我国公众慈善捐赠的参与度尤其是公众捐赠的比例和规模都有待提升。中国的公众捐赠在 2008 年由于汶川地震而达到最高峰，公众捐赠比例占到全部捐赠数额的 54%，但到 2014 年则逐步下降到 11.09%，2016 年和 2017 年公众捐赠比例分别回升到 21.09% 和 23.28%。不过，中国公众捐赠规模与世界主要国家和地区相比较仍然是非常低的，如美国 2018 年的公众捐赠占到全部捐赠的 70%，总额达到 2860.65 亿美元，约为中国的 57.3 倍。另外，根据慈善援助基金会 2018 年的世界捐助系数报告，中国在全球 144 个国家（地区）中的排名仅为第 142 名。公众捐赠一直以来被认为是慈善事业发展的基石，慈善的长期可持续发展依赖于普通民众在其中的广泛参与，但我们对于公众捐赠的研究还很不足，尤其是缺乏关于日常捐赠的可靠经验数据。

本章的定量研究主要基于 2019 年全国六省份（北京、浙江、吉林、江西、四川、甘肃）的抽样调查，尽管样本的覆盖地区和人群还存在一定局限性，但作为国内首次较为全面的公众捐款调查，这一数据仍然能够很好地反映当前中国公众捐款的意愿和行为等的基本特征。捐赠或者慈善捐赠（charitable giving）一般是指出于公共目的而进行的时间或有价值资源的私人赠予活动（Salamon，1992：10）。捐赠常常包含了捐助金钱、物资和时间等几个维度，不过较多的相关研究集中在金钱和物资两个方面，时间捐赠也可以包含于志愿活动范畴。捐款是测量捐赠行为最常见、最具有代表性的指标，在定量研究中，我们将主要聚焦于对公众捐款特征的描述。同时，本研究也将结合中国特殊的制度文化情境，从理论和经验层面深入分析公众捐款行为的内在逻辑以及影响机制，包括分析网络捐款的行为特征、公众对自身捐款行为的认知满意度、公众捐款的社会经济地位影响、公众捐款与志愿服务的关系、组织信任对公众捐款的影响以及税收优惠政策与公众捐款行为的关系等，以期在经验研究的基础上分析社会转型背景下公众捐款对于中国慈善事业及社会发展的意义及其未来走向。

二　定量研究设计与样本特征

本次定量研究主要采取问卷调查的方式进行，主要调查对象是 15～69 岁的普通公众。研究者通过省（自治区、直辖市）、市、区（县）、街道（乡镇）和居委会（村委会）等分层多阶段抽样的方法选择调查样本。考虑到经济发展水平以及城乡差异，我们从东部、东北部、中部和西部地区确定抽取北京、浙江、吉林、江西、四川、甘肃六个省份，之后依据 2017 年本省（直辖市）各市（区）GDP 与人口数量计算出人均 GDP 水平，并根据人均 GDP 水平划分上、中、下三级，将中间一级确定为中等发展水平的行政单位（地市级）。研究者从若干中等发展水平的行政单位中根据当地常住人口数量使用 PPS 抽样抽取 2 个；在每个抽中的地市级行政单位中，根据各市区/县一级单位常住人口数量，再随机抽取 1 区 1 县（或县级市）；采用简单随机抽样的方式从每个区中抽取 1 个街道，从每个街道中抽取 3 个社区居委会；从每个县或县级市中抽取 1 个乡镇，从每个乡镇中抽取 3 个村委会；最终共抽取 72 个基本执行单元（村/社区一级）。随后在每个省份和地区的抽样单元（居委会/村委会）中，调查人员通过控制年龄和性别结构选择调查对象，以方便抽样的方法在每个村（居）委会抽取 60 名调查对象进行面对面访问。研究最终获得有效问卷 4404 份，各个省份地区之间的样本量分布均衡。该问卷调查包含了较为详细的有关公众捐赠以及社会人口背景等基本信息，是研究公众捐款行为较为理想的数据。表 1-1 呈现了被访样本的基本特征。

表 1-1　样本基本特征

变量	均值/百分比	标准差
男性	50.2%	
女性	49.8%	
汉族	97.2%	
未婚	34.8%	
已婚	63.4%	
离婚或丧偶	1.8%	
小学及以下	13.9%	
初中	29.8%	
高中/中专	29.8%	
大专	16.0%	
大学本科	9.8%	
硕士及以上	0.6%	
城镇户籍	39.6%	
年龄	37.34（岁）	14.58
家庭人口数	4.07（人）	1.47
个人平均收入（每月）	2703.60（元）	3072.53

样本的性别比例比较均衡，平均年龄为 37.34 岁，97.2% 的被访者为汉族。受教育程度方面，小学及以下者占 13.9%，大专及以上者占到 26.4%。此外，有接近 40% 的被访者为城镇户籍，家庭人口数平均为 4.07 人，63.4% 为已婚人士，个人平均月收入为 2703.60 元。

三 公众捐款的不同层面特征

公众捐款特征的描述性统计中既包括捐款发生的比例、规模等较为一般性的活动状态，也包含了捐款的方式、受益对象选择、信息获得以及认知等不同层面的行为特征。

（一）公众捐款的规模

公众慈善捐赠的比例和规模一直以来是研究所关注的核心，然而不同的统计口径所反映出来的结果并不一致。以家庭捐赠为分析对象，中山大学基于中国劳动力动态调查的数据研究显示，在 2012 年、2014 年、2016 年三轮调查中参与捐赠的家庭比例分别为 25.39%、16.16% 和 20.51%（杨永娇、张东，2017）。依据中国家庭追踪调查（CFPS）数据的研究则显示，2010 年、2012 年和 2013 年，中国家庭捐赠过钱物的平均比例分别为 28.3%、27.1% 和 19.3%（晏艳阳等，2017）。这两组数据所显示的家庭捐赠比例比较相似，不过它们是以家庭而非个人为单位。直接针对公众个人的捐赠比例研究比较少，虽然中国慈善联合会所发布的捐赠数据包含了公众捐赠比例，但数据结果是以各个慈善机构所获得的捐赠数额来进行总体统计，并未统计到个人在一定时期内的捐赠次数或比例。国内也有个别的研究统计到特定区域的公众捐赠状况，比较有代表性的如基于北京师范大学 2011 年的城市抽样调查数据统计发现，65.32% 的城市公众在过去一年捐过钱，平均捐款额度为 217.42 元（刘凤芹、卢玮静，2013）。基于部分城市地区的抽样调查也显示，公众在 2011 年进行过捐款的比例超过 70%（77.16%）（张进美、杜潇、刘书海，2018）。不过，既有有关公众捐赠的研究较多局限于城市地区，未能反映公众捐赠的城乡总体状况；此外，许多研究都没有将捐款与其他捐赠行为进行区分。

以六个省份的公众个人抽样调查数据为基础，本研究试图较为准确地反映当前公众捐款的比例和规模。我们分别对过去三年和过去一年的捐款次数、比例进行了统计（见图 1 - 1 和图 1 - 2）。

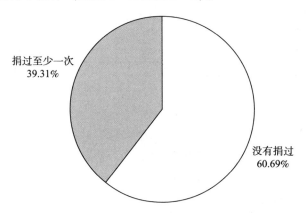

图 1 - 1　过去三年的捐款比例

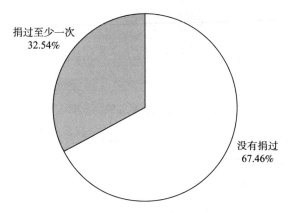

图 1 - 2　过去一年的捐款比例

数据结果显示，中国公众在过去三年里捐过款的比例为 39.31%，在过去一年也即 2018 年度捐过款的比例略低，为 32.54%。这一比例与既有国内公开数据如家庭捐赠统计相比略高，但远低于西方主要国家的公众捐款比例，如 2017 年度英国公众捐款的比例约为 60%（CAF，2018），美国公众捐款的比例约为 70%（Giving USA，2019），英美两国公众捐款的比例约为中国的两倍。

除了捐款比例之外，本次调查也统计了公众捐款的频次与金额（见表

1-2)。

表 1-2 公众捐款的频次和金额

变量	最小值	最大值	均值1*	均值2**	标准差
过去一年捐款次数	1	380	3.18	1.04	14.40
过去一年捐款金额（元）	0.5	30000	336.41	109.39	1402.34

注：* 以已捐款者为样本；** 以全体被访者为样本。

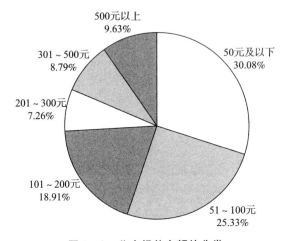

图 1-3 公众捐款金额的分类

数据结果显示，已有捐款行为的被访者在过去一年捐款的平均次数为3.18次，平均捐款的金额为336.41元；以全体被访者（包括有捐款者和无捐款者）为样本进行统计，那么公众捐款的平均次数为1.04次，捐款金额的均值为109.39元。在已捐款的被访者中，约30%年平均捐款为50元及以下，超过一半（55.41%）的捐款者平均捐款为100元及以下，只有不到10%的捐款者年平均额度超过500元（见图1-3）。此外，统计也发现，大部分被访者的捐款行为没有什么规律，只有1.9%和1.1%的被访者分别表示每季度都捐和每月都捐。

如果用六省份调查样本的统计结果进行推论，那么我们可以估算出2018年度全国公众捐款的总金额约为1526.35亿元。而根据民政部慈善事业促进和社会工作司的统计数据，我国2018年度社会捐赠总额超过900亿元，这一结果和我们根据问卷调查的估算有一定的出入。需要注意的是，民政部统计的社会捐赠额度主要是民政部门及各类社会组织所接受的社会捐赠，并不包括公众个人向亲戚朋友等的"日常捐助（everyday giving）"，后者在日常生活中其实更为常见，是社会成员之间实现互助的重要形式（Titmuss，1970）。另外，中国慈善组织联合会所公布的2017年度公众捐赠总额约为349.17亿元，这一数额仅为本研究所估算金额的22.88%。与既有的研究具有一致性（朱健刚、刘艺非，2017），这可能说明有较大比例的公众捐赠（约77.12%）实际上是直接指向受益者，并没有包含在民政部门及各类社会组织主体所接受的捐赠统计口径内，也说明与以慈善组织为主体的捐款相比较，以互助为主的日常捐款可能是更加常见也更加主流的捐款方式。

（二）公众捐款的领域

中国公众倾向于向哪些领域捐款得到较多关注。本研究数据结果显示，公众捐款领域按照响应率的百分比从高到低进行排序（见图1-4），分别是医疗健康，减灾与救灾，扶贫与发展，教育，不特定领域，宗教活动与组织，生态环境，文化、体育和艺术，社会倡导，科学研究以及其他类别，其中超过半数的公众捐款至医疗健康领域。除去"其他"类别，捐款最少的领域依次是科学研究、社会倡导、文体艺术类。这一调查结果与既有的官方统计有一定的相似性，但也有区别。如中国慈善捐助报告（2019）的统计显示，全国社会捐赠领域中，排名前三位的类别分别是教育、扶贫与发展、医疗健康。不过，这一报告并没有把公众个人的捐赠或捐款的领域另行区分统计。在本次调查中，减灾与救灾领域在公众捐款中仅次于医疗健康领域，但在全国社会捐赠的统计中仅位列第八名，这或许是因为全国社会捐赠统计同时包含了企业、基金会等组织性的捐赠主体，相对于组织主体而言，公众个人对健康、灾害等所带来的影响以及救助需求更能感同身受，当然这还需要更加深入的研究来验证。

无论是全国的社会捐赠统计还是本次公众捐款的调查结果，都可以很明显地看出中国的慈善捐赠带有较强的救济扶弱取向，也即捐款者更加愿意向较为急迫性的事件或需求进行捐助，如大病、灾害救援及贫困等，而非捐助那些更具有公共参与性或倡导性的社会文化、政治性议题，这与西

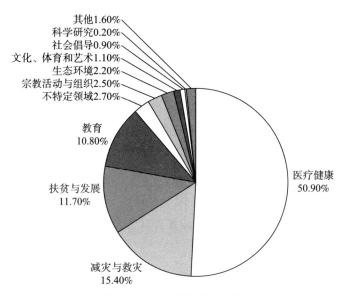

其他1.60%
科学研究0.20%
社会倡导0.90%
文化、体育和艺术1.10%
生态环境2.20%
宗教活动与组织2.50%
不特定领域2.70%

教育
10.80%

医疗健康
50.90%

扶贫与发展
11.70%

减灾与救灾
15.40%

图1-4　公众捐款领域统计

方国家如美国的社会捐赠形成较为鲜明的对照。如根据"捐赠美国"的年度报告，美国2018年度的社会捐赠中排首位的是宗教领域，其次则是教育类和社会服务类，社会公益以及文化艺术类等捐赠领域也占比较大，医疗健康领域的捐赠则仅占到9%（Giving USA，2019）。英国2017年度的公众捐赠去向和美国类似，宗教组织类排在第一位，之后是国际援助类、动物福利、医学研究等领域（CAF，2018）。公众捐赠的中西差异一方面或许体现不同文化背景下公众慈善捐赠偏好的不同，比如儒家文化影响下的中国民众较少向宗教领域进行捐款；另一方面也可能说明中国当前兜底性的社会救助和保障政策仍有待强化，相对于发展性的需要，社会福利政策对于生存救助等的紧迫性需求回应还存在一定缺口，这类需求也常常更多地得到社会公众的同情与关注。

（三）公众捐款的方式

以什么样的方式捐款也是公众对于慈善捐赠通道的选择，它在一定程度上反映了不同捐款渠道的可及性以及可信赖性。

值得注意的是，本研究将互联网公募平台与网络个人求助和互助平台

进行了区分，前者特指民政部指定的慈善组织互联网公开募捐信息平台
（简称互联网公募平台），后者是指水滴筹、爱心筹等网络个人求助和互助
平台。2016 年，民政部根据《慈善法》的规定，公布了首批 13 家互联网公
募平台，2018 年又公布了第二批共计 9 家互联网公募平台，并出台相应的
互联网募捐信息标准①。而网络个人求助和互助平台尚处于相关规定的灰色
地带，缺乏严格统一的信息审核机制。不过由于网络个人求助和互助平台
进入门槛比较低，容易使用，是普通民众在遭遇困境特别是大病求助或者
进行捐款时常常依赖的信息平台。近年来，互联网公募平台的影响力日渐
扩大，民政部的官方统计显示，2018 年 20 家互联网公募平台的捐赠总额超
过 31.7 亿元，同比增长 26.8%，共有超过 84.6 亿人次网友的点击、关注和
参与。其他非指定的网络个人求助和互助等募款平台也同样具有广泛的影
响力。本调查数据结果显示（见图 1-5），网络个人求助和互助平台是公众
捐款的主要方式，比例达到 55.5%，通过指定互联网公募平台的捐款比例
为 8.9%，两类网络信息平台相加的比例达到 64.4%。网络捐赠已经成为公
众捐款的主导选择，这也与来自官方的统计结果具有一致性。

　　除了通过网络信息平台的捐款方式之外，有接近 1/3 的公众选择直接捐
给受益人，有 16.0% 的公众选择直接捐赠给慈善组织。此外，单位动员也
在公众捐款中发挥着一定的作用，通过单位或集体组织捐款的比例达到
15.4%，与捐给慈善组织的比例相似，这也说明单位捐款仍然是一个比较重
要的方式。通过民间互助团体和宗教团体或场所进行捐款的比例则比较低，
分别只有 7.0% 和 2.2%。

　　需要深入讨论的是，如何将网络众筹募捐形式与传统的民间求助和互
助形式进行更加准确的区分。在某种意义上，网络众筹或仍然被看作一种
民间互助平台，特别是类似轻松筹、水滴筹等较为直接的个人大病救助模

---

①　民政部 2016 年 9 月公布的首批 13 家互联网公募平台包括："腾讯公益"网络募捐平台、淘
　　宝网、蚂蚁金服公益平台、新浪-微博（微公益）、轻松筹、中国慈善信息平台、京东公
　　益、基金会中心网、百度慈善捐助平台、公益宝、新华公益服务平台、联劝网、广州市慈
　　善会慈善信息平台。2018 年 5 月公布的第二批 9 家互联网公募平台包括：美团公益、滴滴
　　公益、善源公益、融 e 购公益、水滴公益、苏宁公益、帮帮公益、易宝公益、中国社会扶
　　贫网（见民政部官网，2018）。

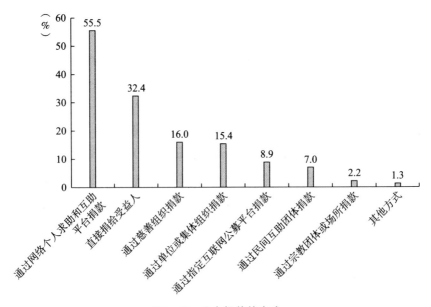

图 1-5　公众捐款的方式

式，个人或群体通过网络平台进行点对点求助，众筹的目的较多是寻求单一的或一次性的资金支持，以缓解自身和家庭的暂时困境，它与西方现代慈善事业中的依托专业性的慈善组织进行的服务提供有较大差异。但随着网络众筹形式的日益正规化、组织化，由慈善组织所运行的网络募捐平台越来越常见，网络求助、互助等方式也在社会争议中处于转型过程中。总的来说，基于本次调研的数据结果可以发现，公众直接通过慈善组织进行捐款的比例很低，多数人更倾向于直接或间接（如通过网络众筹形式）捐给受益人，这与西方国家或地区相比有很大的差异，可以说体现了较强的中国本土慈善文化特点。

（四）公众捐款的受益对象

公众倾向于捐给谁是慈善捐赠研究中值得关注的主题。从慈善捐赠的关系论视角来看，捐赠可以被视为一种捐赠人与受益人之间的社会关系，对于受益人的考虑是影响捐赠行为的一个重要因素。本研究的数据统计结果显示（见图 1-6），公众捐款的前三个受益对象群体分别是儿童青少年、残障人士和老年人，排除"不知道"类别，儿童青少年的比例几乎

与其他群体类别之和相当，可以看出，儿童青少年是吸引公众捐款的最主
要群体。

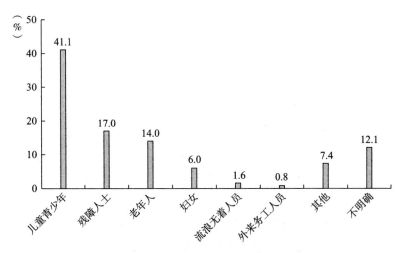

图 1-6 公众捐款的主要受益对象群体

除了主要受益对象的特定群体类别，本研究也调查了有关受益对象与捐
款者之间的关系特征。数据结果显示，接近 60% 的受益对象为不认识的人，
而也有较大比例的受益对象为熟人，包括朋友、亲戚、邻居、同事（见图 1-
7），捐款对象是熟人的比例为 31.6%。

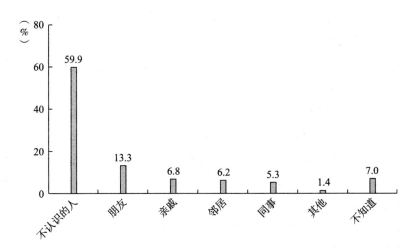

图 1-7 公众捐款主要受益对象与捐款者的关系

从捐款者与受益人之间的关系特征可以看出，中国公众在捐款时并非仅仅考虑关系的特殊性，也很愿意向陌生人捐赠，陌生人占据较大的受益比例是否在某种程度上体现了公众慈善捐赠文化的转型值得进一步解释。许多学者曾指出，中国的慈善活动是特殊主义的，它较强地受到"爱有等差"或者"差序格局"的儒家文化影响，常常基于血缘或地缘关系的路径而展开，而西方的慈善文化则奠基于博爱主义精神，具有普遍主义的特征，这种中国和西方的慈善二元视角可以说是当前慈善事业发展的主导性话语。在这一话语的影响下，从传统的特殊主义慈善向西方的普遍主义慈善转型是必然也是必要的途径。不可否认，中国与西方的慈善传统及文化有深刻的差异，但这种简单化的二元对立视角在某种程度上遮蔽了慈善活动本身的变迁发展特点，公众日常的慈善捐赠活动应当被置于其发生的特定历史情境才能得到更好的理解，我们还需要更多基于经验数据的研究来深入分析捐款人–受益者关系与捐款行为之间的影响机制。

（五）公众捐款的信息获得

本研究进一步了解了公众的募款信息获得渠道。数据统计结果显示，排在前三位的分别是社交媒体、家人或熟人口头介绍以及公益网站（见图 1 - 8）。显然，随着移动互联网的普及，社交媒体如微信、微博等已经很明显成为公益慈善相关信息的主要投放媒介，公众也主要通过网络募款信息平台捐款。不过我们也看到，即使在互联网时代，家人或熟人的推荐仍然发挥了重要作用，这或许反映出中国公众在慈善捐赠行为中较强受到所处熟人社会网络的影响。

随着移动互联网的普及以及社交媒体的广泛运用，公众在日常信息的获取上有了更大的便利性，慈善捐赠参与的信息可及成本也大大降低，但公众在募款信息的获取上相对来说比较被动。在问及被访者是否会主动搜寻各类求助或募款信息时，只有 3% 的被访者表示会主动搜寻，65% 的被访者从不主动搜寻相关信息。与此相对应，公众对捐款完成之后的后续信息关注度也不高，超过一半的公众在捐款之后并不会特别关注捐款所带来的影响等信息。不过，也有 31.8% 的被访者表示会关注受益人的状况能否得到改善，只有 20.6% 的被访者关注所捐款项能否得到合理使用。当然，另

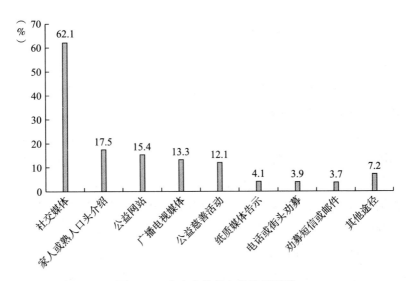

图1-8　公众募款信息的获得渠道

外一种可能性是公众在捐款之后常常无法收到相关的信息反馈，这也使得他们对所捐款项如何使用无从得知。

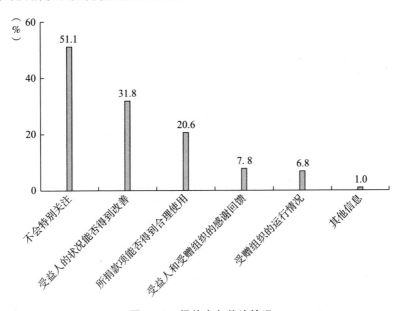

图1-9　捐款去向关注情况

（六）捐款行为的自我评价

捐款行为体现了捐款者个体对捐款的价值性认知，尽管这种认知在很大程度上受到个体所嵌入的社会制度文化情境的形塑。本研究调查了公众如何评价自身捐款以及不捐款的原因。

统计结果显示（见图1-10），公众对为什么捐款的评价中，前三位重要的原因分别是"有余力者应该帮助别人"（60.2%）、"被求助或募捐信息感动"（36.6%）以及"捐款体现了公民责任"（18.4%）。这三个原因也都可以被视为一种具有内在价值性的判断，体现了具有利他主义以及道德责任精神的伦理观。而除"其他原因"以外，"求助对象是自己熟悉或相信的人"、"有灵活方便的捐助途径和平台"以及"捐赠可以获得税收减免"则被列为最不重要的原因。可以看出，公众在对自身捐款行为的评价中，倾向于对自身行为做出内在价值性的判断，而较少进行工具层面的考量。

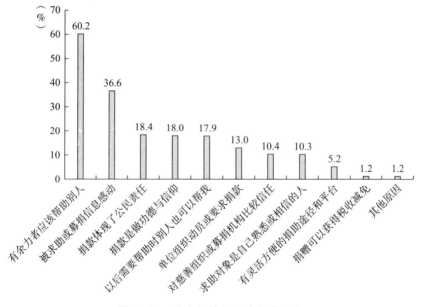

图1-10 公众捐款原因的自我评价

而对不捐款原因的自我评价（见图1-11），超过一半的被访者表示因为没有足够的钱进行捐赠，其次是因为无法辨别求助信息的真假，第三则是因为周围的人很少捐款。可以看出，在公众不捐款原因的自我评价里，经济条件构成了最大的限制因素，被访者多认为捐款需要一定的经济基础，也有较多的被访者认为信息不充分构成了对捐款的限制。另外，个体所处的社会互动环境也影响捐款行为，有近30%的被访者认为周围的捐赠环境对其形成了制约。在公众的自我评价中，个体内在层面的价值动机如捐款是否能带来回报、求助者状况是否能够引起共鸣等原因较少被提及。

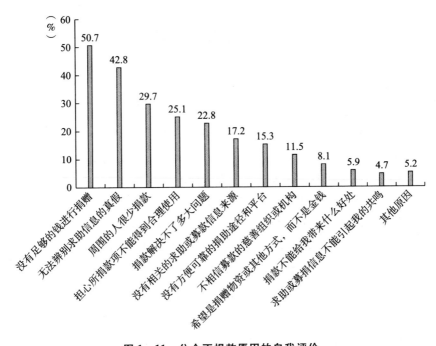

图1-11　公众不捐款原因的自我评价

从对捐款行为的自我评价状况来看，公众捐款行为的发生似更强受到利他主义动机的驱动。在公众的理解和认知中，慈善捐赠更多带有"做好事"的标签。在是否捐款的决定过程中，工具性的考量并非不存在，如也有一定比例的被访者选择对捐赠回报（如以后需要帮助时别人也可以帮我）以及服从外部要求（如单位组织动员或要求捐款）等的考量，但是总的来说，内在价值的驱动是影响公众捐款更为重要的因素。与此相对应，非捐款者则倾向于淡化个体内在价值层面的影响，而较多强调客观环境的制约，比如经济状况的限制、捐款信息的可信度以及款项能否得到合理使用，等等。这一发现的启示是，公众没有进行捐款并不意味着他们缺乏爱心或利他主义精神，他们可能更加在意捐赠环境的状况，因此，如何改善捐赠环境、提升慈善相关信息的透明度与可信度应该说是引导公众捐款的可取途径。不过，需要指出的是，有关自我归因的调查可能受到个人社会偏差的影响，如被访者可能倾向于合理化或者"美化"自身的行为，但自我评价的特征对于理解、引导公众的捐款行为仍然具有必要且重要的启示。

四 公众捐款基本特征小结

本章通过对全国六省份公众捐款行为的抽样问卷调查，较为全面地呈现了公众捐款的规模、比例、领域、方式以及自我认知评价等不同维度的特征，相关研究发现对于更好地理解及推动中国慈善事业的发展有十分积极的意义。

本章基于描述性的样本统计结果得出如下研究结论。

（1）中国公众在2018年度的捐款比例为32.54%，平均每三个人中约有一个人进行过捐款。中国公众平均每年捐款的额度为109.39元，捐款次数为1.04次。基于抽样调查统计的估算，2018年度中国公众捐款的总金额约为1526.35亿元，这一数值与民政部门的官方统计有一定的差距，可能说明较大比例的捐赠来自以个人互助为主的日常捐款。

（2）医疗健康、减灾与救灾、扶贫与发展是中国2018年度公众捐款最多的三大领域。从捐款领域的比例分布来看，中国公众捐款带有较强的救济扶弱取向，偏重于生存和救助性而非发展性的需求回应，这与西方发达国家的捐赠行为取向有较为明显的差异。

（3）网络众筹平台是中国公众捐款的主要方式，多数公众倾向于通过"轻松筹""水滴筹"等网络个人求助与互助平台进行捐款。此外，向受益人直接进行捐款的比例接近1/3，而向慈善组织直接进行捐款的比例较低。公众捐款的方式可能体现了慈善救济的文化传统，但也可能说明了当前社会救助和保障政策还存在一定的不足。

（4）儿童青少年、残疾人和老人是中国公众捐款前三位的受益对象群体，其中儿童青少年作为受益对象的比例几乎相当于其他各群体差别之和

（除"不知道"类别之外），是公众在捐款时最为关注的人群。公众捐款的受益对象多数为陌生人，但也有较大比例面向熟人的捐款。

（5）社交媒体是公众获得求助与募款信息的主要渠道，家人或熟人的口头介绍在信息获得方面也发挥了重要作用；多数公众在捐款之后并不会特别关注后续信息，在信息获取方面较为被动，但也有一定比例的捐款者会关注受益人状况能否得到改善或者所捐款项能否得到合理使用。

（6）已捐款者对捐款行为的评价更加侧重于内在价值层面的判断，利他主义以及责任伦理是促使其捐赠行为发生的重要因素；而非捐款者则更强调客观环境对其捐款行为的制约，较多关注经济状况、求助信息的可信度以及他人的影响等。

第二章　网络求助与公众捐款行为

一　网络求助的兴起及其影响

技术变迁深刻影响着日常捐款的行为和意愿。21世纪以来，互联网技术的发展尤其是网上支付、社交网络的兴起极大地改变了日常捐款的行为习惯。互联网的信息传播效率和募款效率远远超过了线下的劝募，个人求助也自然而然地转移到互联网上。由于我国法律不允许个人进行公开募捐，所以我们将个人而非组织、出于个体原因在网络上发起的筹资活动在概念上排除在募捐和募款领域之外，称之为网络求助。互联网让个人求助信息更便捷、更广泛地传播开，也在一定程度上改变了人们的求助意识和求助方式，对公众捐款行为和意愿也产生了较大影响。

（一）网络求助成为无法忽视的社会现象

互联网技术极大地扩展了个人求助信息的传播范围和提高了其传播速度，随着互联网技术的发展，网络求助在全世界迅速兴起。在西方发达国家，个人募款网页自1999年以来就已大量涌现，伴随着移动互联网的发展、社交媒体的兴起，西方发达国家的个人筹款活动在近20年产生了翻天覆地的变化。世界两大服务于非营利组织的研究机构 BlackBaud 和 Charity Dynamics 在2010年联合发表的报告表明，从1999年开始，网络筹款金额平均每年增长50%，到2009年在线捐赠金额已经占到美国多数重要筹款活动的30%。在它们发布报告的2010年，Facebook、Twitter、YouTube 等网络社交媒体的爆发式发展，大大拓宽了个人筹款者的筹款对象和数量。报告数据显示，使用社交媒体工具筹款的募款人，比没有使用的多募集了40%的资金。其中使用 Twitter 的募款人比不使用的募款人筹集到了更多的款项，数字相当于原定目标的 3 倍、以往在线筹款金额的 10 倍[①]。社交媒体也适时地为公益组织或个人的网络募捐开通专门的功能，Facebook 最初的非营利众筹工具是为非营利组织筹集资金而推出的，后来又增加了为个人需求筹集资金（网络求助）的功能。2018 年超过 2000 万的用户通过这一工具筹集了超过 10 亿美元的资金[②]。

与此同时，为个人募款的网络平台也应运而生。例如创建于 2010 年的著名个人募款平台 GoFundMe，其建立了一个拥有超 5000 万捐助者的网络平台，并帮助个人募款者筹集了超过 50 亿美元。[③] 在 GoFundMe 上，个人募款者可以为个人一生中的重大事项如毕业典礼、参与重大比赛等募款，也可为遭遇的不幸如重大疾病、事故等募款。个人募款者在网站上创建募款项目后可通过 Facebook、Twitter、e-mail 等形式分享，捐助者通过链接可以用信用卡或借记卡捐款并追踪募款进度。目前 GoFundMe 支持美国、英国、法国、德国、意大利、挪威、澳大利亚等 19 个国家使用。

在中国，第一起引爆互联网的网络求助事件是 2005 年 9 月天涯社区的"女大学生网上发帖卖身救母"事件。随后，南京农业大学某大四学生"卖身救母"、四川羌族学生"卖身救父"等信息相继在网上出现。网络求助最初主要出现在论坛、视频网站、贴吧、聊天室、QQ 群等以陌生人社交为主的网络平台。并且因为当时互联网技术的门槛较高，发起求助的主要是年轻的大学生群体。而网络求助真正开始占据公众视野、引起大量讨论是在国内的移动互联网成熟、社交媒体兴起之后。2009 年新浪微博的出现宣布中国自媒体时代的到来，"微公益"同时起步，部分网络求助信息通过大 V 转载获得前所未有的关注。2012 年新浪微公益平台正式上线，无论求助者、救助者还是公益机构，均可通过微公益平台进行简易、便捷的操作，网络求助的发起再也不是年轻人或大学生群体的专利了。2011 年微信正式上线，

---

① The Nonprofit Press: Blackbaud and Charity Dynamics Study: Social Media Has Growing Impact on Nonprofit Event Fundraising, http://www.tnpp.org/2010/02/blackbaud-and-charity-dynamics-study.html.

② 《Facebook 的众筹工具筹集了超过 10 亿美元》，http://www.thecover.cn/news/1377137。

③ GoFundMe 官网介绍：https://www.gofundme.com/c/about-us。

经过几年的发展成为全民通信工具。2012年微信朋友圈功能上线，打破了网络信息传播中的年龄和学历壁垒，并因其熟人社交的属性，为其中传播的网络求助信息进行了真实性的背书。网络求助的迅速兴起肉眼可见，吸收了大量的捐款。专门服务于网络求助的平台也蓬勃发展起来。2018年发布的《中国信息技术公益发展白皮书V3.0》[1] 显示，在腾讯应用宝公益筹款类App榜单（下载量）和慈善组织互联网筹捐信息平台筹款榜单上，关注大病救助的水滴筹、轻松筹都位于前两位。水滴筹自2017年1月正式命名为现有名称后，刚刚上线一年多（至2018年7月）就成功为70多万名经济困难的大病患者提供了免费的筹款服务，累计筹款金额超过80亿元，捐款人次超过2.7亿人次。轻松筹成立于2014年9月，仅用三年时间轻松筹体系（包含轻松筹、轻松互助、轻松e保、轻松公益）在全球183个国家和地区的用户总数冲破5.5亿，独立付费用户数冲破4.5亿，筹款总额冲破200亿元。

与网络求助的欣欣向荣相伴随的，是一直无法妥善解决的信息真实性的问题。即便是慈善事业较为成熟的西方发达国家，也无法避免"骗捐""诈捐"案例的发生。GoFundMe作为一个跨国运营、用户众多的网络平台，对于如何验证筹款发起者的信息真实性却缺乏有效的办法。2016年，美国兽医Johnny Bobbitt和女性Kate McClure及其男友Mark D'Amico合谋编造故事，以帮助Bobbitt负担租金、车辆以及生活费的名义在GoFundMe上募集到超过14000人的捐赠，在GoFundMe收费后，善款总金额约为360000美元。但直到三人因利益分配不均，Bobbitt对McClure和D'Amico提起诉讼后，这一谎言才被戳破。警方介入后的调查结论是"整个事件都是以谎言为基础的……是虚构和非法的"，三人被以诈骗罪逮捕和指控。[2] 但在整个事件中，平台的运营并没有受到太大影响，因为平台从一开始就选择将甄别的权力交给了捐款者，也建议不要捐给陌生人。

在我们国家，网络求助同样面临如何监督求助信息真实性的问题。而

---

[1] 中国信息技术公益联盟发布，搜索关注微信公众号"信息技术公益峰会"可索取，下文中关于水滴筹、轻松筹的数据都来自该白皮书。

[2] 《诈骗团伙因分钱不均举报同伙，已全部被抓获》，http://www.sohu.com/a/275925626_1200 09581。

且这个问题从网络求助甫一出现，就成为困扰求助人、捐助者、媒体、公益界、学界的重要问题。2005 年在天涯社区引爆的"女大学生网上发帖卖身救母"事件将西南大学学生陈易推上了风口浪尖，既有捐款者为陈易母亲的肝病治疗捐款，也有网友质疑卖身救母的真实性、母亲病情的真实性，辩论捐款能否透明化公开化、陈易的家庭条件是否真的需要靠捐款来治病等。陈易不断受到网友发帖质疑、接到网友的电话，天涯网友"八分斋"甚至自费 2 万元与另一名上海网友赶赴重庆进行调查。各路媒体的介入更是掀起了一阵持续的讨论热潮。陈易及其家庭承受了巨大的舆论压力，但只能通过网上发帖、班级组织"正名会"、接受媒体采访等个人途径证明事件的真实性。事件最终以陈易母亲不治身亡、陈易将未使用的善款转捐的结果画上了句号。这一事件充分体现了个人网络求助的核心问题：如何保证求助信息的真实性？由谁来监管捐款的使用？可惜随着网络技术的进步，这两个问题依然没有得到妥善的解决。在没有监管的条件下，因为互联网的匿名性、虚拟性，求助者都多多少少会承受网络舆论的质疑、攻击。

自媒体和移动支付成熟后，网络求助信息的真实性、捐助的必要性、受捐资金的监管等老问题开始不断轰炸网络，并引起全社会的广泛关注。2016 年，一篇《罗一笑，你给我站住！》的文章刷爆朋友圈，深圳本土作家罗尔为治疗女儿罗一笑的白血病而"卖文"，如果多转发一次这篇文章，便会为罗一笑的治疗筹款多增加一元钱。由于文章真切感人，网友们纷纷慷慨解囊。随即，有网友称此事为营销炒作，罗一笑的治疗费用并不像文中所说的那般高昂，而且罗尔在东莞与深圳均有房产，善款也早已筹齐。尽管罗尔将善款退回，依然背上"利用善心炒作"的骂名。[1] 2018 年，微博大 V 作家陈岚在微博上"实名举报"小凤雅父母未将通过水滴筹、火山小视频、快手等平台求助所得的资金用于小凤雅的治疗，甚至存在虐待现象，引起网络热议，使小凤雅的家属承受了极大的压力。随后，警方的调查证明小凤雅的家庭不存在诈捐行为，家属也对作家陈岚提起了侵犯名誉权的诉讼。[2]

---

① 事件来龙去脉可参见邓飞的《复盘罗尔事件》，刊载在 2016 年 12 月 8 日的《南方周末》上。
② 事件回顾可参见王言虎的《小凤雅家属诉陈岚案：精英想象勿踩踏底层尊严》，刊载在 2019 年 8 月 15 日的《新京报》上。

2019 年，德云社相声演员吴鹤臣突发脑出血，家属发起网络求助，在"水滴筹"上寻求捐款，但被网友质疑其在北京有两套房一辆车，还有医保，涉嫌"骗捐"。[①] 公众再次聚焦到网络求助平台的审核标准和审核机制上（何欣禹，2019）。尽管网络求助严格来讲不属于慈善募款的范畴，但对于捐款者来说，向网络求助捐款就是在做慈善，而不断发生的"炒作""骗捐""诈捐"事件也透支着公众捐款人对互联网慈善的信任，破坏着社会公信力。

（二）国内外网络求助研究综述

网络求助是一个不断发展变化的社会现象，研究者越来越多地关注网络求助的特点及对公众捐款的影响。如有学者认为，基于移动互联网的网络求助和捐赠具有新旧媒体的融合性、移动互联网支付的便捷性、募捐的高效性、捐赠信息的公开性等特征（王少辉等，2015）。相较于传统求助，网络求助使用门槛低、传播快、效率高，且具有一定的互动性和透明度，无论是求助者还是捐赠者都可以直接通过平台实现网络求助的全流程。也有学者认为，由于网络求助的方便快捷和高效互动，网络求助（等公益事业）变得全民化和常态化，传统集中等级化的公益传播模式正在向极度分散平行化的传播格局改变（曲丽涛，2016）。通过媒体、慈善组织进行个人求助的传统方式越来越多地被由求助者或亲属自主管理的网络求助所取代。求助者在向身边人、政府、慈善机构求助的同时，也越来越多地直接面向大众谋求帮助，网络求助成为一种主流选择，重塑了个人求助的观念和形式。

在肯定网络求助的便捷性、高效性的同时，研究者也对网络求助从不同角度表达了担忧。如有研究认为，网络传播性质决定了求助者及其事件的易夸大性与戏剧性，导致了求助行为的异化。网络捐助的集群效应容易导致个人独立思考的丧失（任晓明等，2012）。国外研究也指出，在线捐赠尤其是众筹（网络众筹在形式上类似于网络求助）通常是一种自发的同情或怜悯心的表达，而不是通过深思熟虑的干预。如基于新加坡的捐赠研究指出，在新加坡每当灾难性事件发生，尤其是牵扯到某个人，在线捐赠就

---

① 事件报道可参见腾讯新闻 2019 年 5 月 7 日的报道，《吴鹤臣众筹事件持续发酵，还被央视点名涉嫌诈捐》，https://new.qq.com/omn/20190507/20190507A099W2.html。

会爆发。媒体似乎更倾向于包装所谓的悲惨故事，而通过众筹为其他事情筹集的资金其实并不多（WINGS，2018）。网络求助造成了公众捐赠的盲目性，大众通过哪个案例更能引起共鸣而决定向哪一项求助捐款，捐款需求度最高的求助案例不一定能够获得最多、最快的帮助，而最吸引人的故事往往能得到最有力的支持。网络求助用个人的、偶发的、分散的互助解决一个个社会问题，与专业的、组织化的、以解决根本问题为导向的现代公益理念还是存在巨大的差别。网络求助对于社会公益慈善的发展是一把双刃剑，一方面，让求助者直接面向公众，高效、扁平化地自己动手解决问题，越来越多的人关注公益、关心社会问题、参与捐赠、养成捐赠的习惯；另一方面，网络求助是分散的、平民化的，网络求助行为不一定都是合理科学的捐赠资源分配，也很难触及个体求助背后的深层次社会问题。

但最困扰学界的是如何规范网络求助的问题，这一问题优先于对网络求助现状、动机、趋势的研究成为目前最主要的研究领域。在社交网络、移动支付和公益平台兴起之前，网络求助的发生频率比现在要低得多，但学界已有重视这一类现象、规范网络求助的呼声。有学者认为"网络求助"是在社会保障体系不完善的情况下凭借高科技手段的新型求助方式，这种求助方式面临价值和操作上的困境，需要进一步的规范化、合理化（张北坪，2006）。如有研究者讨论了"酒鬼妹妹"① 事件中互联网媒体的责任，认为互联网中层出不穷的求助信息说明网络已经是弱势群体寻求救助的有效途径，网络降低了使用媒体的门槛，但有些求助者为了让自己的信息脱颖而出，会选择非常规的吸引眼球的手段，网络媒体应强化"把关人"角色，承担起社会责任（宦晓渝，2009）。

随着网络求助现象越来越多，学界对如何规范网络求助的研究也越来越多。首先是网络求助的合法性问题。有研究者认为，个人求助是人的自然权利，法律不禁止，网络求助不是网络募捐，不受《慈善法》的约束。网络求助募集的资金应只用于特定个人，每个人捐出钱叫赠与，适用《民法》和

---

① 指网名为"酒鬼妹妹"的人为了让自己妹妹的求助信息引起关注，在视频网站上传自己跳艳舞的视频而被众多网友谩骂，被迫放弃求助的事件。参见百度百科：https://baike.ba-idu. com/item/酒鬼妹妹/4425320? fr = aladdin。

《刑法》的规定；网络求助中可能出现的欺诈、挪作他用等问题，则适用《刑法》《合同法》。只有在发布信息时承诺超出款项转捐同类群体或慈善组织，在超出后却不停止接收资金的，才构成非法募捐，可以按《慈善法》处罚，应该将"慈善募捐"和"个人求助"在概念上区分开来（金锦萍，2016）。也有研究者认为，网络求助有别于网络募捐，个人网络求助是指为救助者本人、家庭成员或者自己的近亲属在网络上公开发布求助信息，向他人或社会求助的行为；而个人网络募捐则是指个人为本人和近亲属以外的人通过网络进行公开募捐的行为（王志清，2018）。个人求助最基本的特征是"利己"，区别于个人募捐的"利他"。个人网络求助是合法的，而个人网络募捐是违反《慈善法》规定的（王志清，2018）。对于网络求助和网络募捐的区别，学界已经达成了普遍共识，在网络上进行求助不等于个人网络募捐，具有合法性，主要适用《民法》《刑法》《合同法》等法律规范。在认同网络求助合法性的同时，对网络求助诸多问题的分析，如怎样保护求助者的隐私权利，如何防止网络暴力对求助者的侵害（张敏，2007）；网络求助和网络募捐界定模糊，网络求助信息真实性辨识度低（展宏菲，2018）；求助者资格如何界定，如何保证求助信息的全面性、目的的单纯性，如何合理处置善款（张杨波、侯斌，2019）等，都指向了一个核心问题，就是由谁监管、如何监管网络求助。学界普遍认为需要在法律上明确捐助方、受助方、平台的权利义务，然后由平台承担监管责任。有学者表示应明确捐赠者有条件的捐赠撤销权、发起人的过错责任原则和众筹平台的补充责任原则（薛泽长、丁玮，2019）。还有研究者认为，应明确平台的法律地位，为平台设置审查监管的法律义务，联合相关部门对平台运行进行监管（席珺，2018）。

目前，网络求助已经发展到以依托平台为主的时期，一面是公众捐款者对网络求助极高的热情，一面是媒体界、学术界对网络求助规范性的热烈讨论。但这些讨论往往着眼于案例分析，缺乏系统的数据支持，缺乏具有代表性的实证研究。本研究通过分析"公众日常捐款行为调研"中的问卷调查结果，重点分析捐款给网络求助平台的样本，既能够呈现公众捐款网络求助的现状，也可以管窥网络求助的行为特点、影响因素、未来趋势，为更好地引导和规范网络求助提供重要的实证参考。

二 公众网络求助的现状

本研究使用的数据来自公众捐款的问卷调查，本次调查共获得有效样本 4404 个，本研究选取了其中在过去 12 个月有过捐款行为的 1433 个样本进行分析，将其中在过去 12 个月选择"通过水滴筹、轻松筹个人求助和互助平台进行捐款"的 796 个样本视为向网络求助捐款的人群，进行重点分析。根据统计分析结果，可以发现公众捐款的行为习惯有利于网络求助获取关注和支持，公众对向网络求助捐款具有极高的热情，而年龄、学历、家庭结构、捐赠习惯、对捐赠环境的评价等因素影响着公众是否倾向于向网络求助捐款。

（一）公众捐款习惯有利于网络求助

1. 多数公众通过 "社交媒体" 获取募款信息

调查发现，在网络求助方面，多数公众比较被动地接受各类求助和募款信息（见图 2 - 1）。统计发现，65% 的人"从不"主动搜寻各类求助和募款信息，32% 的人"偶尔会"主动搜寻，仅有 3% 的人"经常会"主动搜寻各类求助和募款信息。

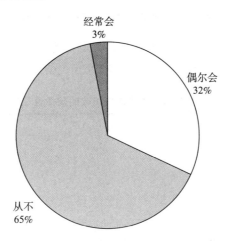

图 2 - 1 调查对象是否主动搜寻各类求助和募款信息

　　而在被动接受网络求助信息的渠道中，选择最多的是"社交媒体（如微博、微信转发）"（62.1%），其次是"家人或熟人口头介绍"（17.5%）。熟人社交成为公众最主要的求助和募款信息渠道（见图2-2），它使得网络求助信息在公众捐款者中获得较高的关注度，公众可以说是较为被动地接受网络求助相关信息。

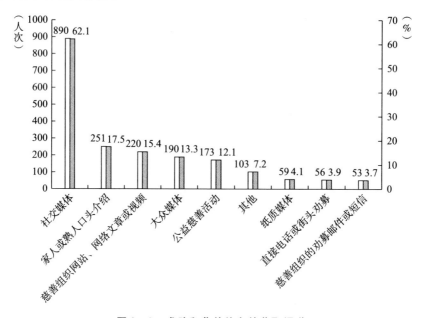

图2-2　求助和募款信息的获取渠道

　　统计数据也发现，公众向网络求助的捐款绝大多数是无规律性的（见表2-1）。捐款的随机性也可能与公众获取相关信息的被动性有关。

表2-1　网络求助捐款的规律性

捐款规律特征	频率（人次）	百分比（%）
没有什么规律	1383	96.5
每周都捐	7	0.5
每月都捐	16	1.1
每季度都捐	27	1.9
总计	1433	100.0

2. 公众捐款行为与网络求助特征具有较大的重合性

从目前网络求助平台的发展情况来看，网络求助最主要的原因是大病救助，其次是扶贫、助学等，而公众最主要的捐款领域与此基本吻合。从整体上看，在过去12个月中都有捐款者的主要领域是医疗健康（72.5%）、灾害救援（21.9%）、扶贫与社区发展（16.6%）、教育助学（15.4%）（见图2-3）。

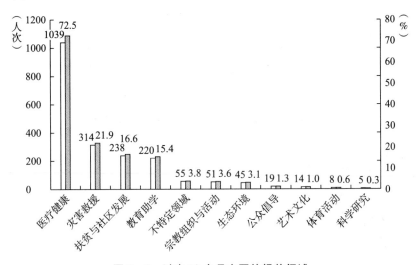

图2-3　过去12个月主要的捐款领域

同时，调查发现网络求助的求助人也与公众捐款的主要受益对象相重合。公众捐款额度最多的对象群体是儿童青少年，其次是残障人士和老年人（见图2-4）；从关系亲疏上看，在网络求助捐款中，公众更多地向不认识的人捐款（见图2-5）。

（二）向网络求助捐款已成为公众最主要的捐款方式

根据公众捐款的总体行为统计（见本书第一章），选择最多的捐款方式是"通过水滴筹、轻松筹等个人求助和互助平台进行捐款"（55.5%），其次是"直接捐给受益人"（32.4%）。二者都属于不通过组织捐款，而是对求助行为直接进行回应。水滴筹、轻松筹等个人求助和互助平台已经成为超过一半的公众捐款者选择的主要捐款方式，可以看出公众对网络求助的偏爱。而在支付方式上（见图2-6），第三方支付（71.0%）或现金（41.5%）

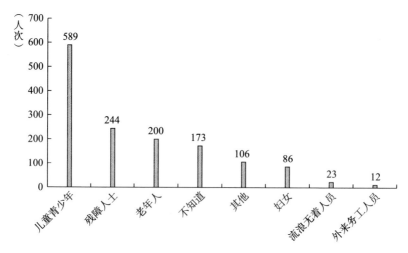

图 2-4　过去 12 个月捐款额度最多的对象排序

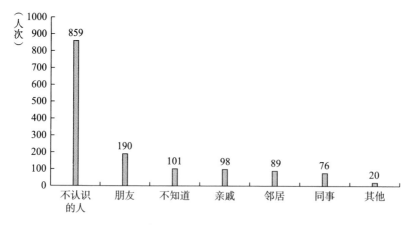

图 2-5　过去 12 个月捐款额度最多的对象排序

成为一种主流，移动支付的广泛应用已经极大地改变了公众捐款的方式，也使捐款变得更加便利。

（三）公众向网络求助捐款的影响因素

本研究试图进一步探究影响公众向网络求助捐款的多元因素，对年龄、学历、家庭结构等进行了相关性统计。

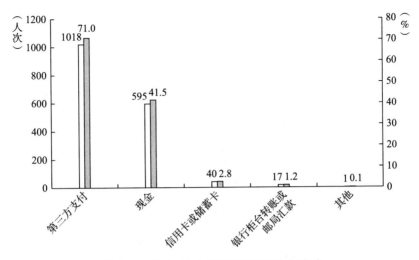

图 2-6 过去 12 个月主要的捐款支付方式

1. 影响网络求助捐款的人口学因素

统计分析发现，年龄越小的公众越倾向于向网络求助捐款，家庭结构对于是否选择向网络求助捐款也有显著影响。

首先，年龄与公众的网络求助捐款具有显著的负相关关系（见表 2-2），总体上看年龄越低越有可能向网络求助捐款。通过统计各年龄向网络求助捐款的频数（见图 2-7），可以看出 20 岁至 50 岁的中青年人，向网络求助捐款的倾向性最高。

表 2-2 网络求助捐款与年龄的相关性

			年龄
斯皮尔曼 Rho	过去 12 个月内是否向网络求助捐款	相关系数	-.091**
		Sig.（双尾）	.001
		N	1433

注：** 在 0.01 级别（双尾），相关性显著。

本研究也发现，家庭人口数量也影响公众对网络求助的捐款。通过相关分析发现，公众向网络求助捐款与家庭人口数呈正相关（见表 2-3）。说明家庭人口数量越多，向网络求助捐款的可能性就越大。

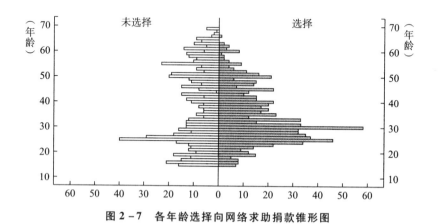

图 2 - 7　各年龄选择向网络求助捐款锥形图

表 2 - 3　网络求助捐款与家庭人口数的相关性

			家庭总人口数
斯皮尔曼 Rho	过去 12 个月内是否向网络求助捐款	相关系数	.062 *
		Sig.（双尾）	.019
		N	1433

注：* 在 0.05 级别（双尾），相关性显著。

调查还发现，公众网络求助捐款也与 18 岁以下子女数量呈正相关。也就是说，拥有 18 岁以下子女数量越多的公众，其向网络求助捐款的可能性就越大。其中来自二胎家庭的公众捐款者对网络求助捐赠的比例最高（见表 2 - 4）。可见，家庭人口数和 18 岁以下子女数越多者越倾向于向网络求助捐款，对这一现象的可能解释是，家庭人口数和子女数越多的捐款者或更容易与网络求助者产生共情，当然这种影响也可能是由年龄或者社会经济地位水平所带来的，还有待更多的分析来验证。

2. 影响网络求助捐款的社会经济地位因素

在社会经济地位因素上，我们单独分析了学历、户籍类型、政治面貌三个变量对捐款的影响。

公众的网络求助捐款与学历呈现显著的正相关关系，整体上看，学历越高越有可能向网络求助捐款。通过分析各种学历捐赠网络求助的比例，可以看出随着学历提升，公众捐款者向网络求助捐款的比例也在提高，在本科阶段达到最高（见表 2 - 5）。

表 2-4　网络求助捐款与 18 岁以下子女数量的相关性

	18 岁以下子女数量			总计
	0	1	1 个以上	
过去 12 个月内向网络求助捐款的比例	39.89%	66.15%	75.26%	55.55%
斯皮尔曼 Rho　相关系数	.298**			
斯皮尔曼 Rho　Sig.（双尾）	.000			

注：** 在 0.01 级别（双尾），相关性显著。

表 2-5　网络求助捐款与学历的相关性

	最高学历						总计
	小学及以下	初中	高中/中专/技校	大专	本科	硕士及以上	
过去 12 个月内向网络求助捐款的比例	43.75%	54.28%	54.50%	58.36%	63.45%	57.89%	55.55%
斯皮尔曼 Rho　相关系数	.085**						
斯皮尔曼 Rho　Sig.（双尾）	.001						

注：** 在 0.01 级别（双尾），相关性显著。

调查发现，政治面貌是公众向网络求助捐款的另一个显著影响因素，其中共青团员的比例最高（60.28%），共产党员的比例最低（45.19%）（见表 2-6）。共青团员和群众向网络求助捐款的热情要高于共产党员。不过，需要注意的是，政治面貌的影响可能是年龄、学历等其他因素的另一种体现。

表 2-6　网络求助捐款与政治面貌的相关性

	政治面貌			总计
	共产党员	共青团员	群众	
过去 12 个月内向网络求助捐款的比例	45.19%	60.28%	55.27%	55.55%
卡方检验 F 值	.010			

公众向网络求助捐款与其户籍类型也有显著的相关关系，农村户籍群体向网络求助捐款的比例高于城镇户籍，而同类型户籍中，外地户籍群体向网络求助捐款的比例高于本地户籍群体（见表 2-7）。可能的解释是，相

比城镇户籍者来说,农村户籍者可能在社会经济地位上较为弱势,他们可能缺乏更多的捐款途径,移动互联网的普及提供了一个更便捷的捐款通道。这也说明,网络求助在一定程度上扩展了公众捐款的可及性与多元性。

表 2-7　网络求助捐款与户籍类型的相关性

	户籍类型				总计
	本地城镇户籍	本地农村户籍	外地城镇户籍	外地农村户籍	
过去 12 个月内向网络求助捐款的比例	48.10%	59.07%	55.32%	63.21%	55.55%
卡方检验 F 值	.000				

综上所述,公众向网络求助捐款的原因受到人口学和社会经济地位等因素的影响。年纪较轻、学历较高者更容易向网络求助捐款。农村户籍者相较于城镇户籍者更倾向于向网络求助捐款。同时,公众捐款者还可能由于家庭人口多、未成年子女多而对求助信息共情较强从而更容易向网络求助捐款。当然,需要说明的是,这一部分我们只是进行了单变量的影响因素分析,在进一步的研究中还需要根据假设进行更加深入的多变量统计分析。

三　公众网络求助捐款的未来意愿

网络求助的兴起已经极大地影响了公众的捐赠行为,通过调查公众的未来捐款意愿可以看出,有捐款习惯的群体会越来越倾向于向网络求助捐款。此处有两个基本观察结论。

(一)熟人社交和大众媒体将共同左右公众捐款者的未来捐款,公众捐款者也需要更有公信力的募款信息

调查显示,公众捐款者希望通过"社交媒体"(38.8%)、"大众媒体"(34.3%)和"家人或朋友介绍"(33.8%)获取求助和募款信息(见图 2-8)。相较于目前获取求助和募款信息的渠道,公众捐款者除熟人社交之外,还迫切希望大众媒体能够推介更多的求助和募款信息,可以看出公众捐款者对求助和募款信息的公信力的需求。

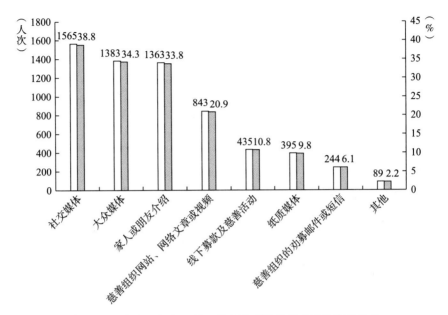

图 2 - 8 未来要捐款更希望从哪些渠道获得求助和募款信息

（二）公众捐款意愿与网络求助需求匹配度高，直接捐给求助人是多数人未来捐款的第一选择

调查显示，公众捐款者未来捐款的领域（见图 2 - 9）和对象（见图 2 - 10）与网络求助的匹配度依然很高。

但与目前的捐款行为相比较，"教育助学"这一领域的捐款意愿没有得到很好地实现，而对"医疗健康"的捐款意愿有所下降（见图 2 - 11）。对弱势群体中的"残障人士""老年人""流浪无着人员"的捐款意愿也远高于目前的捐款行为（见图 2 - 12）。这些差别可能会影响未来网络求助的领域和群体。

而对于未来的捐款方式（见表 2 - 8），捐赠者的第一选择是"直接捐给受益人"（52.5%）或者"通过水滴筹、轻松筹等个人求助和互助平台"（21.6%）。可见很多公众捐款者依然倾向于直接捐给求助人，不论是通过平台还是其他方式，都希望捐款能尽量少地通过机构到达求助人手上。

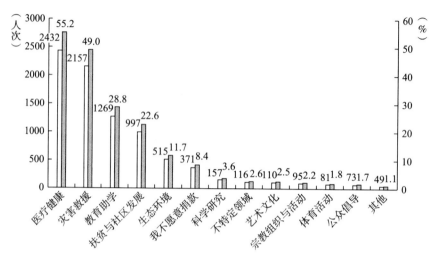

图 2－9　未来捐款领域（多选）

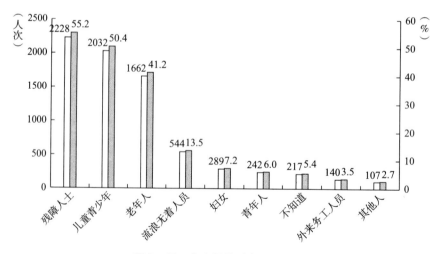

图 2－10　未来捐款对象（多选）

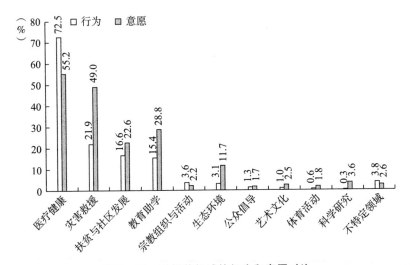

图 2－11　对捐款领域的行为和意愿对比

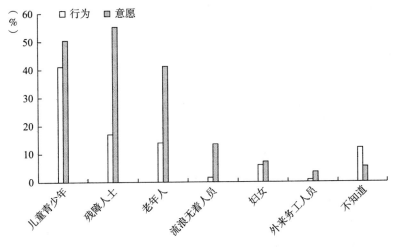

图 2－12　对捐款对象的行为和意愿对比

表 2 - 8　未来捐款方式优先选择

捐款方式	第一选择频次	第一选择百分比	第二选择频次	第二选择百分比	第三选择频次	第三选择百分比
直接捐给受益人（不通过其他机构）	752	52.5%	136	9.5%	35	2.4%
直接捐给社会组织（例如基金会、社会服务机构、社会团体）	165	11.5%	149	10.4%	32	2.2%
通过民政部公布的公募平台（例如腾讯公益、新浪微公益等）	99	6.9%	116	8.1%	60	4.2%
通过水滴筹、轻松筹等个人求助和互助平台	310	21.6%	287	20.0%	68	4.7%
通过民间个人求助和互助团体（例如互助会、老乡会等）	20	1.4%	83	5.8%	56	3.9%
通过单位或集体组织（例如单位、社区、学校等组织的募捐）	60	4.2%	94	6.6%	101	7.0%
通过宗教团体或宗教场所（寺庙、基督教堂、清真寺、犹太教堂等）	10	0.7%	10	0.7%	13	0.9%
其他	8	0.6%	1	0.1%	—	—

四　应加强对网络求助的引导和规范

综上，网络求助已经成为公众捐款者主要的捐款方向，而且未来也将保持对公众捐款极大的吸引力。网络求助之所以能对公众捐款者保持如此大的吸引力，首先是因为公众捐款者大多数被动获取求助和募款信息，且求助和募款信息主要来自"社交媒体"。社交媒体的求助和募款信息多来自熟人之间的传播，容易被层出不穷的网络求助占据。其次，公众捐款者对慈善的理解普遍停留在扶贫济困的传统观念上，倾向于向发起网络求助的弱势群体及教育、医疗、救灾领域捐款，容易因为共情向网络求助慷慨解囊。

　　有鉴于此，我们应从信息渠道入手，加强对网络求助的引导和规范。针对公众捐款者被动获取募款信息、主要从"社交媒体"上获取募款信息，并希望更多地从"大众媒体"上获取可信度高的信息的特点，可以从"社交媒体"和"大众媒体"渠道入手，提高公众捐款者对网络求助信息的筛查意识。重点引导目前倾向于向网络求助捐款的青年群体、高学历群体、家庭人口较多的群体、外地户籍群体、本地农村户籍群体，使他们更加客观、科学地甄别网络求助信息，保护公众捐款者的利益，维护良好的公益慈善环境。

第三章　公众捐款行为的满意度

一　日常捐赠满意度的总体情况

公众日常捐款行为既是不断迭代的过程，也是多因素综合影响的结果。它不仅受制度因素、环境因素、组织因素、社会网络等外部因素的影响，还会受个体过往捐赠经历及情感状态的影响（杨永娇等，2019：183；张进美、刘武，2011：48）。从目前国内研究现状来看，更侧重分析外部因素对捐赠行为的影响，而对公众捐款态度及其影响因素的研究还较为匮乏，仅有少数学者分析了捐赠态度对公众捐款行为的影响。如有研究基于西南地区的访谈发现，受访者会因对当前慈善事业不满意所以才不愿、不敢捐款（李泳等，2016：18）。可见，捐赠满意度作为公众对捐赠环境和行为的综合评价，对公众捐款行为具有重要的调节意义。本章将重点探析捐款群体对其捐赠经历的满意度评价，及其对捐款情况的影响。当然，类似的捐款经历还会因个体异质性而产生不同的心理评价。基于此，还有必要进一步探析捐赠行为满意度的个体差异性。

为了更好地探究公众日常捐款满意度情况，本研究请调研对象对"目前国内捐赠环境满意度"和"自己捐赠行为的满意度"进行了主观评价。其中，评价最低分为1分，最高分为10分，分数越高表示满意度越高。

从过程视角来看，尽管捐款行为在先，捐款满意度评价在后，但捐款行为能否持续则会在一定程度上受捐款满意度的影响。为了更好地分析捐赠满意度对公众日常捐款行为的影响，本研究结合过去三年和过去一年的捐款情况，把捐款群体区分为"持续捐款者"和"未持续捐款者"，并对其捐款满意度（环境满意度和行为满意度）进行对比分析。在这里，"持续捐款者"是指在过去三年内和过去一年内都捐过款的公众,"未持续捐款者"是指仅过去三年内捐过款,过去一年内未捐过款的公众。

（一）捐赠满意度整体分析

就捐赠环境满意度而言,国内捐赠环境满意度略高于及格线,平均评分为6.11分,其中,捐款群体对国内捐赠环境满意度的评分为6.48分,未捐款群体对国内捐赠环境满意度的评分为5.88分,捐款群体的捐赠环境满意度比未捐款群体高0.6分。

就捐赠行为满意度而言,捐款群体对自己捐赠行为满意度的评分为6.49分,其中,持续捐款群体对自己捐赠行为满意度的评分为6.62分,未持续捐款群体对自己捐赠行为满意度的评分为5.86分,持续捐款群体对自己捐款行为的满意度要比未持续捐款群体高0.76分（见表3-1）。

总体而言,捐款群体的捐赠环境满意度整体上要高于未捐款群体;持续捐款群体不论对国内捐赠环境的满意度还是对自己捐赠行为的满意度都要高于未持续捐款群体。

表3-1 捐款行为与捐赠满意度

		国内捐赠环境满意度		公众捐赠行为满意度	
		均值（分）	标准差	均值（分）	标准差
捐款群体	整体	6.48	2.224	6.49	2.281
	持续捐款	6.59	2.180	6.62	2.196
	未持续捐款	5.91	2.350	5.86	2.562
未捐款群体		5.88	2.144	—	—

（二）捐赠行为满意度与捐款情况

从捐赠行为满意度与过去一年捐款频次关系来看,公众捐赠行为满意度越高,其捐款频次并未相应地呈现直线上升趋势（见图3-1）。从捐赠行为满意度与过去一年捐款金额关系来看,满意度评分8分以下的捐款均额要低于整体捐款均额（336.41元）,而且这部分群体捐款金额整体差距不明显;满意度评分8分及以上的捐赠者（满意度评分顶端1/4的人群）,其捐款金额明显高于其他评分的捐赠者。通过进一步对公众过去一年的捐款金额进行单因素方差分析发现，高行为满意度（8 分及以上）对捐款金额的影响具有统计学上的显著性（. sig < 0.01）。

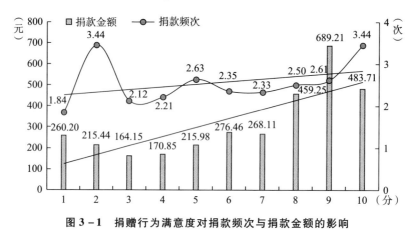

图 3 – 1　捐赠行为满意度对捐款频次与捐款金额的影响

二　日常捐赠满意度的个体性差异

上述分析主要探究了捐赠满意度整体性评价，以及捐赠行为满意度对捐款行为的影响。当然，捐赠满意度还会存在较强的个体性差异。接下来，将从社会人口统计变量角度考察捐赠满意度的具体影响因素。

（一）年龄与捐赠满意度

在"持续捐款"群体中，"国内捐赠环境满意度"最高的为 51 ~ 60 岁群体，平均评分为 7.09 分，其次为 15 ~ 20 岁群体。整体而言，大致呈现两头高中间低的态势。"公众捐赠行为满意度"最高的也为 51 ~ 60 岁群体，平均评分为 7.70 分，其次为 61 ~ 70 岁群体。整体而言，中老年捐款者的"捐赠行为满意度"相对较高。

在"未持续捐款"群体中，"国内捐赠环境满意度"最高的为 15 ~ 20 岁群体，平均评分为 7.07 分，其次为 61 ~ 70 岁群体。整体而言，在"未持续捐款"群体中，"国内捐赠环境满意度"在年龄层面呈"U"字形。而"公众捐赠行为满意度"最高的为 61 ~ 70 岁群体，平均评分为 7.11 分。整体而言，在"未持续捐款"群体中，"公众捐赠行为满意度"在年龄层面，随年龄不断增长，也在呈直线增长。

整体来看，低龄青年群体对国内捐赠环境满意度相对较高，可能与其成长环境相对单一、社会履历相对简单有关。老年群体对自身捐赠行为满意度相对更高，可能是因为该群体进入退休生活之后，捐赠对他们而言是融入社会、促进幸福感的一种方式。

表 3 – 2　捐款行为与捐赠满意度的年龄状况

年龄（岁）	持续捐款		未持续捐款	
	国内捐赠环境满意度（分）	公众捐赠行为满意度（分）	国内捐赠环境满意度（分）	公众捐赠行为满意度（分）
15 ~ 20	7.07	6.23	7.07	5.82
21 ~ 30	6.51	6.31	5.54	5.31
31 ~ 40	6.38	6.40	5.18	5.16
41 ~ 50	6.40	6.91	6.00	6.33
51 ~ 60	7.09	7.70	6.06	6.69
61 ~ 70	6.59	7.18	6.28	7.11

（二）性别与捐赠满意度

整体而言，不论是"国内捐赠环境满意度"还是"公众捐赠行为满意度"，男性捐款者和女性捐款者的捐赠满意度基本没有太大差异。通常来说，女性会更有同情心，但是捐赠满意度并未呈现明显的性别差异。这可能需要综合考虑男、女在捐款、捐物、捐赠时间等多种亲社会行为方面的差异性，以及收入的性别差异对捐赠经历及满意度的影响。

表 3 – 3　捐款行为与捐赠满意度的性别状况

性别	持续捐款		未持续捐款	
	国内捐赠环境满意度（分）	公众捐赠行为满意度（分）	国内捐赠环境满意度（分）	公众捐赠行为满意度（分）
男	6.67	6.76	5.90	5.86
女	6.52	6.49	5.93	5.86

（三）学历与捐赠满意度

在"持续捐款"群体中，初中及以下群体的"国内捐赠环境满意度"要高于其他学历群体，其中，"小学及以下"群体的国内捐赠环境满意度最高，平均评分为 6.98 分。整体而言，在"持续捐款"群体中，随着学历的提高，"国内捐赠环境满意度"在递减。"公众捐赠行为满意度"则呈现两头高中间低的态势，其中，"小学及以下"群体的"公众捐赠行为满意度"最高，其次为"大学本科及以上"群体。

在"未持续捐款"群体中，初中学历群体的"国内捐赠环境满意度"明显高于其他学历群体，平均评分为 6.38 分。整体而言，在"未持续捐款"群体中，低学历群体的"国内捐赠环境满意度"要略高于高学历群体，但这种差异不太明显。在"公众捐赠行为满意度"方面也大致呈现上述态势，而且低学历群体的捐赠行为满意度要明显高于高学历群体。

结合第四章的研究发现，学历不仅会影响公众捐赠满意度，还会对公众的捐款行为产生显著影响，并且受教育水平越高的人，越倾向于进行慈善捐款。尽管低学历捐款者的捐赠满意度较高，但并未真正转化为捐款行为，相反，高学历捐款者虽然捐赠满意度低，但更倾向捐款。个中原因可能是教育作为一种社会资源，不仅会影响个体的社会认知、社会责任感，也会扩大个体的捐赠网络，进而增加被动员的可能性，同时也会影响对捐赠的评价。

表 3-4　捐款行为与捐赠满意度的学历状况

学历	持续捐款		未持续捐款	
	国内捐赠环境满意度（分）	公众捐赠行为满意度（分）	国内捐赠环境满意度（分）	公众捐赠行为满意度（分）
小学及以下	6.98	6.84	5.86	6.02
初中	6.84	6.58	6.38	6.53
高中、中专、技校	6.45	6.53	5.76	5.66
大专	6.59	6.61	5.59	5.11
大学本科及以上	6.21	6.77	5.50	5.23

（四）政治面貌与捐赠满意度

在"持续捐款"群体中，共青团员的"国内捐赠环境满意度"平均评分要略高于党员和群众，但整体差异不明显。对于"公众捐赠行为满意度"，党员的平均评分要明显高于非党员。在"未持续捐款"群体中也存在上述类似现象，党员的"公众捐赠行为满意度"平均评分也明显高于非党员。党员捐赠行为整体满意度要高于其他群体，这也与现有研究中党员身份对于个体及家庭捐款具有显著影响的发现具有一致性（南方、罗微，2013：126；杨永娇、张东，2017：55）。

表 3 - 5　捐款行为与捐赠满意度的政治面貌状况

政治面貌	持续捐款		未持续捐款	
	国内捐赠环境满意度（分）	公众捐赠行为满意度（分）	国内捐赠环境满意度（分）	公众捐赠行为满意度（分）
中共党员	6.46	7.03	5.86	6.86
共青团员	6.71	6.51	6.03	5.55
群众	6.57	6.60	5.91	5.81

（五）宗教信仰与捐赠满意度

通常来说，宗教信仰在公众捐款行为中扮演较为重要的角色，其会塑造个体的亲社会价值观，也会影响个体的捐赠观念及意义认知。反映在"未持续捐款"群体中，有宗教信仰的群体的"公众捐赠行为满意度"要比无宗教信仰的群体高出 0.45 分。

直接比较宗教信仰的捐赠差异，尽管大多数研究发现宗教会促进捐赠（刘力、阮荣平，2018：104），但也有研究发现宗教信仰对捐赠行为并没有影响（张进美等，2013：83）。在"持续捐款"群体中，不论是"国内捐赠环境满意度"还是"公众捐赠行为满意度"，有宗教信仰者和无宗教信仰者并未呈现明显差异性。为此，宗教信仰对公众捐赠满意度的影响可能还要综合考量捐赠者的捐款频次、经历和不同宗教信仰等多种因素的影响。

表 3 - 6　捐款行为与捐赠满意度的宗教信仰状况

宗教信仰	持续捐款		未持续捐款	
	国内捐赠环境满意度（分）	公众捐赠行为满意度（分）	国内捐赠环境满意度（分）	公众捐赠行为满意度（分）
无宗教信仰	6.62	6.63	5.92	5.82
有宗教信仰	6.42	6.58	5.81	6.27

（六）婚姻状况与捐赠满意度

在"持续捐款"群体中，未婚群体的"国内捐赠环境满意度"要略高于已婚群体；相反，已婚群体的"公众捐赠行为满意度"要高于未婚群体。

在"未持续捐款"群体中也存在类似现象，而且表现得更为明显，其中，未婚群体的"国内捐赠环境满意度"要比已婚群体高0.63分，而已婚群体的"公众捐赠行为满意度"则要比未婚群体高0.55分。这里可能的解释是，婚姻状况或许会影响公众对捐款意义的看法。当然还需要注意的是，婚姻状况的影响可能更多的是由年龄的影响带来的，在进一步的研究中还应当增加多元统计分析来控制其他变量的影响。

表 3 - 7　捐款行为与捐赠满意度的婚姻状况状况

婚姻状况	持续捐款		未持续捐款	
	国内捐赠环境满意度（分）	公众捐赠行为满意度（分）	国内捐赠环境满意度（分）	公众捐赠行为满意度（分）
未婚	6.71	6.34	6.31	5.51
已婚	6.55	6.76	5.68	6.06

（七）是否有孩子与捐赠满意度

整体而言，不论是"持续捐款"群体还是"未持续捐款"群体，没有孩子的"国内捐赠环境满意度"都要高于有孩子的；相反，有孩子的"公众捐赠行为满意度"则要高于没有孩子的，而且这种差异在"未持续捐款"群体中表现得尤为明显，有孩子的"公众捐赠行为满意度"的平均评分要比没有孩子的高出0.75分。生育孩子是个体生命历程中的一个重要事件，可能会改变个体对捐款意义的认知，或者会增加个体对自身捐款行为的正面价值判断。但同样需要注意的是，有孩子与否可能与其他变量之间存在相互影响，还需要更多的分析来进行验证。

表 3-8 捐款行为与捐赠满意度的是否有孩子状况

是否有孩子	持续捐款		未持续捐款	
	国内捐赠环境满意度（分）	公众捐赠行为满意度（分）	国内捐赠环境满意度（分）	公众捐赠行为满意度（分）
没有孩子	6.70	6.38	6.14	5.40
有孩子	6.53	6.77	5.77	6.15

（八）职业与捐赠满意度

在"持续捐款"群体中，"国内捐赠环境满意度"评分最高的职业群体是"全日制学生"，平均评分为 7.02 分，相反，他们对"公众捐赠行为满意度"评分最低，为 6.27 分，其"国内捐赠环境满意度"和"公众捐赠行为满意度"评分相差了 0.75 分。在所有职业群体中，"国内捐赠环境满意度"和"公众捐赠行为满意度"评分差距最为悬殊的是"国家机关、党群组织、企业、事业单位负责人"，二者相差 0.8 分。

在"未持续捐款"群体中，"国内捐赠环境满意度"评分最高的职业群体也是"全日制学生"，平均评分为 6.96 分；评分最低的是"生产、运输设备操作人员及有关人员"和"专业技术人员"，分别为 5.08 分、5.10 分。而"公众捐赠行为满意度"评分最高的职业群体是"国家机关、党群组织、企业、事业单位负责人"，平均评分为 7.43 分，评分最低的也是"专业技术人员"和"生产、运输设备操作人员及有关人员"。"国内捐赠环境满意度"和"公众捐赠行为满意度"评分相差最为悬殊的两大职业群体是"全日制学生""国家机关、党群组织、企业、事业单位负责人"，分别为 1.19 分和 1 分，而且"全日制学生"的"国内捐赠环境满意度"要高于"公众捐赠行为满意度"；相反，"国家机关、党群组织、企业、事业单位负责人"的"公众捐赠行为满意度"要高于"国内捐赠环境满意度"。另外，满意度评分相差较为悬殊的是"农、林、牧、渔、水利业生产人员"，相差 0.81 分。

全日制学生群体对捐赠环境满意度高，这一发现与上文关于 15～20 岁青年群体对捐赠环境满意度高的发现具有一致性。国家机关、党群组织、企业、事业单位等体制内工作作为重要的政治资本，不仅具有较高的社会期望和榜样效应，而且也具有较高的行政动员捐款的可能性，这可能就会带动相应群体的捐赠满意度评价。

表 3-9　捐款行为与捐赠满意度的职业状况

职业	持续捐款		未持续捐款	
	国内捐赠环境满意度（分）	公众捐赠行为满意度（分）	国内捐赠环境满意度（分）	公众捐赠行为满意度（分）
国家机关、党群组织、企业、事业单位负责人	5.93	6.73	6.43	7.43
专业技术人员（医护人员、教师或其他专业工作者）	6.18	6.62	5.10	4.87
办事人员和有关人员	6.76	6.76	5.70	5.60
商业、服务业人员	6.45	6.53	5.59	5.77
农、林、牧、渔、水利业生产人员	6.95	6.90	5.71	6.52
生产、运输设备操作人员及有关人员	6.40	6.45	5.08	4.92
全日制学生	7.02	6.27	6.96	5.77

（九）家庭收入与捐赠满意度

在"持续捐款"群体中，"国内捐赠环境满意度"评分最高的为家庭月收入"少于 3000"的群体，平均评分为 6.81 分，而且该群体的"公众捐赠行为满意度"评分也最高，平均评分为 6.84 分。不过，整体而言，各收入群体的"国内捐赠环境满意度"和"公众捐赠行为满意度"的平均评分相差不大，差异最大的为"50001 以上"的群体，平均评分相差 0.32 分。

在"未持续捐款"群体中，"国内捐赠环境满意度"和"公众捐赠行为满意度"评分最高的也是家庭月收入"少于 3000"的群体。"国内捐赠环境满意度"和"公众捐赠行为满意度"评分相差最为悬殊也是家庭月收入"50001 以上"的群体，而且其"公众捐赠行为满意度"评分最低，仅为 5.17 分。

结合第四章，从收入与捐款行为的关系来看，与中等收入、高收入群体相比，低收入群体似乎呈现更高的慷慨度。朱健刚等（2017）利用2012年中国劳动力动态调查数据也发现，收入较低的家庭的相对捐赠额反而更高。这与低收入人群捐赠行为满意度相对较高具有一致性。

表 3 - 10　捐赠行为与捐赠满意度的家庭收入状况

家庭收入（元/月）	持续捐款		未持续捐款	
	国内捐赠环境满意度（分）	公众捐赠行为满意度（分）	国内捐赠环境满意度（分）	公众捐赠行为满意度（分）
少于 3000	6.81	6.84	6.35	6.72
3001～5000	6.50	6.21	5.62	5.44
5001～8000	6.72	6.78	5.69	5.57
8001～10000	6.38	6.58	5.54	5.41
10001～20000	6.51	6.73	6.11	5.57
20001～50000	6.45	6.56	6.23	6.08
50001 以上	6.39	6.71	6.17	5.17

（十）户籍与捐赠满意度

在"持续捐款"群体中，不论是"国内捐赠环境满意度"还是"公众捐赠行为满意度"，本地户籍群体的平均评分都要略高于外地户籍人群，但二者的差距不明显。在"未持续捐款"群体中，外地户籍群体的"国内捐赠环境满意度"要略高于本地户籍群体，但是外地户籍群体的"公众捐赠行为满意度"则要明显低于本地户籍群体，平均评分差了1.24分。

表 3 - 11　捐款行为与捐赠满意度的户籍状况

户籍	持续捐款		未持续捐款	
	国内捐赠环境满意度（分）	公众捐赠行为满意度（分）	国内捐赠环境满意度（分）	公众捐赠行为满意度（分）
本地户籍	6.62	6.69	5.89	6.10
外地户籍	6.47	6.37	6.00	4.86

三 日常捐赠满意度存在显著的群体差异

就捐款满意度整体状况来看，捐款群体的"国内捐赠环境满意度"要高于未捐款群体，持续捐款群体要高于未持续捐款群体。而且，持续捐款群体的"公众捐赠行为满意度"也明显高于未持续捐款群体。就捐款行为满意度与捐款行为关系而言，"公众捐赠行为满意度"虽并未对过去一年的捐款频次产生显著影响，但是高捐赠行为满意度对捐款金额有较为显著的影响。

此外，公众对国内捐赠环境满意度和自身捐赠行为满意度的认知并不完全一致。老年人、低学历、低收入、已婚、有孩子、党员、党政企事业单位负责人的捐赠行为满意度相对更高。个体性捐赠满意度差异简单归纳如下：从年龄来看，低龄青年和低龄老年群体的国内捐赠环境满意度相对较高，而老年群体对自身捐赠行为满意度明显更高。从学历来看，低学历捐款者的捐赠满意度最高，高学历捐款者则会更倾向捐款。从政治面貌来看，党员的自身捐赠行为满意度要明显高于非党员。从婚育状况来看，未婚、没有孩子的捐赠者的国内捐赠环境满意度较高，而已婚、有孩子的捐赠者的公众捐赠行为满意度较高。从职业来看，全日制学生的国内捐赠环境满意度最高，党政企事业单位负责人对自身捐赠行为则更为满意。从家庭收入来看，低收入群体不仅（环境和行为）捐赠满意度最高，同时也表现出更为慷慨的捐款行为。

第四章　公众捐款行为的社会经济地位影响

一　公众捐款与社会经济地位影响的研究背景

伴随中国四十多年的高速经济增长，中国的慈善事业也有了快速发展，公众捐款的规模日益扩大。慈善捐款不仅是现代慈善事业的物质基础，同时也是慈善事业发展水平的直接体现。根据中国慈善联合会2018年在北京发布的《2017年度中国慈善捐助报告》，2017年度中国境内接收国内外款物捐赠再创新高，共计1499.86亿元，比2016年度增长7.68%，较2007年度的309.25亿元增长385%；捐赠总额占同年全国GDP的0.18%，人均捐赠额为107.9元，比2016年度增长7.11%。2017年，中国慈善捐赠的主要来源依然是企业和个人，二者捐赠合计1312.51亿元，占到捐赠总额的87.51%。其中，来自企业的捐赠共计963.34亿元，占64.23%；来自个人的捐赠共计349.17亿元，占23.28%（中国慈善联合会，2018）。虽然中国慈善事业起步较晚，仍然处于发展初期，但是中国慈善事业蕴藏巨大的发展潜力。

尽管企业捐款仍然是慈善事业发展的重要来源，但随着民众收入水平提高以及公益慈善文化日益广泛传播，公众个人慈善捐款越来越呈现巨大的发展空间。慈善捐款不是某些人的专利，只有依靠广大民众的广泛参与，才能积累更加殷实的慈善资源。然而过去几年，中国公众参与慈善事业的积极性经历了大起大落，既有在自然灾害发生后，公众捐款热情高涨，在短时间内社会捐款急剧增长的现象；也有在受负面事件影响后，一些社会成员患上"社会冷漠症"，公共捐款事业备受打击的情况。根据《贝恩-中国互联网慈善：激发个人捐赠热情》的数据，从2011年到2014年，个人捐赠总额减少了 60%，但此后快速回升，2014~2016 年复合增长率超过 60%（贝恩公司、联合之路，2019）。

在已有的文献中，关于慈善捐款的研究主要集中在慈善组织的管理、公信力以及运行机制等方面，对影响捐款行为的微观机制还揭示得不够，尤其是关于捐款行为如何受到社会经济地位因素的影响并未得到较为系统的分析。社会经济地位（Socioeconomic Status 或 SES）是一个复杂的概念，是指个体在社会结构中所处的位置，社会经济地位的高低影响到个体对可利用资源的获取，也因而影响到个体的行动特征。既有研究者对社会经济地位的理解和测量有一定的差异。如科尔曼（1988）认为社会经济地位包括金融资本、人力资本以及社会资本三个维度。

本章关注社会经济地位对公众捐款意愿和捐款行为的影响，基于 2018 年中国公众捐款的抽样调查数据，我们在控制其他因素的情况下，试图分析个体社会经济地位的差异是否以及如何带来公众捐款行为特征的变化，以及这种影响对公众捐款的相关政策和实务会有怎样的启示。

二 公众捐款与社会经济地位影响的既往研究

（一）收入与捐款

在已有的关于收入与慈善捐赠关系的研究中，学者们普遍证实了个体收入与捐款数量之间的关联性。不过，研究者也发现，收入和捐款之间并非线性相关，如果以捐款额度占家庭收入的比例来衡量慷慨程度，低收入家庭和高收入家庭比中间收入家庭可能更加慷慨。Auten 和 Clotfeter（2002）将其概括为"U 形曲线理论"。他们认为，之所以产生这种状况，是由于慈善文化对高收入群体捐赠有更多影响，而低收入群体捐赠较多则更多是其宗教信仰造成的，尽管收入较低的家庭捐赠比例不大，但是他们对慈善捐赠的忠诚度远远高于其他家庭，宗教因素在其中起到了很大的解释作用。当然并不是所有学者都认可收入与捐赠之间的 U 形曲线理论，如 Schervish 和 Havens（2001）认为随着收入升高，捐赠额度占家庭收入的比例其实并没有发生实质性的变化。

　　收入对居民慈善捐赠的影响也在国内的研究中得到证实。张进美等（2018）以经济收入为依据划分城市群体，发现居民收入对其慈善捐款存在积极影响，不同收入层次群体的捐款行为呈现不同特点；其中收入越多的人捐款金额越大，但是收入越多的人"捐款收入比"越低，因而显得更加"吝啬"。这似乎在一定程度上支持了 U 形曲线理论。针对收入对居民捐款行为的影响，研究者也强调既要促进不同收入群体捐款，也要重点鼓励收入相对较高者捐款。不过，已有的研究对收入和捐款行为之间的关系特征仍然缺乏细致的解释，尤其是捐款收入比与捐款行为的内在关联，还需要通过更多的经验数据进行深入探讨。

（二）教育与捐款

　　许多实证研究表明教育与慈善捐赠之间存在显著的正相关关系。迈克尔·奥尼尔（ONeill，2001）研究发现，个人慈善行为与文化程度具有显著关系，受教育程度高的人捐赠数量明显更高。不过，一些学者也关注了教育与捐款方向的关系。Yen（2012）对美国家庭慈善捐款的数据分析发现，教育与世俗捐赠正相关，但是和宗教性质的捐赠没有显著关系。Srnka 和 Eckler（2003）利用澳大利亚的相关数据发现，教育与环境保护、发展援助、人权领域捐款显著正相关，但是与健康照顾领域的捐款负相关。

　　中国学者对影响慈善捐赠行为综合因素的探讨更多的是对一些基础理论的探讨，也有部分研究者侧重于关注捐助者的社会背景或外在特征。但是大部分研究都肯定了教育对慈善捐赠的正向影响。刘艳明（2008）通过分析长沙市某社区居民的捐赠情况，发现捐赠者的性别、年龄、职业、宗教信仰等变量对捐赠行为影响不大，但是收入、学历与捐赠金额呈现正相关。刘武等（2010）在分析辽宁省 787 位城市居民的慈善行为时发现，在人口统计各主要因素中，对居民慈善行为影响显著的有文化程度、政治面貌和家庭收入，而性别、年龄、婚姻状况和职业没有显著影响。既有研究结果都指出了文化程度、收入两个因素对捐赠行为的影响，但对捐款领域以及方向的相关研究则比较少。

（三）职业与捐赠

国外单独研究职业与捐赠的文章较少，主要是围绕社会压力以及工作环境对员工的捐赠行为的影响进行了探讨。Keating 等（1981）认为人们之所以愿意在工作场合进行捐赠，很大部分原因是害怕失去工作或者害怕上级不满意，并通过实证调查证实了上级是否参与捐赠活动等对员工是否捐赠及捐赠金额有正向影响。虽然不同职业对是否捐赠以及捐赠金额的影响并不显著，但是会影响捐赠的领域。在中国由于单位制以及体制的影响，关于职业对捐赠的影响普遍关注的是体制内和体制外的职业对捐赠的影响。如毕向阳等（2010）通过调查希望工程 10 年的发展数据发现，有组织的集资捐款是个体捐助希望工程的主要途径，而这些活动又多在捐款人的工作单位中进行。

既有的研究关于收入、受教育程度、职业等社会经济地位维度的捐款影响为本章的研究提供了一个很好的基础，但已有的研究也存在一些不足。其中，公众捐款这一概念本身仍然需要厘清。捐款在其一般意义上既包括了"私益"的部分，如个人亲属朋友之间的互助；也包括了"公益"的部分，如向公益机构的捐助。2018 年对中国六省市的公众捐款调查提供了对捐款行为类别进行区分的数据支持。为了与既有的研究尤其是西方相关的文献进行对照，本章采用了相对狭义的"公众慈善捐款"定义，特指公众在日常生活中对基金会、社会服务机构、社会团体、公益组织平台等慈善组织进行的捐款，而不包含个人性的求助与互助行为。此外，本研究也试图分析不同维度的社会经济地位特征对捐款意愿和捐款行为的影响，并讨论研究发现对慈善事业未来发展的意义和启示。

三 公众捐款与社会经济地位影响的数据来源与研究方法

中国六省市公众捐款问卷调查包含了比较丰富的社会经济地位以及捐款行为特征等信息。调查一共收集了北京、浙江、吉林、江西、四川、甘肃六省市的数据样本，共 4404 份有效问卷。

（一）变量

1. 自变量

根据此次调查以及已有文献，我们采用受教育水平、职业、收入三个自变量来测量个体的社会经济地位。

本研究用最高学历来测量被访者的受教育水平，分别包括了"小学及以下"、"初中"、"高中、中专、技校"、"大专"以及"大学本科及以上"五类。

所有被访者的职业按照职业声望的通常分类（李春玲，2003），由高到低分为三层。其中第一层包括：党政机关负责人、企事业单位负责人、私营企业主、专业人员（教师、医生、律师等）；第二层包括：行政办事人员、个体工商户业主、专业技术人员（护士、厨师、工程技术人员等）；第三层包括：农业劳动者、工人、营销人员、服务行业服务人员、自由职业者、灵活就业者（打零工等）。按照这个标准结合我们问卷问题测量，将"国家机关、党群组织、企业、事业单位负责人"设为1；将"专业技术人员、办事人员和有关人员"设为2；将"商业、服务业人员，农林牧副渔水利生产人员，生产、运输设备操作人员及有关人员，军人，全日制学生"设为3；其他设为4。

收入变量主要用问卷中"每个月您全家所有人的总收入（包括所有家庭成员的工资、奖金及补助津贴等收入）"的问题来进行测量，收入数值取对数来进行分析。

2. 因变量

（1）捐款行为。用本问卷中"近12个月捐款次数"的问题来测量。捐款次数被转化为二分变量，"0"为从未捐过款，其他变量转化为次数，用"1"来表示捐过。

基于文章对"公众慈善捐款"的界定，此次调查的核心自变量是"公众慈善捐款"方面的表现，因此在问卷所涉及的捐款行为基础上，我们关注的是符合"公众慈善捐款"的人群。用本问卷中的"过去12个月内，您的捐款主要方式"中的"直接捐给社会组织""通过民政部公布的公募平台捐款""通过单位或集体组织捐款""通过宗教团体或宗教场所捐赠"四个选项来具体化"公众慈善捐款"行为。

（2）公众慈善捐款数量。捐款数量指的是捐款金额的多少，本问卷中的问题为"过去 12 个月，您的捐款金额加起来大概是多少元？"。

3. 控制变量

根据此次调查以及既往研究，在统计分析中我们将其他人口与社会经济特征等因素作为控制变量，包括：性别、年龄、民族、宗教信仰、户籍、政治面貌、地域、婚姻状况、是否有孩子、是否做过志愿者等。

（二）统计方法

因为本部分涉及的因变量有三个，是否捐款的二分类变量、捐款数量和捐款意愿是连续变量，因此选择了 OLS 回归分析和 Logit 回归模型。

四　公众捐款行为的个体与群体分布

（一）描述性统计

对样本的描述统计发现，过去 12 个月进行过"公众慈善捐款"的有 541 人，占比为 12.28%，没有进行过"公众慈善捐款"的有 3863 人，占比为 87.72%。在进行过"公众慈善捐款"的 541 人中，捐款的平均数为 422 元，高于所有捐款行为的平均数。下表将公益慈善捐款者的社会经济指标与全样本社会经济指标进行对比分析，以做简单的验证分析。

表 4 - 1　社会经济地位指标样本描述统计

变量	全样本		有过慈善捐款样本	
	均值/频数	标准差/百分比	均值/频数	标准差/百分比
收入（元）	8809	14013.09	13529.64	30655.95
受教育水平				
小学及以下	614	13.94%	26	4.81%
初中	1313	29.81%	116	21.44%
高中、中专、技校	1313	29.81%	156	28.84%
大专	706	16.03%	129	23.84%
大学本科及以上	458	10.4%	114	21.07%

变量	全样本		有过慈善捐款样本	
	均值/频数	标准差/百分比	均值/频数	标准差/百分比
职业				
第一层	127	2.88%	26	4.81%
第二层	675	15.33%	116	21.44%
第三层	2720	61.76%	304	56.19%
其他	882	20.03%	95	17.56%

通过表4-1中两个样本描述可以看到，有过慈善捐款行为的人在平均收入水平上高于全部样本，我们可以猜测，收入水平越高，公众进行慈善捐款的可能性越大。而在受教育水平方面，可以明显看出有过慈善捐款行为的样本分布受教育水平较高，这个结果符合对现实的预期。

在职业水平分布上，有过慈善捐款行为的人的第一、二层分布占比高于全样本中第一、二层的占比，这也说明了职业水平越高的人越容易参加公众慈善捐款。当然这只是通过数据的频率占比分布做的推测，要想验证社会经济地位与公众的慈善捐款行为之间的关系，仍然需要通过相关分析进行相关验证。

（二）个体社会经济地位与公众慈善捐款回归分析

本部分主要验证我们在描述分析中的猜测，验证在控制了其他因素的条件下，以职业、受教育水平、收入来衡量的社会经济地位对捐款的影响是否显著。

表4-2　社会经济地位与公众慈善捐款行为相关分析

自变量	模型一	模型二
	是否进行公众慈善捐款	是否进行公众慈善捐款
第二层职业	-0.120 (0.248)	-0.000113 (0.0312)
第三层职业	-0.0911 (0.240)	0.0115 (0.0302)
其他职业	-0.0274 (0.259)	0.0147 (0.0314)

续表

自变量	模型一	模型二
	是否进行公众慈善捐款	是否进行公众慈善捐款
收入对数	0.272 ***	0.0128 *
	（0.0626）	（0.00655）
初中	0.639 ***	0.0168
	（0.225）	（0.0167）
高中、中专、技校	0.928 ***	0.0410 **
	（0.222）	（0.0180）
大专	1.366 ***	0.0817 ***
	（0.233）	（0.0216）
大学本科及以上	1.696 ***	0.119 ***
	（0.244）	（0.0249）
性别		-0.000805
		（0.00980）
年龄		-0.00121 **
		（0.000524）
民族		0.00526
		（0.0296）
宗教信仰		0.0677 ***
		（0.0174）
政治面貌		-0.0754 ***
		（0.0214）
户籍		-0.0117
		（0.0106）
地域		0.0228 ***
		（0.00404）
婚姻状况		-0.00474
		（0.0253）
是否有孩子		0.0394
		（0.0260）
是否做过志愿者		0.0777 ***
		（0.0116）
常数	-5.244 ***	-0.0251
	（0.622）	（0.0751）
Observations	4380	4380
R-squared		0.066

注：*** $p < 0.01$，** $p < 0.05$，* $p < 0.1$。

表4-2的模型一中自变量包括职业、收入对数、受教育水平。结果显示，在不控制其他变量时，收入对数、受教育水平与是否进行公众慈善捐款呈现显著相关性，其中，收入对数的 b 值为 0.272，为正数。这表明收入对数每增加一个单位，公众进行慈善捐款的可能性会增加 0.272。在受教育水平方面，我们将受过小学及以下教育的群体作为对比群体，可以看到学历为初中的 b 值为 0.639、为高中等的 b 值为 0.928、为大专的 b 值为 1.366、为大学本科及以上的 b 值为 1.696，均为正数且显著，学历高的群体比学历低的群体进行公众慈善捐款的可能性更大。

模型二引入性别、年龄、民族、宗教信仰、政治面貌、户籍、地域、婚姻状况、是否有孩子、是否做过志愿者等控制变量后，职业、收入对数、受教育水平所对应的 b 值都在一定程度上下降，说明其他因素在一定程度上解释了部分对公众慈善捐款的影响。其中收入对数对公众进行慈善捐款的影响变小，b 值为 0.0128，且显著性降低；而在受教育水平方面，受过初中教育的群体相比受过小学及以下教育的差异不显著，但是受过高中等、大专、大学本科及以上教育的群体相比于受过小学及以下教育的群体进行慈善捐款的可能性更大。以上说明，公众是否进行慈善捐款和职业层次高低并没有显著关系，收入的高低对其影响也较小，但是受教育水平对公众进行慈善捐款的影响显著，受教育水平越高的人，越倾向于进行慈善捐款。

表4-3 社会经济地位与公众慈善捐款数量相关分析

自变量	模型一	模型二
	公众慈善捐款数量	公众慈善捐款数量
第二层职业	5.060 (58.62)	8.539 (58.99)
第三层职业	42.01 (56.25)	48.63 (57.08)
其他职业	39.05 (59.02)	39.56 (59.37)
收入对数	47.21 *** (11.87)	41.36 *** (12.36)
初中	−8.400 (30.34)	−1.766 (31.53)

中国公众捐款

续表

自变量	模型一	模型二
	公众慈善捐款数量	公众慈善捐款数量
高中、中专、技校	1.950 (31.13)	9.298 (33.95)
大专	49.22 (36.59)	47.13 (40.83)
大学本科及以上	111.6*** (41.75)	106.6** (47.09)
性别		1.836 (18.51)
年龄		0.748 (0.990)
民族		-19.41 (55.84)
宗教信仰		146.7*** (32.79)
政治面貌		10.37 (40.44)
户籍		-1.334 (20.03)
地域		3.714 (7.629)
婚姻状况		-1.644 (47.83)
是否有孩子		-14.80 (49.17)
是否做过志愿者		41.78* (21.87)
常数	-411.1*** (116.7)	-429.8*** (141.9)
Observations	4380	4380
R-squared	0.009	0.015

注：*** $p<0.01$，** $p<0.05$，* $p<0.1$。

在表4-3中，模型一中的自变量包括职业、收入对数和受教育水平。

结果显示，在不控制其他变量时，只有大学本科及以上学历、收入对数与"公众慈善捐款数量"呈现显著正相关，即大学本科及以上学历相比于其他学历群体参与公众慈善捐款的可能性更大，而收入越高，公众慈善捐款金额越高。

模型二中加入其他控制变量后，收入对数的 b 值由 47.21 下降到 41.36，但是仍然显著，而职业层次与公众慈善捐款数量的关系并不显著。统计结果也显示，受过大学本科及以上教育群体的公众慈善捐款数量与受过小学及以下教育群体的公众慈善捐款数量之间存在显著差异，而其他受教育水平与小学及以下受教育水平之间差别并不显著。可能的解释是大学阶段乃公益理念教育的一个十分重要的分水岭，对于个体的慈善捐款数量有十分重要的促发作用。此外宗教信仰以及是否做过志愿者也对捐款数量有正向影响。

上述研究发现，不同职业层次与慈善捐款行为和数量之间并不显著相关，职业声望并非影响慈善捐款的一个因素，这与已有的研究结果似乎有一定的出入。如刘凤芹等（2013）在研究中表明职业对捐款金额的影响最为明显，三个职业层次之间呈现一种递进的关系。不过，这一研究将职业所处的体制身份作为一个重要的职业水平测量维度，在某种程度上其实验证的是单位动员对慈善捐款的影响效应。但是在本研究中，我们并没有纳入职业的体制特征。在样本的其他统计中也发现，不同职业背景者在选择通过单位或集体组织进行捐款方面的差异性并不是很大。这或许说明，职业的体制身份对捐款行为产生的影响在逐渐减弱，反而，由于公众的职业类型越来越多元化，捐款的渠道也日益增多，捐款行为及其额度可能更多地受到个体性特征的影响，自主性捐款有了更大的成长空间。

（三）不同收入群体慈善捐款数量的总收入占比趋势特点

早在 2002 年的时候，Auten 等人就发现收入与慈善捐款之间的关系呈现一定程度的 U 形分布。所谓的 U 形分布指的是，如果以捐款金额占家庭收入比例来衡量家庭捐款的程度，则低收入与高收入家庭要比中间收入家庭更加慷慨（Auten & Clotfelter，2002）。由于其解释更加偏向于宗教信仰、文化等对捐款的影响，也有学者提出质疑，但国内关于个人捐款占家庭收入比重的研究并不多。下面笔者依托现有的数据对公众慈善捐款与收入比重之间的关系进行简要分析，图4-1反映了两者之间的关系特征。

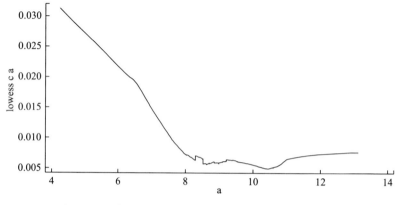

图4-1　收入对数与慈善捐款数量占收入比重的关系

图4-1中纵轴表示捐款-收入比，横轴表示收入的对数。从图中可以发现，在收入较低的群体中，慈善捐款占收入的比重最高，而随着收入的增加，比重逐渐下降，等收入增加到一定规模该比重有上升的趋势。不过，这个趋势并不是呈现标准的U形分布，而更像L形分布，也就是说，在中国公众的捐款-收入分布中，与中等收入、高收入群体相比，低收入群体似乎呈现更高的慷慨度，捐款-收入比之间的关系并未在中等收入和高收入群体之间体现较大差异。这或许说明捐款积极性并非受收入差异的影响，低收入者的捐款行为可能更多地受到互助性观念的影响，对其他困难群体的处境更能够感同身受，低收入者同样具有公益慈善的理念。不过另一方面，低收入者的捐款-收入占比较高也可能与捐款次数和额度的差异性不大有关，如前文所指出的，在捐款额度分布中，有55.41%的捐款者其捐款额度在100元及以下。公众在捐款时可能并非按照收入比例来进行预算，而常常是设定一个相对稳定的捐款额度，既不会太高，也不会太低。由于捐款额度的差异性较小，单次捐款在低收入个体收入中的比重明显放大，因此只要进行一定额度的捐款，在他们收入中的占比就相对较高。此外，被访者的收入分布差异性不大也可能是一个原因。此结论并不是否定U形分布，而是由于访谈对象和访谈数据的局限性，呈现此结果。

五 社会经济地位是公众捐款行为的重要影响因素

综上所述，社会经济地位是解释公众慈善捐款行为的一个重要影响因素，受教育水平、职业及收入可以作为测量社会经济地位的三个重要指标。统计分析发现，受教育水平对公众慈善捐款有显著的影响，受教育水平越高者明显更倾向于进行捐款。不过，研究也发现，职业层次与公众慈善捐款之间并不显著相关，这或许说明，随着职业身份的日益多样化，自主性捐款相对于单位动员性捐款而言有了更多的成长空间。收入因素对于捐款行为的解释十分有意义，不过收入的影响并非显而易见。本研究发现，在收入较低的群体中，捐款占收入的比重最高，而随着收入的增加，比重逐渐下降，等收入增加到一定规模该比重有上升的趋势。这个趋势并不是呈现标准的 U 形分布，而更像是一个 L 形的分布，低收入群体反而有更高的捐款慷慨度。

伴随着经济与社会的快速变迁，公众的慈善捐款有了更多的自主空间，个体社会经济地位等特征对捐款行为的影响越来越突出。本研究的发现表明，公众个体的社会经济地位总体上来说对其捐款行为有显著而积极的影响，不过这种影响并非简单线性的，不同维度的社会经济地位特征有多元化的差异，这一发现对于慈善事业的发展来说有很大的启示作用。与西方主要发达国家相比，我国的公众捐款水平还很低，但这并不意味着公众缺乏公益慈善热情，伴随经济与社会结构的变迁，尤其是互联网发展带来公益慈善文化的广泛传播，公众更加迫切地需要参与到慈善捐款中，获得更大的捐款自主空间，而日常捐款将凸显其重要的价值。可以说，普通公众可能是公益慈善未来发展最重要的力量之一。应当进一步开发多样化的公益捐款渠道，鼓励细水长流型的社会捐款形式，发展更自主的公益捐款模式，使捐款事业焕发新的活力。

第五章　公众捐款与志愿服务

一　公众捐款与志愿服务存在多种情形的关系

伴随中国特色社会主义进入新时代，如何更好地推进社会治理创新，激发社会力量参与活力，可谓新时代慈善与志愿服务事业需要着力探讨的方向。这其中个体无偿贡献时间和捐赠金钱是两类非常重要的亲社会行为。根据《志愿服务条例》的规定，志愿服务是指志愿者、志愿服务组织和其他组织自愿、无偿向社会或者他人提供的公益服务。志愿服务本质上是向社会无偿赠与个人时间。在广义的角度上，可以将志愿服务理解为一种特殊形式的捐赠，只不过个体贡献的是时间而不是金钱。而且时间作为一种稀缺资源，本身就蕴含价值和机会成本。当然，志愿服务因其独立属性，又不等同于捐赠。在现实中，就同时存在如下几种情形：一是，人们在捐赠钱物的同时还会积极参与志愿服务；二是，有些人更愿意向社会捐赠钱物，但不会无偿贡献自己的时间；三是，有些人愿意贡献自己的时间，参与志愿服务，但不捐赠钱物；四是，既不捐赠钱物也不参与志愿服务。这也就引出一个问题，志愿服务和捐赠究竟是互促关系还是替代关系？具体来说，捐赠时间和捐赠钱物二者之间究竟是相互促进的，即捐赠时间越多，相应的捐赠钱物也会越多，还是相互替代的，即捐赠了时间就会减少（不再）捐赠钱物，抑或捐赠了钱物就会减少（不再）参与志愿服务？

根据美国人口普查局（the U. S. Census Bureau）2015年度志愿服务和公民生活调查（The Annual Volunteering and Civic Life in America），近80%的志愿者表示，他们在过去的一年进行过慈善捐赠，而非志愿者的这一比例为40%。可见，志愿者的慈善捐赠可能性近乎非志愿者的两倍（Volunteering in the United States, 2015: 5)。

根据加拿大统计局 2013 年度进行的全国志愿服务和慈善捐赠情况调查（General Social Survey on Giving, Volunteering and Participating），超过一半（54%）的非志愿者（Never Volunteered）选择给慈善机构或团体捐款，而不是从事志愿服务活动（Maire Sinha, 2015: 14）。对许多人来说，尤其是对那些工作生活忙碌的人来说，进行捐赠的要求会比参与志愿服务的更低，也更省时。当时间、健康、工作等原因使参与志愿服务成为一种挑战时，捐赠也就有可能成为一种替代性选择。诸如，在加拿大，对 55 岁及以上群体来说，尽管参与志愿服务的时间限制变得不再那么重要，但健康状况反而可能会成为制约因素，因此，在这部分群体中，有 62% 的人更倾向捐款而不是捐赠时间。可见，有些人更愿用捐赠来替代参与志愿服务。

通过美国的调查数据可以发现，志愿参与和日常捐赠二者是相互促进的；通过加拿大的调查数据则发现，志愿参与和日常捐赠可以相互替代。志愿参与和日常捐赠究竟是相辅相成还是相互替代，二者可能并不矛盾，并可能同时共存。对于志愿者群体来说，有可能相互强化，随着其中一个的增加另外一个相应也会增加；而对于非志愿者群体来说，有可能用捐赠来替代志愿参与。上述结论与分析都是基于国外的研究发现。至于是否适用于中国，目前国内相关研究还比较匮乏。为此，本章节将重点探究在中国公众日常捐赠与志愿服务之间会呈现何种关系态势，旨在超越单向度的捐款研究，从捐赠时间和金钱关系角度来透视个体参与公益慈善的忠诚度和持续性。

二　日常捐款与志愿服务的关系

通过调研发现，有近七成（69.8%）的人没有参与过志愿服务，只有30.2% 的调查对象参与过志愿服务。而在参与过志愿服务的群体中，只有3.6% 的人"做过很多"，绝大部分只是"做过一些"。对比日常捐款状况，有 39.3% 的调查对象在过去三年内捐过款，比志愿参与比例高出近一成（9.1%）。

表 5-1 志愿服务参与情况

	频率（人）	百分比（%）
做过很多	158	3.6
做过一些	1172	26.6
没有做过	3074	69.8
合计	4404	100.0

通过分析调研对象的志愿参与和捐款情况发现，有 46.6% 的人既没有捐过款也没有参与过志愿服务；有 23.2% 的人仅捐过款而没有参与过志愿服务；有 14.1% 的人只参与过志愿服务而没有捐过款；既捐过款又参与过志愿服务的比例为 16.1%。进一步对比分析志愿者和非志愿者（Never volunteered）的捐款情况发现，志愿者群体的捐款比例为 53.5%（711/1330），非志愿者群体的捐款比例为 33.2%（1020/3074）。可见，志愿者群体的捐款比例比非志愿者群体高出约两成。

表 5-2 公众日常捐款与志愿参与分布

			志愿服务		合计
			没有参与过	参与过	
过去三年捐款情况	没捐过	计数（人）	2054	619	2673
		总数占比（%）	46.6	14.1	60.7
	捐过	计数（人）	1020	711	1731
		总数占比（%）	23.2	16.1	39.3
合计		计数（人）	3074	1330	4404
		总数占比（%）	69.8	30.2	100.0

从捐款次数来看，过去三年非志愿者和志愿者的平均捐款频次分别为 2.81 次和 2.87 次，基本没有差异；过去 12 个月志愿者的捐款频次为 2.88 次，比非志愿者高出 0.48 次。从捐款金额来看，志愿者在过去 12 个月内的平均捐款金额约为 459 元，而非志愿者的平均捐款金额约为 250 元。可见，志愿者捐款均额比非志愿者约高出 209 元，多了约八成。综合志愿者和非志愿者过去 12 个月的捐款次数、捐款金额来看，志愿服务和日常捐赠二者之

间具有明显的相互强化作用。

表 5 - 3　志愿参与与捐款频次、捐款金额情况

	过去三年捐款次数	过去 12 个月捐款次数	过去 12 个月的平均捐款金额（元）
没参与过志愿服务	2.81	2.40	249.99
参与过志愿服务	2.87	2.88	458.68

注：将过去 12 个月内捐款频次为 380 次、365 次，捐款数量为 18 万元的视为了异常值。

　　为了进一步检验上述结论是否具有统计学意义，对其进行了相关检验。首先，通过对志愿参与和是否捐过款进行卡方检验，发现二者具有显著正向相关性（. Sig < 0.001）。其次，分析了志愿参与对过去一年的捐款金额和捐款频次的影响。其中，模型 1 和模型 2 的因变量为"过去一年的捐款金额"；模型 3 的因变量为"过去一年的捐款频次"。从回归分析结果来看，通过模型 1 对志愿参与进行单项回归分析发现，志愿参与对过去一年的捐款金额具有显著影响。模型 2 纳入社会人口统计变量之后，志愿参与对日常捐款金额的影响便不再具有统计学上的显著性。模型 3 在控制社会人口统计变量之后，志愿参与对过去一年的捐款频次仍具有显著影响。这说明，志愿参与对捐款金额的影响存在个体异质性。

表 5 - 4　过去一年日常捐款金额和频次回归分析结果

	模型 1	模型 2	模型 3
志愿参与（参照项：没参加过）			
参加过	208.685 ** (75.058)	103.342 (84.914)	. 501 ** (. 191)
年龄（参照项：15 ~ 20 岁）			
21 ~ 30 岁		142.518 (145.042)	. 635 (. 326)
31 ~ 40 岁		182.380 (187.230)	. 396 (. 421)
41 ~ 50 岁		128.911 (194.408)	. 180 (. 437)
51 ~ 60 岁		160.655 (203.477)	- . 215 (. 457)

	模型 1	模型 2	模型 3
61－70 岁		198.606 (259.835)	－.804 (.584)
性别（参照项：女）			
男		91.865 (75.962)	－.048 (.171)
受教育水平（参照项：初中及以下）			
高中、中专、技校		65.007 (101.302)	.067 (.228)
大专		86.808 (123.409)	－.341 (.278)
大学本科及以上		10.447 (146.222)	－.303 (.329)
政治面貌（参照项：群众）			
共产党员		143.444 (140.625)	.255 (.316)
共青团员		－112.942 (101.584)	－.034 (.228)
宗教信仰（参照项：无）			
有		258.424 * (118.951)	.734 * (.268)
婚姻状况（参照项：未婚）			
已婚		－89.008 (214.115)	.384 (.481)
是否有孩子（参照项：无）			
有		－2.707 (220.026)	－.193 (.495)
家庭总收入（元）（参照项：少于 3000 元）			
3001～5000		－38.143 (121.114)	－.202 (.272)
5001～8000		139.950 (121.474)	－.154 (.273)
8001～10000		130.237 (145.929)	－.291 (.328)

	模型 1	模型 2	模型 3
10001 ~ 20000		123. 651 (136. 564)	- . 272 (. 308)
20001 及以上		767. 687 *** (173. 665)	- . 055 (. 389)
户籍（参照项：外地户籍）			
本地户籍		31. 840 (94. 319)	- . 362 (. 389)
常数项		- 27. 500 (182. 457)	2. 437 *** (. 410)
调整 R^2	0.005	0.023	0.026

注：$^* p < 0.05$，$^{**} p < 0.01$，$^{***} p < 0.001$。括号内的数字为标准误。

三　日常捐款与志愿服务的个体性差异

通过上述分析发现，既然志愿服务和日常捐款之间具有相互强化作用，那为什么二选一的群体数量（只志愿服务或只捐款）要远超两类行为都发生的群体（既志愿服务又捐款）那么多（前者为后者的 2.3 倍）？此外，国外已有研究发现，捐款是通往志愿服务的导管，该观点主张，如果捐赠了金钱而没有参与志愿服务，是很不寻常的（谬其克等，2013）。所以，令人感兴趣的是，那些只参与志愿服务但不捐款的群体（N = 619），与只捐款但不参与志愿服务的群体（N = 1020）有何差异？为此，接下来，我们将重点对比分析这两类群体的个体性差异。

（一）年龄与志愿服务、捐款情况

在"只志愿服务未捐款"群体中，15 ~ 30 岁青年人所占比例为 64.1%；而在"只捐款未志愿服务"群体中，这一比例为 36.8%。可见，相比只捐款，只志愿服务群体中"青年群体"的比例高出了 27.3%。

在"只志愿服务未捐款"群体中，31 ~ 50 岁中年人所占比例为 19.4%；而在"只捐款未志愿服务"群体中，这一比例为 44.1%。可见，相比只捐款，

中国公众捐款

只志愿服务群体中"中年群体"的比例低了24.7%。此外，只志愿服务群体中"低龄老年群体"（61～70岁）的比例略高于只捐款比例，但不太明显（2.6%）。这很可能是和该群体身体健康状况基本良好，又有充裕的空闲时间有关。所以，参与志愿服务的比例会相对高一些。

整体上来说，相较于捐款，青年人会更愿意选择捐赠时间，而中年人可能因为工作和家庭生活对时间的限制，更倾向用捐钱来代替捐赠时间。

表5-5 年龄与志愿服务、捐款情况

年龄	只志愿服务未捐款	只捐款未志愿服务
15～20岁	17.3%	8.6%
21～30岁	46.8%	28.2%
31～40岁	10.5%	22.3%
41～50岁	8.9%	21.8%
51～60岁	9.4%	14.6%
61～70岁	7.1%	4.5%

（二）性别与志愿服务、捐款情况

在非志愿者群体中，有更多的女性（53.2%）在过去三年选择了捐款，比男性高了6.4%；在只参与过志愿服务的群体中，男性志愿者的比例比女性志愿者也高了4.4%。相对而言，女性更倾向捐款，男性更倾向参与志愿服务。

表5-6 性别与志愿服务、捐款情况

性别	只志愿服务未捐款	只捐款未志愿服务
男	52.2%	46.8%
女	47.8%	53.2%

（三）受教育水平与志愿服务、捐款情况

在"只志愿服务未捐款"群体中，初中及以下学历所占比例为26.9%；而在"只捐款未志愿服务"群体中，这一比例为47.9%。可见，相比只志愿服务，只捐款群体低学历占比高出了21%。

在"只志愿服务未捐款"群体中，大专及以上受教育水平所占比例为45.5%；而在"只捐款未志愿服务"群体中，这一比例为21.6%。可见，相比只捐款，只志愿服务群体高受教育水平占比高出了23.9%。通过对比分析可以发现，相比捐款，高受教育水平群体会更愿意参与志愿服务，低受教育水平群体更倾向用捐款代替志愿服务。

表5-7　受教育水平与志愿服务、捐款情况

受教育水平	只志愿服务未捐款	只捐款未志愿服务
小学及以下	6.1%	14.0%
初中	20.8%	33.9%
高中、中专、技校	27.5%	30.5%
大专	25.0%	15.7%
大学本科及以上	20.5%	5.9%

（四）政治面貌与志愿服务、捐款情况

在"只志愿服务未捐款"群体中，共青团员所占比例为35.4%；而在"只捐款未志愿服务"群体中，这一比例为15.9%。可见，相比只捐款，只志愿服务群体中共青团员占比高出了19.5%。这与上述青年人更倾向于参与志愿服务的发现具有一致性。

在"只志愿服务未捐款"群体中，共产党员所占比例为8.2%；而在"只捐款未志愿服务"群体中，这一比例为5.8%。可见，只志愿服务群体中共产党员的比例比只捐款比例略高，但差异不显著。

表5-8　政治面貌与志愿服务、捐款情况

政治面貌	只志愿服务未捐款	只捐款未志愿服务
共产党员	8.2%	5.8%
共青团员	35.4%	15.9%
群众	56.4%	78.0%
其他	0%	0.3%

（五）宗教信仰与志愿服务、捐款情况

整体而言，不论是"只志愿服务未捐款"还是"只捐款未志愿服务"，有无宗教信仰只是略有差异，基本没有显著影响。

表 5 – 9　宗教信仰与志愿服务、捐款情况

宗教信仰	只志愿服务未捐款	只捐款未志愿服务
无宗教信仰	91.1%	89.5%
有宗教信仰	8.9%	10.5%

（六）婚姻状况与志愿服务、捐款情况

在"只志愿服务未捐款"群体中，未婚人士所占比例为 55.4%；而在"只捐款未志愿服务"群体中，这一比例为 23.8%。可见，相比只捐款，只志愿服务群体未婚比例高出了 31.6%。

与此相对应的是，在"只志愿服务未捐款"群体中，已婚人士所占比例为 42.6%；而在"只捐款未志愿服务"群体中，这一比例高达 74.3%。可见，相比只志愿服务，只捐款群体已婚占比高出了 31.7%。因此，通过对比分析可以发现，已婚人士更愿意用捐款代替捐赠时间，未婚人士则更愿意用参与志愿服务来代替捐款。

表 5 – 10　婚姻状况与志愿服务、捐款情况

婚姻状况	只志愿服务未捐款	只捐款未志愿服务
未婚	55.4%	23.8%
已婚	42.6%	74.3%
离婚或丧偶	2%	1.9%

（七）有无孩子与志愿服务、捐款情况

在"只志愿服务未捐款"群体中，没有孩子的人士所占比例为 61.6%；而在"只捐款未志愿服务"群体中，这一比例为 26.5%。可见，相比只捐款，只志愿服务群体中没有孩子的比例高出了 35.1%。

　　与此相对应的是，在"只志愿服务未捐款"群体中，有孩子的人士所占比例为38.4%；而在"只捐款未志愿服务"群体中，这一比例高达73.5%。可见，相比只志愿服务，只捐款群体中有孩子的比例也高出了35.1%。因此，通过对比分析可以发现，相比捐款，没有孩子的人士会更愿意参与志愿服务；而有孩子的人士则更愿意用捐款代替捐赠时间。

表 5 – 11　有无孩子与志愿服务、捐款情况

有无孩子	只志愿服务未捐款	只捐款未志愿服务
没有孩子	61.6%	26.5%
有孩子	38.4%	73.5%

（八）职业与志愿服务、捐款情况

　　在"只志愿服务未捐款"群体中，全日制学生的比例比只捐款群体中的高出了12.5%。类似现象也存在于"办事人员和有关人员"群体中，其只志愿服务的比例比只捐款高出了近一成（9.8%）。与此相对应的是，在"只捐款未志愿服务"群体中，"农、林、牧、渔、水利业生产人员"群体所占比例比只志愿服务的比例高出了15.9%。因此，通过对比分析可以发现，学生及部分城市白领群体会更倾向于用捐赠时间来代替捐款，而农业生产者则更愿意用捐款代替捐赠时间。

表 5 – 12　职业与志愿服务、捐款情况

职业	只志愿服务未捐款	只捐款未志愿服务
国家机关、党群组织、企业、事业单位负责人	3.6%	2.0%
专业技术人员（医护人员、教师或其他专业工作者）	12.8%	8.1%
办事人员和有关人员	13.9%	4.1%
商业、服务业人员	22.8%	26.7%
农、林、牧、渔、水利业生产人员	6.9%	22.8%
生产、运输设备操作人员及有关人员	2.7%	5.2%
全日制学生	20.5%	8.0%
其他	16.8%	23.1%

（九）家庭收入与志愿服务、捐款情况

在"只捐款未志愿服务"群体中，家庭月收入少于 3000 元的捐款者比例为 26.1%，而在"只志愿服务未捐款"群体中，这一比例仅为 15.3%。可见，如果捐款和志愿服务二选一，该群体更倾向于选择捐款。

在"只志愿服务未捐款"群体中，8 千元至 2 万元中高收入群体所占比例为 34.4%；而在"只捐款未志愿服务"群体中，这一比例为 23.4%。可见，如果捐款和志愿服务二选一，中高收入群体更倾向于捐赠时间。而只志愿服务群体和只捐款群体中，家庭月收入 2 万元及以上群体占比相差不大。

表 5 - 13　家庭收入与志愿服务、捐款情况

家庭收入	只志愿服务未捐款	只捐款未志愿服务
少于 3000 元	15.3%	26.1%
3001 ~ 5000 元	21.6%	23.3%
5001 ~ 8000 元	21.2%	23.0%
8001 ~ 10000 元	15.7%	10.8%
10001 ~ 20000 元	18.7%	12.6%
20001 ~ 50000 元	6.0%	3.1%
50001 元及以上	1.5%	1.0%

（十）户籍与志愿服务、捐款情况

在"只志愿服务未捐款"群体中，本地户籍群体所占比例为 72.4%；而在"只捐款未志愿服务"群体中，这一比例为 83.1%。可见，相比只志愿服务，只捐款群体中本地户籍所占比例高出了 10.7%。

与此相对应的是，在"只志愿服务未捐款"群体中，外地户籍群体所占比例为 27.6%；而在"只捐款未志愿服务"群体中，这一比例高达 16.9%。可见，相比只捐款，只志愿服务群体中外地户籍所占比例也高出了 10.7%。因此，通过对比分析可以发现，相比捐款，外地户籍人士会更愿意参与志愿服务；而本地户籍人士则更愿意用捐款代替捐赠时间。

表 5 - 14　户籍与志愿服务、捐款情况

户籍	只志愿服务未捐款	只捐款未志愿服务
本地户籍	72.4%	83.1%
外地户籍	27.6%	16.9%

四　我国公众日常捐款与志愿服务的关系

总体来看，公众日常捐款比例要高于参与志愿服务比例，而且高出近一成。从公众日常捐款和志愿服务参与的关系来看，二者之间具有相互强化的作用。首先，从群体比例来看，志愿者群体的捐款比例比非志愿者群体高出约两成。其次，从捐款频次来看，志愿者过去一年的平均捐款频次比非志愿者高出约 0.5 次。再次，从捐款金额来看，志愿者过去一年的捐款金额要比非志愿者高出两百余元，高出了约八成。

尽管公众志愿服务参与和日常捐款之间具有相互强化作用，但是仍有大量群体在志愿服务和捐款之间二选一，而且二选一的群体要比两类行为同时兼备的群体高出一倍多。相比只捐款，青年、男性、高受教育水平、共青团员、未婚、无子、学生、部分城市白领、中高收入、外地户籍等群体选择捐赠时间的会更多；相比只捐赠时间，中年、女性、低受教育水平、已婚、有子、农业劳动者、低收入、本地户籍等群体则更倾向于选择捐款。国外相关研究发现，年老、没有孩子、单身有全职工作、不在劳动力市场却有高收入、很少参与教会活动的人更有可能用捐款代替志愿服务；年轻、受过良好教育、低收入、已婚、有子并频繁参与教会活动的人，多用志愿服务代替捐款（谬其克等，2013：131）。通过对比分析发现，在我国，未婚、无子、中高收入群体多会用志愿服务代替捐款，而国外则是已婚、有子、低收入群体多会用志愿服务代替捐款。与此相对应的是，在我国，已婚、有子、低收入群体会更多用捐款代替志愿服务，而国外则是单身、无子、家庭高收入群体多用捐款代替志愿服务。

第六章　组织信任与公众捐款行为

一　慈善组织信任度对公众捐款行为的影响

个人的慈善捐款并不单单是个人行为，中国是人情社会，公民的各种行为都是受到特定时期制度与文化环境影响的社会现象。要想更加全面地了解公众的捐款行为，就应该深入了解中国慈善捐款市场等外在大环境。

中华人民共和国成立以来，中国慈善组织事业快速发展，尤其是改革开放以后，各个慈善组织纷纷出现，中国慈善组织事业更是发生了翻天覆地的变化，无论是慈善捐款参与人数还是慈善捐款的总量都呈现快速增长态势。慈善事业作为社会的第三次分配，不仅能动员更多的公民自愿参与，而且能够有效地遏制社会分配不公的进一步恶化，从而改善弱势群体的生存环境（侯娟等，2009）。中国的公益慈善事业目前普遍依托于各种慈善组织，因此公众对慈善组织的信任直接关系公众对慈善事业的参与度。

近几年关于慈善组织的信任危机屡见不鲜，对公众的慈善捐赠热情可能造成巨大的伤害。如民政部中国公益慈善网公布的慈善捐赠数据显示，2011 年 6 月慈善捐赠月指数是 103.76359 亿元，而 7 月"郭美美事件"发生后骤减至 10.16536 亿元（王青，2012）。近年来，伴随着网络求助和捐款的兴起，水滴筹、轻松筹等众筹捐助也引发了许多信息真实性的争议，极大地影响着公众对慈善事业参与的积极性。慈善事业关乎我国未来经济社会发展，慈善事业的重构在社会主义转型期间的作用更是不可忽视，如何应对和化解慈善组织信任危机，从而重塑慈善公信力，已成为当前慈善组织亟待解决的首要问题，对我国慈善事业现状及其发展的研究势在必行。

国际著名咨询机构麦肯锡公司对中国慈善事业的评价是"中国社会并

不缺少爱心，缺少的是对公益组织的信心"，① 一语道破谜底。慈善组织公信力的缺乏已经成为制约慈善事业发展的不利因素，慈善组织的社会公信力是慈善事业和慈善机构良好发展的生命线，是人们参与慈善活动的基石。但是我们也应该意识到在公众向慈善组织进行捐款时，风险是天然存在的，为了提高捐款水平，促进慈善组织事业发展，这种风险应当且必须被减少。本章试图解析组织信任对公众捐款的影响，尤其是关注公众对慈善组织的信任是否会影响捐款方式、捐款对象和捐款领域的偏好，并进一步讨论组织信任和捐款行为之间的关系对于慈善事业发展的意义。

二 组织信任与公众捐款行为关系的既往研究

（一）组织信任概念界定

早期的社会学家如韦伯、齐美尔、帕森斯等人都曾对信任给予一定的关注，但是直到 20 世纪 70 年代，信任才成为社会学研究的一个专门课题。关于信任问题的系统研究应始于卢曼，他认为信任是一种社会结构和文化规范下的社会现象概括出来的期待。他指出信任可以充当信息不完整的缝合剂，是减少社会交往复杂性的"简化机制"（Lumann，1979）。而后来的吉登斯（2000：30）从现代性的角度来解释信任，认为信任是"对一个人或一个系统之可依赖性所持有的信心，在一系列给定的后果或事件中，这种信心表达了对诚实或他人的爱的信念，或者对抽象原则之正确性的信念"。目前，关于"信任"的社会学研究一般是从人与社会之间的关系来研究，强调信任的社会功能及社会文化和环境、制度对人信任的作用（敖芬芬，2014）。

通过阅读文献，笔者发现无论是国内还是国外学者，在对"信任"下定义时都包含以下几个方面：（1）信任产生于社会互动；（2）信任是一种信念；（3）信任是对别人的意图或行为的一种正向期待；（4）信任是一种有风险的选择。综合已有研究的共性，笔者在本章中认为"信任"指的是

---

① 《慈善中国：不缺爱心但缺信任》，http://news.sohu.com/20070122/n247748946.shtml。

在社会互动过程中，一方在无论有无能力监督或控制的情况下，根据另一方一贯的行为表现，按照自己的判断，而选择的对对方意图和行为的一种正向期待的有风险性行为。

彭泗清（1999）认为，信任分为人际信任和制度信任。其中人际信任建立在熟悉的环境以及人与人之间的感情联系基础上，而制度信任是外在的，以法律的惩罚或预防机制来降低社会交往的复杂性。捐款者对慈善系统的信任组成了制度系统的信任。因为交往与流动的扩大，现代社会将很多过去属于人格信任的事务移交给系统信任。因此当人们捐献自己的时间、金钱、物品等给慈善组织时，其希望慈善组织能够实现为社会提供公益服务、救助需要救助的人的承诺。虽然公众在捐款或者捐助时，并不知道这些慈善组织是否能将自己的期许实现，需要等待一段时间通过信息公开或者追踪反馈的形式才能检验，但是公众愿意承担这样的风险。吉登斯（1998）认为信任分为一般信任与基本信任。他认为一般信任是对个人或抽象系统给予的信任，这种信任产生于物质或缺乏信息时的"盲目信任"；而基本信任是对其他人的连续性及客观世界的信任。而祖克尔（1986）从发生学角度给出了信任产生的三个层面：（1）基于交往经验的信任；（2）基于行动者具有社会、文化特性的信任，它根源于社会模仿的义务和合作规则；（3）基于制度的信任，这种信任建立在非个人的社会规范和制度基础上。这在一定程度上解释了信任由私人领域扩展到公共性的专家系统、制度系统或法律系统的发生机制。

本章所涉及的组织信任，其实可以看作公众对慈善组织的一种组织信任，这种信任建立在公众对慈善组织环境的熟悉以及对社会大众的监督基础之上；建立在公众认为在当前制度体制下，慈善组织会按照人们预期的那样做，会为了慈善事业的长远发展而不去欺骗捐赠者之上，并且建立在人们相信作为慈善事业发展依托的慈善组织，有一定的权威性和专业性之上。捐款行为中公众对非营利组织的信任主要包括两个方面，一是对该慈善组织本身的信任，也就是该组织会履行自己应尽的义务，提供合格的慈善服务，满足慈善捐款主体的总体期望，在本研究中主要表现为对慈善组织发布的募捐信息的总体信任程度；二是对慈善组织正确利用善款的能力以及职责的信任，也就是该组织是否真的按照要求履行了自己的义务，是否有效地帮助了需要帮助的人，在本研究中主要表现为对慈善组织能够恰当使用捐款的总体信任程度。

国内关于慈善组织的信任方面的研究，主要是从慈善组织信任的公信力方面进行探讨和剖析，探讨的主要方向是组织自身建设、社会环境、监督管理以及政策意见等，很少有文章将视角聚焦于公众对慈善组织的不同信任影响的捐款行为，他们的关注主体是慈善组织而非捐款主体。事实上，公众是捐款的主体，并且公众对慈善组织的捐款是建立在对慈善组织信任的基础之上，如果捐款主体对慈善组织产生信任危机，会严重影响今后慈善组织的捐款事业，因此研究慈善捐款主体的行为以及对慈善组织的不同信任对捐款行为的影响，对今后慈善事业发展意义重大。

（二）组织信任与捐款行为

目前，关于慈善组织信任与捐款行为的研究非常匮乏，对个体捐助的研究都重点关注的是捐助者的社会背景或外在特征等因素。研究者们试图描绘出倾向于捐赠的公众画像，因此对于人口学特征和社会经济指标等进行了详细的研究。通过上面对捐赠行为的个体与群体分布的解析，笔者也发现了社会人口变量对于解释捐赠行为的显著性作用。但是中国是一个人情社会，公众的各种行为和选择是嵌入在社会制度体系与关系网络之中的，对每个捐助行为的研究，不能只关注个人捐助能力或人口特征，还要关注个人捐助行为的发生机制，这突破了对捐助者拥有资源多寡、个体理性动机和背景特征的过分强调（毕向阳等，2010）。

其中一部分学者对信任与捐赠之间的关系进行了尝试性说明。一部分学者采用抽样调查的数据，依据社会资本理论，在控制了性别、年龄、受教育水平、婚姻状况、社区居住时间、生活幸福感、健康状况、家庭经济状况等一系列个人与经济特征后，发现社会网络和社会信任对个人慈善捐赠行为存在影响，一般居民对社会信任的得分越高，其捐款优势也就越大。而邓玮（2013）则将影响公众捐赠行为的因素划分为文化因子、制度因子、经济因子和信任因子。最终通过因子分析得出，文化因子能解释捐赠行为的1/3，这其中包括了自我满足感的实现、组织或群体的压力程度、政治身份的责任与压力感、回报社会的责任感、宗教信仰的影响、受助对象的困难程度、慈善宣传的力度几个指标；制度因子的贡献率为 1/5；而信任因子的贡献率为 1/10，说明了捐赠信息的来源以及对捐赠对象的可信度直接影响捐赠行为。郑功成（2006：2）认为，"慈善组织公信力的缺乏是慈善事业发展的不利因素，社会的公信力构成了慈善事业和慈善机构的生命"。这在一定程度上，点明了组织信任与慈善事业发展以及捐款行为之间的相关关系。李丽（2014）也验证了大学生群体对社会的信任度水平影响大学生的捐赠态度，其中高社会信任度组的捐赠态度要显著高于低社会信任度组。除了定量方面的分析，王妮丽（2004）在默认组织信任影响公众捐赠行为的前提下，进一步通过事件挖掘影响公众对组织信任的主要原因。一方面是该组织的动机问题，即该组织会不会履行义务、提供公益服务、满足捐赠者对其的期望；另一方面是该组织的能力问题，即该组织有没有能力履行它所承诺的义务，以比较有效率的方式提供公益服务。这两个方面综合影响了公众对非营利组织的信任，因此期待从这两个方面出发，改善国内慈善事业现状。

以上研究都在一定程度上验证了信任与慈善捐赠之间的关系，但是研究中所涉及的信任维度分散在社会信任维度、人与人之间的信任维度以及对组织的信任维度。关于捐款主体对慈善组织信任对捐款决策的影响的研究则较少，仅仅是证明了两者之间的正相关。这就需要我们来进一步探索公众对组织的信任在多大程度上影响公众的捐款意愿和捐款行为，以及组织信任在不同群体中对公众捐赠行为以及意愿的影响是否存在差异，具体表现又怎么样。基于 2018 年全国六省市公众捐款问卷调查，本研究试图对以上这些问题进行分析和讨论。

三　组织信任与公众捐款行为关系的变量设定与分析方法

（一）变量

1. 自变量

本章研究的核心自变量为公众对慈善组织的信任度。问卷中涉及慈善组织信任测量的两个问题分别是："您对慈善组织发布的募捐信息的总体信任程度可以打多少分？（1～10 分，分数越高表示越信任）"，"您对慈善组织能够恰当使用捐款的总体信任程度可以打多少分？（1～10 分，分数越高表示越信任）"。两个变量均为连续变量。

2. 因变量

因为本章研究的主要内容包括了：①不同群体对慈善组织信任的程度；②公众对组织的信任在多大程度上影响公众的捐款意愿和捐款行为；③公众对慈善组织的信任如何具体影响捐款偏好。因此本章所涉及的因变量主要有：将捐款意愿和捐款行为操作化为"捐款行为"与"捐款数量"两个变量。

（1）捐款行为。捐款行为用本问卷中"近 12 个月捐款次数"问题来表示。本研究将该问题转化为二分变量，也就是"0"表示从未捐过款，其他次数则编码为"1"以指代捐过款。

本研究采用狭义的"公益慈善捐款"定义，特指公众在日常生活中对基金会、社会服务机构、社会团体、公益组织平台等慈善组织所进行的捐款，而不包含个人性的求助与互助行为。"公益慈善捐款"主要通过"直接捐给社会组织""通过民政部公布的公募平台捐款""通过单位或集体组织捐款""通过宗教团体或宗教场所捐赠"这四个选项来进行确定。

（2）慈善捐款数量。慈善捐款数量指的是对慈善组织捐款金额的多少，在本问卷中依据"过去 12 个月内，您的捐款金额加起来是多少元？"这一问题来确定。此变量为连续变量，由于捐款数额可能造成较大差异，在分析中采取对数转换。

（3）捐款偏好。这个变量涉及问卷中的捐款领域、捐款对象、捐款方式。

捐款领域由问卷中"过去 12 个月内，您主要捐款给哪个领域？"这一问题来测量。

捐款对象由问卷中"过去 12 个月内，您捐款资助的主要受益对象是?"这一问题来确定，问卷要求被访者根据捐赠额度进行选择并排序。由于该题目为排序题，因此我们统一选择"捐助额度第一多的对象"作为最终标准。

捐款方式由问卷中"过去 12 个月内，您的捐款主要方式？"以及"过去 12 个月内，是否选择通过工资账户、银行卡以及第三方平台以及每月定期扣除或自动过账的方式进行过捐款？"两个题目来测量。

3. 控制变量

根据已有的研究，本研究的控制变量主要是个人社会人口特征，包括性别、民族、宗教信仰、家庭收入、受教育水平、户籍、政治面貌、地域、婚姻状况以及是否有孩子等。

（三）研究思路与方法

本研究的思路包括三个层面。首先，研究不同群体对慈善组织信任的程度。其次，探究在控制了其他因素的前提下，公众对慈善组织的信任程度在多大程度上影响捐款行为、捐款数量和捐款意愿。最后，进一步探索对慈善组织信任程度不同的群体，在捐款行为上的偏好，深入探究慈善组织信任对捐款行为的影响。因为涉及的因变量有二分类变量、连续变量和多分类变量，所以我们应用的主要统计方法有 Logit 模型、OLS 回归分析以及 mlogit 多元回归模型。

四　组织信任与公众捐款行为关系的数据分析结果

描述统计聚焦于：（1）不同群体之间信任指标的描述性差异；（2）不同组织信任程度群体的"慈善捐款行为"和"慈善捐款数量"的描述性差异；（3）不同组织信任程度群体的捐款偏好。回归分析旨在检验：（1）影响信任指标因素的显著性；（2）组织信任程度对捐款行为和捐款意愿的影响是否显著；（3）对慈善组织不同信任程度的群体在捐款行为上的偏好，深入探究慈善组织信任对捐款行为的影响。

（一）描述统计分析

首先通过发布信息信任度以及恰当使用捐款信息信任度两个维度来对比不同群体之间的差异，以期得到不同群体对"慈善组织"的信任程度的差异。

通过表 6-1 可以看出，在性别上，男性对慈善组织发布信息的信任程度、慈善组织恰当使用捐款的信任程度的评分要高于女性。在宗教信仰方面，有宗教信仰的人比无宗教信仰的人对慈善组织的信任程度更高。在户籍方面，农村户籍的人相比于城镇户籍的人对慈善组织的信任程度更高。在婚姻状况方面，未婚群体比已婚群体对慈善组织的信任程度更高。而没有孩子的群体比有孩子的群体对慈善组织的信任程度更高。同时，研究也发现，做过志愿者的人比没有做过志愿者的人对慈善组织的信任程度更高。

表 6 - 1　变量描述统计

变量	发布信息信任度	恰当使用捐款信任度
	均值	均值
性别	***	
男	6.66	6.40
女	6.45	6.30
年龄	6.89 ***	6.724 ***
民族		
汉族	6.56	6.36
少数民族	6.38	6.05
宗教信仰	**	*
无宗教信仰	6.529	6.332
有宗教信仰	6.830	6.567
是否为党员		
是	6.748	6.538
否	6.543	6.341
户籍	**	**
城镇	6.463	6.232
农村	6.616	6.432
地域	***	***
西部地区	6.430	6.279
中部地区	5.981	5.769
东北地区	6.686	6.447
东部地区	6.902	6.672
婚姻状况	***	***
未婚	6.778	6.583
已婚	6.436	6.230

变量	发布信息信任度	恰当使用捐款信任度
	均值	均值
是否有孩子	***	***
否	6.754	6.568
是	6.432	6.220
是否做过志愿者	***	***
否	6.425	6.223
是	6.856	6.653

注：*** $p < 0.01$，** $p < 0.05$，* $p < 0.1$。

（二）组织信任对捐款行为的影响

接下来验证对慈善组织发布的募捐信息的总体信任程度以及对慈善组织能够恰当使用捐款的总体信任程度对"慈善捐款"的影响（见表6-2和表6-3）。

表6-2 对慈善组织发布的募捐信息的总体信任程度对"慈善捐款"的影响

自变量	模型1a	模型1b	模型2a	模型2b
	公众慈善捐款行为	公众慈善捐款行为	公众慈善捐款数量	公众慈善捐款数量
募捐信息信任度	0.186 ***	0.175 ***	14.00 ***	12.24 ***
	(0.0229)	(0.0242)	(4.228)	(4.294)
性别		0.0121		2.667
		(0.0969)		(18.46)
年龄		-0.0200 ***		0.516
		(0.00511)		(0.929)
民族		0.0808		-17.76
		(0.270)		(55.70)
宗教信仰		0.529 ***		147.4 ***
		(0.145)		(32.70)
收入对数		0.201 ***		42.58 ***
		(0.0636)		(11.96)
受教育水平		0.587 ***		88.97 ***
		(0.136)		(31.91)

续表

自变量	模型 1a	模型 1b	模型 2a	模型 2b
	公众慈善捐款行为	公众慈善捐款行为	公众慈善捐款数量	公众慈善捐款数量
政治面貌		− 0. 695 ***		2. 751
		(0. 165)		(39. 68)
户籍		− 0. 260 ***		− 6. 505
		(0. 0999)		(19. 58)
地域		0. 207 ***		2. 764
		(0. 0402)		(7. 598)
婚姻状况		0. 0403		− 0. 732
		(0. 238)		(47. 50)
是否有孩子		0. 186		− 25. 88
		(0. 246)		(48. 53)
常数	− 3. 245 ***	− 4. 278 ***	− 39. 86	− 430. 1 ***
	(0. 171)	(0. 674)	(29. 17)	(128. 4)
Observations	4404	4380	4404	4380
R-squared			0. 002	0. 015

注：$^{***} p < 0. 01$，$^{**} p < 0. 05$，$^{*} p < 0. 1$。

在对募捐信息的总体信任程度对"慈善捐款"的影响统计中，我们选取公众对募捐信息的信任程度为自变量，性别、年龄、民族、宗教信仰、收入对数、受教育水平、政治面貌、户籍、地域、婚姻状况、是否有孩子为控制变量。研究发现，在没有控制其他变量的条件下，募捐信息信任程度对公众慈善捐款行为的 b 值为 0. 186，且在 $p < 0. 01$ 的条件下显著相关；在控制了其他变量的条件下，b 值变为 0. 175，且显著相关。同时，研究也发现，在没有控制其他变量的情况下，募捐信息信任程度对公众慈善捐款数量的 b 值为 14. 00，且在 $p < 0. 01$ 的条件下显著相关。在控制其他变量的情况下，b 值变为 12. 24，仍显著相关。这就说明公众对慈善募捐信息的信任程度与捐款行为和捐款数量正相关，对慈善募捐信息的信任程度越高，越可能进行捐款，捐款的数量也越多。

表 6 - 3 为对慈善组织能够恰当使用捐款的总体信任程度对"慈善捐款"的影响情况，其中对慈善组织能够恰当使用捐款的信任度为自变量，性别、年龄、民族、宗教信仰、收入对数、受教育水平、政治面貌、户籍、地域、婚姻状况、是否有孩子为控制变量。在没有控制其他变量的情况下，恰当

使用捐款信任度对公众慈善捐款行为的 b 值为 0.181，且在 $p < 0.01$ 的条件下显著相关；在控制了其他变量的情况下，b 值为 0.172；恰当使用捐款信任度对公众捐款数量的 b 值为 14.10，且在 $p < 0.01$ 的条件下显著相关；在控制了其他变量的情况下 b 值为 12.73，且显著相关。综上，可以看出公众对慈善组织能够恰当使用捐款的信任度与公众的慈善捐款行为和捐款数量显著正相关，即信任程度越高越可能进行捐款，捐款数量越多。

表 6 - 3　对慈善组织能够恰当使用捐款的总体信任程度对 "慈善捐款" 的影响

自变量	模型 1a	模型 1b	模型 2a	模型 2b
	公众慈善捐款行为	公众慈善捐款行为	公众慈善捐款数量	公众慈善捐款数量
恰当使用捐款 信任度	0.181 *** (0.0222)	0.172 *** (0.0233)	14.10 *** (4.142)	12.73 *** (4.195)
性别		- 0.00915 (0.0968)		1.332 (18.45)
年龄		- 0.0197 *** (0.00510)		0.524 (0.929)
民族		0.104 (0.270)		- 16.05 (55.71)
宗教信仰		0.530 *** (0.145)		147.9 *** (32.69)
收入对数		0.196 *** (0.0637)		42.42 *** (11.96)
受教育水平		0.600 *** (0.136)		90.12 *** (31.91)
政治面貌		- 0.699 *** (0.164)		3.362 (39.68)
户籍		- 0.264 *** (0.1000)		- 7.068 (19.59)
地域		0.209 *** (0.0402)		2.943 (7.586)
婚姻状况		0.0250 (0.238)		- 1.654 (47.48)
是否有孩子		0.203 (0.246)		- 24.42 (48.53)
常数	- 3.170 *** (0.162)	- 4.173 *** (0.670)	- 37.67 (27.83)	- 430.0 *** (128.0)

自变量	模型 1a	模型 1b	模型 2a	模型 2b
	公众慈善捐款行为	公众慈善捐款行为	公众慈善捐款数量	公众慈善捐款数量
Observations	4404	4380	4404	4380
R-squared			0.003	0.016

注：$^{***}p<0.01$，$^{**}p<0.05$，$^{*}p<0.1$。

（三）组织信任对捐款偏好的影响

我们主要从捐款领域、捐款对象、捐款方式三个方面来分析慈善组织信任对捐款偏好的影响。通过数据可以看出，对慈善组织发布的募捐信息的总体信任程度与对慈善组织能够恰当使用捐款的总体信任程度对捐款领域、捐款对象、捐款方式的影响差异不大。因此本研究用"对慈善组织发布的募捐信息的总体信任程度"来代表组织信任程度。

表 6 - 4　组织信任对捐款领域的影响

因变量	B	Std. Error	Z
艺术文化	0.015	0.134	0.11
医疗健康	0.0284	0.0303	0.94
灾害救援	0.0272	0.0323	0.84
生态环境	0.205 **	0.0901	2.27
宗教组织与活动	− 0.0686	0.0069	− 0.99
扶贫与社区发展	0.0715	0.0377	1.90
公众倡导	− 0.0633	0.5722	− 0.11
教育助学	0.4474 **	0.205	2.18
体育活动	0.432	1.079	0.40
科学研究	−	−	−
不特定领域	− 0.857	0.297	− 2.88
是否向国际组织捐款	0.2117 **	0.0804	2.63

注：$^{***}p<0.01$，$^{**}p<0.05$，$^{*}p<0.1$。

为了考察对慈善组织的信任是否会影响公众慈善捐款的偏好，笔者利用问卷中关于过去 12 个月内主要捐款领域的问题进行相关分析。表 6 - 4 的统计结果显示，组织信任对捐款领域的影响主要体现在生态环境、教育助学以及是否向国际组织捐款三类。也就是说，在这三类捐款类别中，慈善组织的信任度强弱对公众是否选择向其捐款有较大的影响，而其他领域中的组织信任影响则不大。一个可能的解释是这三类领域较多地依赖慈善组织的运作，而非如灾害救援、医疗健康或扶贫与社区发展等领域是希望直接地向受益对象（如个人与地区）等进行捐款。在生态环境、教育助学等领域，公众会更多地希望了解此领域中慈善组织的资源、能力等信息，以便更好地获得捐款的成效，这使得公众更为看重公益慈善组织的信誉及信任度。当然如艺术文化、公众倡导和体育活动类的领域也可能有较多的慈善组织参与，但这些领域常常较多地与公众自身的兴趣有密切关系，公益组织本身的能力反而不一定会被看重。当然，这些解释也都还有待更加严谨的数据分析来进行验证。

表 6 – 5　组织信任对捐款对象和捐款方式的影响

因变量	B	Std. Error	Z
直接捐给受益人	- 0.0267	0.0281	- 0.95
直接捐给社会组织	0.136 **	0.0401	3.39
通过民政部公布的公募平台捐款	0.0697	0.0499	1.39
通过水滴筹、轻松筹等个人求助和互助平台进行捐款	- 0.009	0.0277	- 0.36
通过民间个人求助和互助团体捐款	0.0121	0.0521	0.23
通过单位或集体组织捐款	- 0.0282	0.0367	- 0.77
通过宗教团体或宗教场所捐赠	- 0.2157 **	0.0818	- 2.64
是否定期自动扣款	0.2033 **	0.0762	2.67

注：*** $p < 0.01$，** $p < 0.05$，* $p < 0.1$。

　　在捐款方式方面，对慈善组织的信任会直接影响到的捐款方式有：直接捐给社会组织、通过宗教团体或宗教场所捐赠以及定期自动扣款。其中对慈善组织的信任程度越高越会直接向慈善组织捐款，这个符合已有认知。公众对慈善组织的信任程度越高，越不倾向于向宗教团体捐款，这也许是因为对慈善组织的信任使捐款者更偏向于世俗化捐款，而削弱了宗教性的影响；在定期自动扣款方面，因为对捐款的机构和组织的信任，公众才会选择通过每个月定期自动扣款的方式来参与，一方面比较便捷，另一方面也体现了对组织恰当使用捐款的信任。

五　组织信任的群体差异及对捐款行为的影响

综合以上，我们发现，不同群体对慈善组织的信任程度不同。其中，女性相比于男性对慈善组织更加不信任；大致上年龄越大的群体对慈善组织越不信任；相比于汉族，少数民族对慈善组织更不信任；相比于没有宗教信仰的人，有宗教信仰的人对慈善组织的信任度更高；党员相比于普通群众对慈善组织的信任度更高；相比于城市户籍的人，农村户籍的人对慈善组织的信任度更高；在地域方面，相比于中部地区，其他地区的人对慈善组织的信任度更高。个人特征影响对慈善组织的信任程度。

对慈善组织的信任程度影响人们的慈善捐款行为、捐款数量和捐款意愿。对慈善组织的信任程度越高，公众进行捐款的可能性越高；对慈善组织的信任程度越高，公众捐款数量越多；对慈善组织的信任程度越高，公众未来的捐款意愿越高。这些发现也与已有的研究发现或者人们的普遍认知是一致的。

对慈善组织信任程度的不同也会影响公众的捐赠偏好。统计分析发现，公众对慈善组织的信任程度会影响特定的捐款领域，生态环境、教育助学以及国际组织捐款领域较强地受到组织信任程度的影响。在捐款方式方面，对慈善组织的信任程度会直接影响公众是否直接捐给社会组织、通过宗教团体或宗教场所捐赠以及选择定期自动扣款。其中对慈善组织信任程度越高越会直接向慈善组织捐款，这个符合已有认知；对慈善组织信任程度越高，越不倾向于向宗教团体捐款，以及更加倾向于选择定期自动扣款。

通过研究发现公众对慈善组织的信任直接影响慈善捐款行为、捐款数量甚至是捐款领域和捐款方式，应该加强对慈善组织公信力的建设。这就需要政府提供更加完善的行政监管，通过行政或者法律手段加强对慈善组织的监督；社会媒体可通过披露曝光、专家系统等专业化、科学化的手段进行非正式监督；而慈善组织自身也要加强财务公开，保障公众的知情权。

第七章　税收优惠与日常捐款

一　政策激励：公众捐赠税收优惠政策内容分析

个体日常捐赠的税收优惠政策，是指政策法规对社会公众的公益性捐赠行为给予优惠待遇，以产生社会激励。Schwartz（1970：264）通过研究证实税收优惠政策会对慈善捐赠产生价格效应和收入效应，激发公众的捐款意愿，激励公众的捐赠行为。当然，税收优惠政策究竟会在多大程度上对公众产生激励效应，这不仅取决于税收优惠政策本身，还取决于公众对税收优惠政策的认知与评价。为了更好地探析税收优惠政策对公众日常捐赠的激励作用，本研究从税收优惠政策文本内容和社会评价认知两个层面进行了分析。

通过对我国过去的个体公益性捐赠税收优惠政策进行梳理发现：从税收优惠范围来看，公众捐款税收优惠主要是针对货币捐赠和间接捐赠，而且必须是向有资质的组织进行捐赠；从税收优惠方式来看，个体公益性捐赠税收优惠的主要方式是限额扣除，仅有少部分可以享受全额税前扣除待遇；从税收优惠时限来看，捐赠税收优惠是年度内税前扣除，超额部分不结转；从税收优惠对象来看，目前的税收优惠政策还不足以有效激发多源收入个体的捐赠行为。

（一）税收优惠政策内容

1. 一般性税收优惠规定：限额扣除

《个人所得税法》（2018 年修正）第 6 条规定，个人将其所得对教育、扶贫、济困等公益慈善事业进行捐赠，捐赠额未超过纳税人申报的应纳税所得额 30% 的部分，可以从其应纳税所得额中扣除；国务院规定对公益慈善事业捐赠实行全额税前扣除的，从其规定。

2. 特殊税收优惠规定：全额扣除

根据财税字〔1999〕273 号、财税〔2000〕21 号、财税〔2000〕30 号、财税〔2000〕97 号、财税〔2001〕103 号、财税〔2003〕10 号、财税〔2003〕106 号、财税〔2003〕204 号、财税〔2004〕172 号、财税〔2006〕66 号、财税〔2006〕68 号、国税发〔2008〕55 号、财税〔2010〕59 号、财税〔2010〕107 号等政策条款规定，个体向中国红十字事业、公益性青少年活动场所、农村义务教育、福利性和非营利性的老年服务机构等，以及向汶川地震、玉树地震、"非典"、奥运等特大灾害或特定社会活动进行公益救济性捐赠，在缴纳个体所得税时可以享受全额扣除的优惠政策（温彩霞，2011）。全额扣除只重点涉及宋庆龄基金会、中国扶贫基金会、中国老龄事业发展基金会、中国妇女发展基金会、中国儿童少年基金会、中国残疾人福利基金会、中华慈善总会、中国教育发展基金会、中国红十字会等20 余家指定基金会和社会团体（朱文生，2017）。

（二）税收优惠政策特征

1. 货币捐赠

从税收优惠范围来看，个体可以享受税前扣除政策的捐赠，主要是货币捐赠。货物、艺术品、不动产等实物捐赠，以及劳务、技术、知识产权等捐赠都还难以享受税收优惠政策。根据财政部、国家税务总局、民政部联合颁发的《关于公益性捐赠税前扣除有关问题的通知》（财税〔2008〕160 号）的规定，"捐赠方在向公益性社会团体和县级以上人民政府及其组成部门和直属机构捐赠时，应当提供注明捐赠非货币性资产公允价值的证明，如果不能提供上述证明，公益性社会团体和县级以上人民政府及其组成部门和直属机构不得向其开具公益性捐赠票据"。然而，目前对于实物、技术、知识产权等捐赠在其价值评估认定方面还存在很多技术性难题，尚需出台专门和详细的税收优惠规定。而且其公允价值的认定还离不开专业评估机构、专业资质人员、配套资金等一系列配套措施的支持。

2. 间接捐赠

根据《个人所得税法实施条例》第 19 条规定："个人所得税法第六条

第三款所称个人将其所得对教育、扶贫、济困等公益慈善事业进行捐赠，是指个人将其所得通过中国境内的公益性社会组织、国家机关向教育、扶贫、济困等公益慈善事业的捐赠。"可见，公众所能享有的个人所得税税前扣除的优惠待遇只针对间接捐赠，公众的直接捐赠行为不能享有税前扣除政策。

3. 社会团体的税前扣除资格限定

个体公益性捐赠所得税税前扣除享有的前提条件是通过社会团体或国家机关进行公益捐赠，这其中并不是向所有社会团体进行公益捐赠都能享受税前扣除待遇，必须是向具备公益性捐赠税前扣除资格的公益性社会团体捐赠。根据财政部、国家税务总局、民政部联合颁发的《关于公益性捐赠税前扣除有关问题的补充通知》（财税〔2010〕45号）的规定，"对获得公益性捐赠税前扣除资格的公益性社会团体，由财政部、国家税务总局和民政部以及省、自治区、直辖市、计划单列市财政、税务和民政部门每年分别联合公布名单。……企业或个人在名单所属年度内向名单内的公益性社会团体进行的公益性捐赠支出，可按规定进行税前扣除。""县级以上人民政府及其组成部门和直属机构的公益性捐赠税前扣除资格不需要认定"。换句话说，个体向不在"年度名单"上的公益性社会团体进行捐赠，是不允许享受税前扣除待遇的。

4. 税收优惠类型

慈善捐赠的税收激励政策，主要有扣除法、抵免法和免税法三种通用类型（曲顺兰，2017：96）。我国慈善捐赠的税收优惠方式主要采用的是税收扣除法，具体包括全额扣除和限额扣除。其中，对于个人捐赠限额扣除的计算，根据《个人所得税法实施条例》规定，应纳税所得额是指计算扣除捐赠额之前的应纳税所得额。

5. 税收优惠时间范畴

按照现行税收法律、行政法规及相关政策规定，个人通过社会团体、国家机关向公益事业的捐赠支出准予在所得税税前扣除，但只是在纳税年度内进行税前扣除，超额部分不结转以后年度扣除。换句话说，个体所得税税前扣除捐赠是当期税收优惠，并且最高享受额度为应纳税所得额的30%，超过30%的部分捐赠是无法享受税收优惠的，而且超额部分也不能递延至以后年份进行扣除。这势必会弱化税收优惠政策对大额捐赠的激励效应。

6. 高收入、多源收入税收优惠异质性

我国个人所得税是按累进税率进行征收的，因此，不同收入群体所能享受的捐赠税前扣除是有差异的。也就是说，个人收入越高，超额累进税率也就越高，等额的税收捐赠可享受的税前扣除也就越高。为此，有些研究证明，相比低收入群体，中高收入群体对税率更敏感，税收激励对富人更有吸引力（贺宏，2018：116）。

根据《个人所得税法》规定，工资和薪金所得、劳务报酬所得、稿酬所得、特许权使用费所得为综合所得，适用 3% ~ 45% 的超额累进税率；而利息、股息、红利所得，财产租赁所得，财产转让所得和偶然所得，适用比例税率，税率为 20%。为此，不同收入来源会享受不同的税率。而多来源收入通常又不属于低收入群体。从这个角度而言，有的学者主张高收入者实际税率低的情况会提高其捐赠价值，但又不利于激励多收入群体的捐赠行为（丁美东，2008：30）。

目前，我国公众捐赠税收优惠内容、程序在逐步进行合理合规性的简化与优化。2019 年首次启动个人捐赠电子发票开具。2019 年 12 月，财政部、国家税务总局联合发布《关于公益慈善事业捐赠个人所得税政策的公告》，2020 年 5 月财政部、国家税务总局、民政部联合发布了《关于公益性捐赠税前扣除有关事项的公告》，对公益慈善捐赠相关政策做出调整和进一步明确。相信也期待这一系列公众捐赠利好政策会进一步带动公众小额捐赠事业的发展。

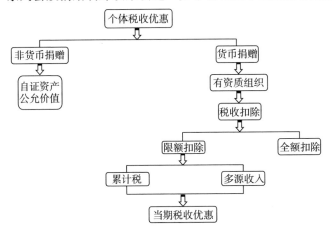

图 7 - 1　个体税收优惠政策流程

二 制度性后果：税收优惠政策的享受与感知

因税收优惠政策主要是针对当期捐赠，而且不能递延，故对税收优惠政策影响的分析，只是从总样本（N=4404）中选取了过去12个月发生过捐款行为的调研对象（N=1433）作为分析样本。

（一）税收优惠政策享受的总体情况

1. 公众捐款享受税收优惠情况

通过对公众捐款者过去12个月内税收减免情况的调研发现，在1433名捐款者中，仅有1.4%的人享受过税收减免，超过3/4的捐款人明确表示没有享受过税收减免，有23.4%的捐款人表示"不清楚"税收减免。税收优惠政策的享受是其发挥激励作用的前提条件。绝大多数公众并未真正享受税前扣除这一正当性权利，这在很大程度上制约了税收优惠政策正向诱导更多社会捐款作用的发挥，偏离了税收激励政策制定的初衷。

表7-1　公众捐款税收减免享有情况

减免情况	人数	百分比（%）
是	20	1.4
否	1078	75.2
不清楚	335	23.4
合计	1433	100.0

2. 未获得税收优惠的原因

就未获得税收减免的原因来看，有近六成（59.2%）的捐款者是因为"不知道税收减免的政策"，有18.7%的捐款者是因为"不了解具体申请税收减免的程序"，还有3.7%的捐款者是感觉申报程序太复杂而放弃申请，还有超过一成（10.9%）的捐款者是因秉持纯粹利他主义而没去申请。与此相对应的是，有2.9%的捐款者是因为捐赠给了不具有免税资格的组织，想申请而无法申请。可见，未获得税收减免的最主要的原因就在于不了解相关政策和程序。

表7-2 未获得税收减免的主要原因（多选）

	选择次数	占选择比例（%）	占有效样本比例（%）
不知道税收减免的政策	997	59.2	70.6
不了解具体申请税收减免的程序	315	18.7	22.3
申报程序太复杂，觉得麻烦	62	3.7	4.4
觉得献爱心没必要申请税收减免	184	10.9	13.0
不是捐给有免税资格的组织，无法申请免税	48	2.9	3.4
其他	78	4.6	5.5
总计	1684	100.0	119.2

（二）税收优惠政策与公众捐款情况

1. 税收减免与公众捐款情况

从捐款次数来看，"获得税收减免"捐赠者的平均捐款次数为3次，略高于其他两类捐款群体。"获得税收减免""不清楚是否获得""未获得税收减免"三类群体的平均捐款次数并没有明显差异。

从捐款金额来看，"获得税收减免"捐款群体的平均捐款额为791元，其次为"不清楚是否获得"群体，平均捐款额约为398元，而"未获得税收减免"群体的平均捐款额约为309元。获得税收减免群体的平均捐款额高出其他两类捐款群体约一倍。可见，尽管税收优惠政策并未对捐款次数产生明显激励作用，但对捐款金额有明显的促进作用。当然，"获得税收减免"人数只有20人，样本的外在效度相对较低。

表7-3 税收减免享有与捐款情况

	捐款次数		捐款金额（元）	
	均值	标准差	均值	标准差
获得税收减免	3.00	3.10	791.00	1300.58
未获得税收减免	2.61	3.30	308.92	1331.11
不清楚是否获得	2.55	2.64	397.89	1614.04

注：将过去12个月内，捐款频次为380次、365次，捐款金额为18万元，视为了异常值。

2. 未获税收减免的原因与公众捐款情况

相较于选择了"不知道税收减免的政策"的捐款者，未选择的捐款者的捐款次数略高，但相差无几，平均捐款额却高出其近九成（89.2%）。从这个角度来说，虽然捐款者并未享受税收减免，但知晓税收优惠政策的存在，也起到了正向引导作用。相较于选择了"不了解具体申请税收减免的程序"的捐款者，未选择的捐款者的捐款次数更少，平均捐款额也低了约四分之一（25.3%）。从这个角度来说，不了解税收减免程序并未抑制捐款行为。可见，尽管绝大多数捐款者（98.6%）并未享受税收减免，但税收减免政策的象征效应大于实际作用。

相较于因"觉得献爱心没必要申请税收减免"而未获得税收减免的捐款者来说，未选择的捐款者的捐款次数少了 0.42 次，平均捐款额少了约 218 元，比其低了四成。可见，我们在强调应有效发挥税收优惠政策的激励作用的同时，更应激发个体心中的利他主义情结。

表 7 - 4　未获税收减免的主因与公众捐款次数、金额

		捐款次数		捐款金额（元）	
		均值	标准差	均值	标准差
不知道税收减免的政策	否	2.70	3.05	494.34	2109.66
	是	2.55	3.19	261.31	958.88
不了解具体申请税收减免的程序	否	2.51	3.10	306.78	1311.05
	是	2.89	3.32	410.71	1684.80
申报程序太复杂，觉得麻烦	否	2.57	3.12	327.66	1425.61
	是	3.21	3.66	380.24	768.33
觉得献爱心没必要申请税收减免	否	2.54	3.13	301.54	1212.79
	是	2.96	3.28	519.70	2296.88
不是捐给有免税资格的组织，无法申请免税	否	2.60	3.13	327.47	1419.61
	是	2.52	3.84	401.04	808.69

注：将过去 12 个月内，捐款频次为 380 次、365 次，捐款金额为 18 万元，视为了异常值。

（三）未获税收优惠的个体性差异

通过对"未获得税收减免"原因进行分析，发现最为主要的三大原因

分别是不知道政策（不知道税收减免的政策）、不了解程序（不了解具体申请税收减免的程序），以及纯粹利他主义（献爱心没必要申请税收减免），分别占未减免捐款样本的 70.6%、22.3% 和 13.0%。为了更为全面地了解公众对税收优惠政策的认知与评价，有必要进一步探析未获得税收减免主要因素的个体性差异。

1. 年龄与未获得税收优惠原因

从政策知晓率来看，老年捐款者的税收优惠政策知晓率和程序知晓率最高，有 61.8% 的老年捐款者没有获得税收减免是因为"不知道税收减免的政策"；有 16.4% 的老年捐款者没有获得税收减免是因为"不了解具体申请税收减免的程序"。年轻捐款者因纯粹利他主义而放弃税收减免的比例最低。

表 7－5　年龄与未获得税收减免主要原因

年龄（岁）	不知道政策	不了解程序	纯粹利他主义
15～20	106/147 72.1%	34/147 23.1%	12/147 8.2%
21～30	347/509 68.2%	130/509 25.5%	62/509 12.2%
31～40	207/287 72.1%	57/287 19.9%	43/287 15.0%
41～50	175/245 71.4%	44/245 18.0%	37/245 15.1%
51～60	128/170 75.3%	41/170 24.1%	22/170 12.9%
61～70	34/55 61.8%	9/55 16.4%	8/55 14.5%

2. 性别与未获得税收优惠原因

整体而言，不论是在政策知晓率、程序知晓率还是纯粹利他主义方面，男性捐款者和女性捐款者之间基本不存在明显差异。

表 7－6　性别与未获得税收减免主要原因

性别	不知道政策	不了解程序	纯粹利他主义
男	494/702 70.4%	154/702 21.9%	86/702 12.3%

性别	不知道政策	不了解程序	纯粹利他主义
女	503/711 70.7%	161/711 22.6%	98/711 13.8%

3. 学历与未获得税收优惠原因

通常来说，学历越高，对税收优惠政策的可及性也会越高。初中及以下学历的捐款者没有获得税收减免的原因更多是"不知道税收减免的政策"；而大专及以上学历捐款者没有获得税收减免的原因更多是"不了解具体申请税收减免的程序"。这可能是因为，虽然高学历捐款者听说过税收优惠政策，但并不了解具体情况。此外，相比其他学历捐款者，大学本科及以上捐款者因纯粹利他主义而放弃税收减免的比例更高。这有可能是因为高学历群体本身就更倾向捐款，而这未必依赖税收优惠政策来进行正向诱导。

表 7-7　学历与未获得税收减免主要原因

学历	不知道政策	不了解程序	纯粹利他主义
小学及以下	98/128 76.6%	22/128 17.2%	15/128 11.7%
初中	278/373 74.5%	74/373 19.8%	53/373 14.2%
高中、中专、技校	286/414 69.1%	92/414 22.2%	55/414 13.3%
大专	203/288 70.5%	76/288 26.4%	28/288 9.7%
大学本科	119/191 62.3%	45/191 23.6%	30/191 15.7%
硕士及以上	13/19 68.4%	6/19 31.6%	3/19 15.8%

4. 政治面貌与未获得税收优惠原因

从政治面貌来看，共产党员捐款者的税收优惠政策知晓率和程序知晓率最高，其中，有63.2%的共产党员捐款者没有获得税收减免是因为"不知道税收减免的政策"，比群众捐款者低了近一成（9.6个百分点）；有18.8%的共产党员捐款者没有获得税收减免是因为"不了解具体申请税收减免的程序"，比共青团员捐款者低了7.4个百分点，比群众捐款者低了2.4个百分点。与此相对应的是，有18.0%的党员志愿者"觉得献爱心没必要申请税收减免"，放弃率则又最高。

表7-8　政治面貌与未获得税收减免主要原因

政治面貌	不知道政策	不了解程序	纯粹利他主义
共产党员	84/133 63.2%	25/133 18.8%	24/133 18.0%
共青团员	235/347 67.7%	91/347 26.2%	40/347 11.5%
群众	676/929 72.8%	197/929 21.2%	118/929 12.7%

5. 宗教信仰与未获得税收优惠原因

从宗教信仰来看，有宗教信仰的捐款者的税收优惠政策知晓率和程序知晓率分别要比无宗教信仰的捐款者高出10.3个百分点和3.8个百分点。而且，有宗教信仰者因纯粹利他主义而放弃税收减免的比例也相对更高。

表7-9　宗教信仰与未获得税收减免主要原因

宗教信仰	不知道政策	不了解程序	纯粹利他主义
无宗教信仰	893/1244 71.8%	283/1244 22.7%	159/1244 12.8%
有宗教信仰	104/169 61.5%	32/169 18.9%	25/169 14.8%

6. 婚姻状况与未获得税收优惠原因

从婚姻状况来看，未婚捐款者的政策知晓率要比已婚捐款者高3个百分点，相反，未婚捐款者的程序知晓率比已婚捐款者低3.4个百分点。而且，已婚捐款者会更多因纯粹利他主义而放弃税收减免，约高出5个百分点。

表 7 – 10　婚姻状况与未获得税收减免主要原因

婚姻状况	不知道政策	不了解程序	纯粹利他主义
未婚	338/492 68.7%	120/492 24.4%	48/492 9.8%
已婚	646/901 71.7%	189/901 21.0%	135/901 15.0%

7. 有无孩子与未获得税收优惠原因

从有无孩子来看，没有孩子的捐款者的政策知晓率略高于有孩子的捐款者（高2.2个百分点），相反，没有孩子的捐款者的程序知晓率略低于有孩子的捐款者（低2.6个百分点）。而且，有孩子捐款者会更多因纯粹利他主义而放弃税收减免，高出了4.7个百分点。

表 7 – 11　有无孩子与未获得税收减免主要原因

有无孩子	不知道政策	不了解程序	纯粹利他主义
没有孩子	371/536 69.2%	128/536 23.9%	54/536 10.1%
有孩子	626/877 71.4%	187/877 21.3%	130/877 14.8%

8. 职业与未获得税收优惠原因

从职业来看，"农、林、牧、渔、水利业生产人员"会更多（79.4%）因为"不知道税收减免的政策"，而非"不了解具体申请税收减免的程序"而未获得税收减免。与此相对应的是，"办事人员和有关人员"虽然政策知晓率较高，但是对申请税收减免具体程序的知晓率相对较低。也就是说，这一群体虽知晓政策，但不清楚细节。此外，"国家机关、党群组织、企业、事业单位负责人"这类群体的政策知晓率最高，同时因纯粹利他主义而放弃税收减免的比例也最高。

表 7 – 12　职业与未获得税收减免主要原因

职业	不知道政策	不了解程序	纯粹利他主义
国家机关、党群组织、企业、事业单位负责人	38/60 63.3%	14/60 23.3%	11/60 18.3%

职业	不知道政策	不了解程序	纯粹利他主义
专业技术人员（医护人员、教师或其他专业工作者）	97/147 66.0%	36/147 24.5%	16/147 10.9%
办事人员和有关人员	65/102 63.7%	31/102 30.4%	12/102 11.8%
商业、服务业人员	256/355 72.1%	75/355 21.1%	54/355 15.2%
农、林、牧、渔、水利业生产人员	185/233 79.4%	42/233 18.0%	28/233 12.0%
生产、运输设备操作人员及有关人员	44/66 66.7%	18/66 27.3%	10/66 15.2%
全日制学生	123/177 69.5%	47/177 26.6%	13/177 7.3%

9. 家庭收入与未获得税收优惠原因

就税收优惠的激励作用而言，存在补偿论和强化论两种主张。补偿论认为，税收优惠政策更多是对捐款者利他主义的一种补偿，因此，税收的激励作用更多是象征性的，无须很高；而强化论则主张，累进税率使税收激励对中高收入群体而言更敏感，也更具吸引力，因此，税前扣除政策可以有效强化中高收入群体的捐款动机。

结合数据，从不同家庭收入群体对税收优惠政策的认知来看，整体而言，中低收入群体会更多因为"不知道税收减免的政策"而未获得税收减免；家庭月收入10001元及以上群体政策知晓率会更高，月收入50001元及以上的政策知晓率最高。虽然中高收入群体政策知晓率更高，但其会更多因"不了解具体申请税收减免的程序"而未获得税收减免，其中，家庭月收入在50001元及以上群体的比例最高，为33.3%，其次为家庭月收入在20001元至50000元的群体（26.0%）。而且，因纯粹利他主义而放弃税收减免的群体中，也是家庭月收入在50001元及以上的比例最高（23.3%）。因此，从这个角度来说，税收激励对高收入群体的强化作用和对低收入群体的补偿作用都还有待进一步激发。

中国公众捐款

表 7 – 13　家庭收入与未获得税收减免主要原因

家庭收入（元/月）	不知道政策	不了解程序	纯粹利他主义
少于 3000	212/282 75.2%	59/282 20.9%	41/282 14.5%
3001～5000	214/305 70.2%	60/305 19.7%	45/305 14.8%
5001～8000	242/322 75.2%	77/322 23.9%	38/322 11.8%
8001～10000	122/170 71.8%	33/170 19.4%	18/170 10.6%
10001～20000	148/227 65.2%	56/227 24.7%	26/227 11.5%
20001～50000	47/77 61.0%	20/77 26.0%	9/77 11.7%
50001 及以上	12/30 40.0%	10/30 33.3%	7/30 23.3%

10. 户籍与未获得税收优惠原因

从户籍状况来看，不论是在政策知晓率、程序知晓率还是纯粹利他主义方面，本地户籍和外地户籍捐款者不存在明显差异。

表 7 – 14　户籍与未获得税收减免主要原因

户籍	不知道政策	不了解程序	纯粹利他主义
本地户籍	800/1131 70.7%	252/1131 22.3%	150/1131 13.3%
外地户籍	197/282 69.9%	63/282 22.3%	34/282 12.1%

三　税收优惠政策强化捐款的效用有待提升

问卷调查的过去 12 个月内，仅有极少部分（1.4%）公众捐赠者明确表示享受过税收减免政策，绝大多数捐款者并未享受到税收优惠政策。就未享受税收优惠政策的主要原因而言，最主要的原因是捐款者不知道税收

120

减免的政策；其次是捐款者并不了解具体的税收减免申请程序；此外，还有一部分捐款者因纯粹利他主义而主动放弃税收优惠享受权利。这三大原因在影响税收减免政策享受因素中，占比88.8%。从这个角度来说，目前税收优惠政策更多发挥的是象征性激励作用，有待向社会进行更为广泛的宣传。

通过对比分析税收优惠享受与捐款关系发现，尽管享受过税收减免的群体比例较低，但其对所捐金额有明显的推动作用。获得过税收减免的捐款群体的平均捐款额比未获得税收减免、不清楚是否获得减免捐款群体高出一倍左右。通过进一步对比分析未获得税收减免的主要影响因素与捐款关系发现，虽然政策知晓率和程序知晓率对捐款频次影响甚微，但是对捐款额度有较大影响。税收优惠政策知晓率会正向引导捐款行为，同时，不了解税收优惠减免程序也并未抑制公众捐款行为。此外，相较于税收激励作用，激发个体的利他主义情结更有利于促进社会捐款行为。从这个角度来说，税收优惠政策和个体纯粹利他主义情结都在强化公众捐款行为。

总而言之，税收优惠政策确实可以起到强化捐款的效用，但是目前税收优惠政策尚未充分发挥实质性作用。从税收减免最为核心的影响因素来看，还有待向低学历、群众、农业生产者、中低收入等捐款者加强政策宣传，提高政策知晓率，以充分发挥税收优惠政策的社会倡导效应；向高学历、党员、城市白领、高收入等捐款群体着重加强税收优惠减免程序宣传，提升程序了解度，以有效发挥税收优惠政策的价格效应和收入效应。具体来说，未获得税收优惠的主要影响因素的个体性差异可简单归纳如下：（1）从年龄来看，老年捐款者政策知晓率和程序知晓率最高，年轻捐款者因纯粹利他主义而放弃权利的比例最低；（2）从学历来看，低学历捐款群体政策知晓率最低；高学历群体程序知晓率最低，而其因纯粹利他主义而放弃权利的比例最高；（3）从政治面貌来看，党员捐款者的政策知晓率最高，但程序知晓率最低，同时，因纯粹利他主义而放弃权利的比例也最高；（4）从宗教信仰来看，有宗教信仰的捐款者不论是在政策知晓率、程序知晓率还是在纯粹利他主义方面都要高于无宗教信仰捐款者；（5）从婚育状况来看，未婚、无孩子的捐款者的政策知晓率较高，已婚、有孩子的捐款者的程序知晓率较高，而且他们的纯粹利他主义的比例也更高；（6）从职业来看，农业劳动者的政策知晓率最低；部分城市白领的程序知晓率最低；党政企业事业单位负责人的政策知晓率最高，其纯粹利他主义比例也最高；（7）从家庭收入来看，中低收入群体的政策知晓率较低；高收入群体的程序知晓率低，同时因纯粹利他主义而放弃权利的比例却较高。

第八章 现代公益慈善理念与
公众捐款行为

一 现代公益慈善理念在中国的发展

改革开放至今，中国的慈善事业得到巨大发展，但也有研究认为，中国公众的慈善理念依然没能从传统的互助、恩赐转变为以社会责任意识为核心的现代公益慈善理念（李方、王振耀，2013）。从世界范围来看，无论公众捐款率还是公众捐款的总规模，中国都与西方主要国家有较大的差距，与中国在全球的经济地位似乎不相符合。公众捐款的状况是否受制于公众的公益慈善理念？现代公益慈善理念的认知度与公众捐款行为、意愿存在多大的联系，都是十分值得探讨的问题。本研究从现代公益慈善理念与公众捐款的关系出发，尝试揭示当今中国公众对现代公益慈善理念的认可度，以及现代公益慈善理念对公众捐款者捐款行为和意愿的影响。

现代公益慈善理念最早出现在西方发达国家，有学者认为，西方慈善理念主要起源于宗教，而慈善事业在近现代的发展得益于政府的重视和新兴商人阶层的推动。西方慈善理念的共识是建立科学的公益事业，其核心思想包括：从事和参与公益慈善是公民义务，超越传统的施舍与恩赐的狭隘思想；公益慈善跨越熟人边界，针对全部有需求的人；通过专业机构持续、规范、稳定地开展公益慈善活动等（耿云，2011）。具体分析西方现代公益慈善理念的理论根源，有学者认为，在西方慈善由传统的伦理观向现代以责任意识、人权意识等为特征的公益文明的转换过程中，社会正义论、社群主义、女性主义及生态主义等都对西方现代公益慈善理念的发展产生直接影响，可以被称为公益事业发展的"直接理论来源"（卓高升，2012）。

虽然西方国家不断倡导和传播现代公益慈善理念，但在实践中认识到世界各国对慈善有不同的理解，多数普通个人的捐赠在形式和目的上仍然是传统的，向机构的捐赠往往受到不信任的限制（WINGS，2018）。转型中的中国，就提供了很好的例证。

随着改革开放后中国慈善事业的发展，传统的慈善理念和现代公益慈善理念之间的关系也获得更多的研究关注。有学者指出在现代公益慈善理念的认同度上，我们与西方发达国家还存在较大的差距。由于慈善事业还处于传统恩赐向现代公益转型的阶段，传统等级恩赐观、施舍报恩观、非理性财富观与现代的公民权利观、现代公共意识、社会责任意识、现代理性财富观不断冲突、融合（王守杰，2009）。有学者从中国传统社会结构角度描述这一转型过程，认为中国传统慈善理念遵循"关系慈善圈"的差序格局式的赠与观念，建立在不平等的个人关系之上，而现代公益慈善理念的基础是采取自下而上的组织化的方式解决公共性的问题，将公益作为一项事业在追求（安娜青、崇维祥，2014）。2012年中国公益研究院发布的《2011中国公益事业年度发展报告——走向现代慈善》指出，我国公益慈善理念存在"清流慈善"的倾向。传统慈善理念不认为公益慈善是行业或者说是一个产业，认为仅仅是施舍与救助，只需要一对一式的帮助即可。传统理念将慈善过度道德化，流行的理念是不准慈善与商业结合。这些传统慈善理念为我国慈善事业的发展提出了巨大的挑战。

二 现代公益慈善理念的分析模型

我国慈善事业有了较快的发展，但这是否意味着传统慈善观念必然地向现代公益慈善理念转型，既有的研究对此并没有产生比较集中的共识。以往的研究和分析更多的是从一种理念或案例的分析入手来得出结论，缺乏实证材料的支撑。本研究将从较为全面的抽样调查数据出发，试图更加深入地分析和检验中国公民对现代公益慈善理念的认可度，以及其与捐款行为和意愿之间的关系。

现代公益慈善理念与传统慈善理念的区别可以体现在捐款规律程度、

是否向国际组织项目捐款、组织信任度、捐赠环境评价、捐赠行为满意度、持续捐款意愿等层面上。但核心要素在于对公益慈善事业的认知度、对自身社会责任的认可度、对公益组织的认同度，根据这些因素，本研究将现代公益慈善理念认可度操作化为不同的维度并进行赋值，获得一个认可度的测算模型（见表 8 – 1）。

表 8 – 1　现代公益慈善理念认可度测算模型

题目	非常不赞成	比较不赞成	一般	比较赞成	非常赞成
每个人都有义务帮助他人	1	2	3	4	5
能够帮助到别人对我来说很重要	1	2	3	4	5
有困难的人们理应得到他人的帮助	1	2	3	4	5
政府理应对有困难的人提供援助	5	4	3	2	1
多数公益慈善组织能够有效地使用善款	1	2	3	4	5
公益慈善组织在解决社会问题中发挥重要作用	1	2	3	4	5
大多数公益慈善组织是值得信任的	1	2	3	4	5
有困难应该找政府	5	4	3	2	1
政府可以代替公益慈善组织来帮助有需要的人	5	4	3	2	1
遇到困难应该自己想办法解决	5	4	3	2	1

通过这个模型计算出"现代公益慈善理念认可度"变量从"非常不赞成"到"非常赞成"得分应该在 10 ~ 50 分之间浮动。通过该变量与其他变量的相关分析，可以看出更认同现代公益慈善理念的群体特征，及现代公益慈善理念对捐款行为和意愿的影响。

三 现代公益慈善理念的认可度研究

对于现代公益慈善理念的内涵和外延，公益界和学界没有一个统一的说法。笔者通过总结公益界和学界的观点，认为现代公益慈善理念可以包括以公益慈善作为个人的社会责任、相信并通过专业化的公益组织来完成公益慈善项目、知晓公益慈善相关的规则，以及获得公益慈善的相关权利（如税收减免）等不同的维度。基于 2018 年中国公众日常捐款行为的调查数据，我们可以管窥现代公益慈善理念的某些要素在中国居民中的认可程度。

（一）传统慈善理念依然是公众捐款者捐款的主要原因

调查发现，根据现代公益慈善理念认可度模型可以测算出，公众捐款者现代公益慈善理念认可度的最小值为 14 分、最大值为 45 分，平均值为 30.27 分，具体分析认可度得分的区间分布，可以看出，对现代公益慈善理念持"一般"态度和"比较赞成"态度的约各占 50%，说明公众捐款者并不反对现代公益慈善理念，有很大一部分人持支持的态度（见图 8 - 1）。

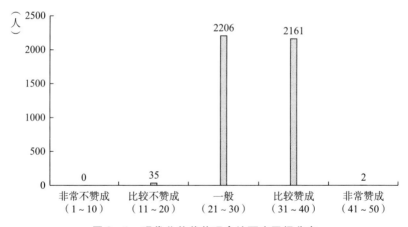

图 8 - 1 现代公益慈善理念认可度区间分布

本研究也询问了过去 12 个月捐款的最主要原因，统计结果显示，"有余力应该帮助别人"和"被求助或募捐信息所感动"是公众捐款最主要的两个原因。此外"单位组织动员或要求捐款""捐款体现了公民责任""希望以后需要帮助时别人也可以帮助我""捐款是做功德和信仰"也对公众捐款者产生了一定影响。但"捐款可以获得税收减免""信任组织捐款的慈善组织/募捐机构""求助对象是自己熟悉/相信的人""有灵活方便的捐助途径与平台"则对公众捐款者影响极小（见表 8 - 2）。可以看出，虽然公众捐款者对现代公益慈善理念是认可的，但在实际操作层面，传统互助的慈善理念依然对公众捐款产生了强烈的影响。

表 8 - 2　过去 12 个月进行捐款的主要原因 （N = 1433）

题项	第一重要		第二重要		第三重要	
	频数	百分比（%）	频数	百分比（%）	频数	百分比（%）
有余力应该帮助别人	693	48.4	131	9.1	39	2.7
被求助或募捐信息所感动	305	21.3	185	12.9	35	2.4
希望以后需要帮助时别人也可以帮助我	81	5.7	115	8.0	60	4.2
信任组织捐款的慈善组织/募捐机构	46	3.2	75	5.2	28	2.0
单位组织动员或要求捐款	88	6.1	63	4.4	36	2.5
有灵活方便的捐助途径与平台	15	1.0	34	2.4	26	1.8
捐款体现了公民责任	61	4.3	125	8.7	77	5.4
捐款可以获得税收减免	7	0.5	7	0.5	3	0.2
捐款是做功德和信仰	70	4.9	105	7.3	83	5.8
求助对象是自己熟悉/相信的人	53	3.7	54	3.8	40	2.8
其他	14	1.0	2	0.1	1	0.1

（二）公众捐款者倾向直接捐助而不是通过专业组织

调查发现，公众捐款者的捐款方式主要是通过水滴筹、轻松筹等个人求助和互助平台捐给特定受益人（55.5%）或直接捐给受益人（32.4%），只有 16.0% 的人会选择直接捐给社会组织（见图 8 - 2）。

同时，公众捐款者不愿意向国际援助和发展项目捐款。91.8% 的公众捐款者都表示不会向国际援助和发展项目捐款（见表 8 - 3）。

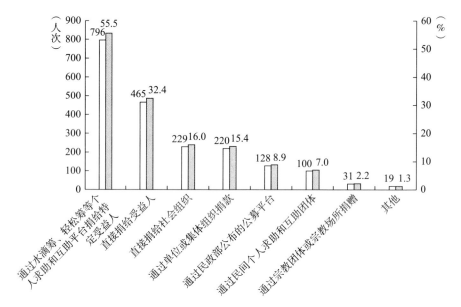

图 8 - 2　过去 12 个月主要的捐款方式（N = 1433）

表 8 - 3　过去 12 个月内是否向国际援助和发展项目捐款

选择	频率	百分比（%）
是	58	4.0
否	1315	91.8
不清楚	60	4.2
总计	1433	100.0

　　调查发现，在 10 分制的打分中，公众捐款者关于"对慈善组织发布的募捐信息的总体信任程度"的打分平均值为 6.56 分，关于"对慈善组织能够恰当使用捐款的总体信任程度"的打分平均值为 6.35 分。可见对公益组织还是有一定的信任。但在捐款后从不关注任何相关信息的人数最多，对受赠组织的运行状况的关注非常少。可见尽管信任，但个体捐助者对公益组织的关注度很低，并没有把公益组织当作一个需要重点考虑的捐款渠道（见表 8 - 4）。

表 8 - 4　捐款后信息关注情况

捐款后信息关注情况	响应人数（人）	响应百分比（%）	个案百分比（%）
关注所捐款项是否得到合理使用	295	17.3	20.6
关注受益人的状况是否得到改善	456	26.8	31.8
关注受赠组织的运行情况	97	5.7	6.8
是否收到受赠组织或受益人的感谢	108	6.3	7.5
其他	14	0.8	1.0
从不关注	732	43.0	51.1
总计	1702	100.0	118.8

（三）公众捐款者认为公益事业的主体应该是政府

调查发现，公众捐款者普遍认为政府应该在公益事业中肩负起更多的责任，政府有责任对有困难的人提供援助，有困难找政府，政府甚至可以代替公益组织。可见对于公众捐款者来说，公益事业更多的是政府的责任，而不是公益组织或个人的责任（见表 8 - 5）。公众捐款者对政府的心理依赖度较高，对公益组织和个人在公益事业中的地位和作用则赋值较低。

表 8 - 5　对问卷中以下提法的赞成度

题项	赞成度均值
政府理应对有困难的人提供援助	4.38
有困难应该找政府	3.99
政府可以代替公益慈善组织来帮助有需要的人	3.98
能够帮助到别人对我来说很重要	3.98
公益慈善组织在解决社会问题中发挥重要作用	3.98
多数公益慈善组织能够有效地使用善款	3.91
每个人都有义务帮助他人	3.84
遇到困难应该自己想办法解决	3.81
有困难的人们理应得到他人的帮助	3.78
大多数公益慈善组织是值得信任的	3.76

注：具体题项赋值见表 8 - 1。

（四）公众捐款者普遍不知道税收减免政策

调查发现，有 3/4 的人在捐款后并未获得税收减免，主要原因是其不了解税收减免的政策（见表 8-6、表 8-7）。公众捐款者并没有把捐款和税收减免政策联系起来。

表 8-6　捐款后税收减免情况

捐款后税收减免情况	调查人数	百分比（N = 4404）	有效百分比（N = 1433）
是	20	0.5%	1.4%
否	1078	24.5%	75.2%
不清楚	335	7.6%	23.4%

表 8-7　未获得税收减免的主要原因

未获得税收减免的主要原因	响应人数	响应百分比（%）	个案百分比（%）
不知道税收减免的政策	997	59.2	70.6
不了解具体申请税收减免的程序	315	18.7	22.3
申报程序太复杂，觉得麻烦	62	3.7	4.4
觉得献爱心没必要申请税收减免	184	10.9	13.0
不是捐给有免税资格的组织，无法申请免税	48	2.9	3.4
其他	78	4.6	5.5
合计	1684	100.0	119.2

综上，现代公益慈善理念在公众捐款者中认可度较低。大部分公众捐款者还秉承着不求回报的互助思想来进行捐赠，倾向于以尽量直接的方式将捐款交给受助人，而不是通过公益组织开展公益慈善活动，因捐款而获得税收减免的现象在现实生活中基本不存在。公众捐款者对公益事业主体的认识依然是政府，普遍没有意识到公益组织和个人在公益事业发展中的地位和作用。

四　现代公益慈善理念认可度与捐款行为和意愿的关系

从整体上看，公众捐款者对现代公益慈善理念有一定认可度，但在具体行为上遵循传统慈善理念。现代公益慈善理念是否对公众捐款者的行为和意愿产生影响，需要通过分析不同变量之间的关系得出。本研究将分析现代公益慈善理念认可度与样本其他因素的相互关系，进而回答这一问题。

（一）影响现代公益慈善理念认可度的经济社会因素

通过对现代公益慈善理念认可度和调查对象经济社会因素的相关分析可以发现，现代公益慈善理念与18岁以下子女数量、家庭总月收入、个人平均月收入呈负相关（见表8-8）。18岁以下子女数量越少、收入越低的公众捐款者对现代公益慈善理念的认可度反而越高。这些单因素的相关背后的原因，还需要进一步加以探究。

表8-8 现代公益慈善理念与经济社会因素的相关性

			18岁以下子女数量	个人平均月收入	家庭总月收入
斯皮尔曼 Rho	现代公益慈善 理念认可度	相关系数	-.045[*]	-.072[**]	-.076[**]
		Sig.（双尾）	.019	.000	.000
		N	2726	4404	4404

注：[*] 在0.05级别（双尾），相关性显著；[**] 在0.01级别（双尾），相关性显著。

（二）现代公益慈善理念对捐款行为的影响

调查发现，现代公益慈善理念认可度越高，捐款的可能性越大、频率越高，越会主动通过大众媒体和慈善组织网站等渠道搜寻求助和募款信息，越倾向于向社会组织捐款，越倾向于向扶贫与社区发展项目捐款，越会关注自己捐款所达到的效果，越乐于分享捐款的相关信息。

首先，调查发现，现代公益慈善理念的认可度与过去三年是否捐款（从来没有=1；捐过=2）、平均每年捐款多少次、过去12个月一共捐款多少次呈现正相关（见表8-9）。现代公益慈善理念认可度越高，捐款的频率就越高。

表 8 - 9　现代公益慈善理念认可度与捐款频率的相关性

			过去三年是否捐款	过去三年平均每年捐款次数	过去 12 个月捐款次数
斯皮尔曼 Rho	现代公益慈善理念认可度	相关系数	.155 **	.080 **	.122 **
		Sig.（双尾）	.000	.001	.000
		N	4404	1731	1731

注：** 在 0.01 级别（双尾），相关性显著。

其次，调查发现，现代公益慈善理念认可度与是否主动搜寻各类求助和募款信息具有相关性。由于是否主动搜寻求助和募款信息的变量数值越小，主动性越高（经常会 = 1；偶尔会 = 2；从不 = 3），所以现代公益慈善理念的认可度越高，则搜集信息的主动性越强。同时，现代公益慈善理念的认可度也决定了公众捐款者对信息渠道的选择，现代公益慈善理念认可度越高，越倾向于从大众媒体（广播、电视）和慈善组织网站、网络文章或视频中获取求助和募款信息，越不倾向于通过社交媒体（微博、微信转发或朋友圈分享信息）或家人或熟人口头介绍去获取求助和募款信息（见表 8 - 10）。可见现代公益慈善理念认可度越高，对求助和募款信息的真实性、准确性要求就越高，会主动通过公信力更高的媒体获取或求证信息。

表 8 - 10　现代公益慈善理念认可度与求助和募款信息来源的相关性

			现代公益慈善理念认可度
斯皮尔曼 Rho	是否主动搜寻各类求助和募款信息	相关系数	- .160 **
		Sig.（双尾）	.000
		N	1433
	过去 12 个月内，主要通过大众媒体获得求助和募款的信息	相关系数	.068 **
		Sig.（双尾）	.010
		N	1433
	过去 12 个月内，主要通过慈善组织网站、网络文章或视频获得求助和募款的信息	相关系数	.061 *
		Sig.（双尾）	.020
		N	1433

			现代公益慈善理念认可度
斯皮尔曼Rho	过去 12 个月内，主要通过社交媒体获得求助和募款的信息	相关系数	－ .058 *
		Sig.（双尾）	.029
		N	1433
	过去 12 个月内，主要通过家人或熟人口头介绍获得求助和募款的信息	相关系数	－ .068 *
		Sig.（双尾）	.010
		N	1433

注：** 在 0.01 级别（双尾），相关性显著；* 在 0.05 级别（双尾），相关性显著。

再次，调查发现，对现代公益慈善理念的认可度会影响对捐款方式和领域的选择（见表 8 － 11），现代公益慈善理念的认可度越高，越倾向于向社会组织（例如基金会、社会服务机构、社会团体）捐款，越不会向宗教团体或宗教场所（寺庙、基督教堂、清真寺、犹太教堂等）捐赠；越倾向于捐给扶贫与社区发展领域，越不倾向于捐给艺术文化领域。可见，现代公益慈善理念的认可度越高，公众捐款者越愿意捐给社会组织去运作真正解决社会问题的公益项目。

表 8 － 11　现代公益慈善理念认可度与捐款方式、领域的相关性

			现代公益慈善理念认可度
斯皮尔曼Rho	过去 12 个月内，捐款方式主要是直接捐给社会组织	相关系数	.084 **
		Sig.（双尾）	.002
		N	1433
	过去 12 个月内，捐款方式主要是通过宗教团体或宗教场所捐赠	相关系数	－ .112 **
		Sig.（双尾）	.000
		N	1433
	过去 12 个月内，主要捐款给艺术文化领域	相关系数	－ .063 *
		Sig.（双尾）	.016
		N	1433

续表

			现代公益慈善 理念认可度
斯皮尔曼 Rho	过去 12 个月内，主要捐款给扶贫与社区发展 领域	相关系数	.082**
		Sig.（双尾）	.002
		N	1433

注：** 在 0.01 级别（双尾），相关性显著；* 在 0.05 级别（双尾），相关性显著。

最后，调查发现，对现代公益慈善理念的认可度会影响公众捐款者捐款后的行为。现代公益慈善理念认可度越高，在捐款后越关注所捐款项是否得到合理使用、受益人状况是否得到改善、是否收到受赠组织或受益人的感谢。同时，现代公益慈善理念认可度越高，越愿意在捐款后通过各种途径分享相关信息（见表 8－12）。可见，现代公益慈善理念认可度越高，越在意每次捐赠是否取得实际效果，越乐于做公益慈善行为的推广者。

表 8－12　现代公益慈善理念认可度与捐赠后行为的相关性

			现代公益慈善 理念认可度
斯皮尔曼 Rho	关注所捐款项是否得到合理使用	相关系数	.113**
		Sig.（双尾）	.000
		N	1433
	关注受益人的状况是否得到改善	相关系数	.117**
		Sig.（双尾）	.000
		N	1433
	关注是否收到受赠组织或受益人的感谢	相关系数	.100**
		Sig.（双尾）	.000
		N	1433
	是否会分享给自己的家人	相关系数	.127**
		Sig.（双尾）	.000
		N	1433

			现代公益慈善理念认可度
斯皮尔曼Rho	是否会分享给自己的朋友	相关系数	.082 **
		Sig.（双尾）	.002
		N	1433
	是否会分享给陌生人	相关系数	.074 **
		Sig.（双尾）	.005
		N	1433
	在捐款后没有分享	相关系数	- .087 **
		Sig.（双尾）	.001
		N	1433

注:** 在 0.01 级别（双尾），相关性显著。

（三）现代公益慈善理念对捐款意愿的影响

调查发现，现代公益慈善理念认可度越高，对慈善组织、捐赠环境、自己捐赠行为的评价就越高，未来捐赠意愿越强，越愿意给国际援助和发展项目捐款，越关注现实社会问题的解决。

首先，现代公益慈善理念认可度与对慈善组织的评价、捐赠环境的评价、捐赠行为的评价、未来一年捐款意愿呈现正相关（见表 8 - 13）。现代公益慈善理念的认可度越高，对慈善组织越信任，对国内捐赠环境和自己捐赠行为的满意度越高，未来捐款意愿也越强。

表 8 - 13　现代公益慈善理念认可度与捐款评价、意愿的相关性

		现代公益慈善理念认可度
慈善组织发布的募捐信息的总体信任程度打分	皮尔逊相关性	.354 **
	Sig.（双尾）	.000
	个案数	4404
慈善组织能够恰当使用捐款的总体信任程度打分	皮尔逊相关性	.383 **
	Sig.（双尾）	.000
	个案数	4404

		现代公益慈善理念认可度
目前国内捐赠环境的满意度打分	皮尔逊相关性	.345 **
	Sig.（双尾）	.000
	个案数	4404
对自己捐赠行为的满意度打分	皮尔逊相关性	.252 **
	Sig.（双尾）	.000
	个案数	4404
未来一年捐款意愿打分	皮尔逊相关性	.306 **
	Sig.（双尾）	.000
	个案数	4404

注：** 在 0.01 级别（双尾），相关性显著。

其次，现代公益慈善理念认可度影响着未来向国际援助和发展项目捐款的意愿（见表 8 - 14）。由于该变量数值越低（很愿意 =1；比较愿意 =2；不清楚 =3；不太清楚 =4；不愿意 =5）则意愿越强，所以现代公益慈善理念认可度越高，未来向国际援助和发展项目捐款的意愿就越强。可见现代公益慈善理念认可度越高的公众捐款者，公益慈善的视野更为开阔，关心的不仅仅是身边及眼前的慈善项目，未来有一定的向国际援助和发展项目捐款的意愿。

表 8 - 14　现代公益慈善理念认可度与向国际援助和发展项目捐款意愿的相关性

			未来是否愿意给国际援助和发展项目捐款
斯皮尔曼 Rho	现代公益慈善理念认可度	相关系数	- .235 **
		Sig.（双尾）	.000
		N	4033

注：** 在 0.01 级别（双尾），相关性显著。

再次，现代公益慈善理念认可度还影响公众捐款者对未来捐款领域的选择，现代公益慈善理念认可度越高的公众捐款者，越乐于向医疗健康、扶贫与社区发展、公众倡导和体育活动领域捐款，其中对医疗健康、扶贫与社区发展领域捐款的意愿最为强烈（见表 8 - 15）。可以看出现代公益慈善理念认可度越高，公众捐款者越关注现实热点社会问题的解决。

表 8 – 15　现代公益慈善理念与未来捐款领域的相关性

			现代公益慈善 理念认可度
斯皮尔曼 Rho	未来更愿意捐款给医疗健康领域	相关系数	.069 **
		Sig.（双尾）	.000
		N	4404
	未来更愿意捐款给扶贫与社区发展领域	相关系数	.065 **
		Sig.（双尾）	.000
		N	4404
	未来更愿意捐款给公众倡导领域	相关系数	.037 *
		Sig.（双尾）	.013
		N	4404
	未来更愿意捐款给体育活动领域	相关系数	.032 *
		Sig.（双尾）	.033
		N	4404

注：** 在 0.01 级别（双尾），相关性显著；* 在 0.05 级别（双尾），相关性显著。

最后，现代公益慈善理念认可度还影响公众捐款者对未来捐款对象的选择，现代公益慈善理念认可度越高的公众捐款者，越倾向于向老年人、外来务工人员、流浪无着人员、儿童青少年捐款，其中对老年人、外来务工人员、流浪无着人员的捐款意愿更为强烈（见表 8 – 16），体现了现代公益慈善理念认可度越高的公众捐款者越会关注在现实生活中易于发现的亟须帮助的群体。

表 8 – 16　现代公益慈善理念与未来捐款对象的相关性

			现代公益慈善 理念认可度
斯皮尔曼 Rho	A14. 未来如果您要捐款，您更愿意捐款给哪些对象？—儿童青少年	相关系数	.034 *
		Sig.（双尾）	.029
		N	4033

			现代公益慈善 理念认可度
斯皮尔曼 Rho	A14. 未来如果您要捐款，您更愿意捐款给哪些 对象？—老年人	相关系数	.061 **
		Sig.（双尾）	.000
		N	4033
	A14. 未来如果您要捐款，您更愿意捐款给哪些 对象？—外来务工人员	相关系数	.048 **
		Sig.（双尾）	.002
		N	4033
	A14. 未来如果您要捐款，您更愿意捐款给哪些 对象？—流浪无着人员	相关系数	.042 **
		Sig.（双尾）	.007
		N	4033

注：** 在 0.01 级别（双尾），相关性显著；* 在 0.05 级别（双尾），相关性显著。

五　现代公益慈善理念对公众捐款行为的影响分析

从整体上看，公众捐款者基本认同现代公益慈善理念，但驱动捐款的主要原因还是传统的互助、救助理念。公众捐款者倾向于直接捐款给受助人，而不是捐给专业组织，对组织的认可度和信任度依然较低。公众捐款者普遍认为公益事业的主体应该是政府，既认识不到公益组织的作用，也没有树立起个人的社会责任意识。公众捐款者对税收减免政策的知晓度也较低，对公益慈善相关制度的理解依然存在较大不足。可以看出，大部分公众捐款者虽然是现代公益慈善理念的认同者，但不是秉持者，更不是践行者，现代公益慈善理念还远远没有到达中国公民的心中。

不过，从对具体样本的分析中可以发现，对现代公益慈善理念的认可度越高，捐款的频次就越高，同时捐款选择也更为科学和理性。现代公益慈善理念认可度越高，越会主动地从公信力较高的渠道获取求助和募款信息，越乐于向社会组织捐款，越倾向于捐给解决社会问题的公益项目，越关注捐款的实际效果，越乐于分享捐款行为。现代公益慈善理念也促使公众捐款者对捐赠环境、慈善组织有更高的评价，对自身捐款行为有更高的满意度，也更愿意向解决实际问题、针对需要帮助的群体的公益组织或项目捐款。现代公益慈善理念有助于公众捐款者在捐款行为上形成一种正向积极的循环，持续地为公益慈善贡献力量。

　　综上，在公众捐款者中树立社会责任意识，提升对社会组织的认同度，培育和推广现代公益慈善理念，既可以增加公众捐款数量，也可以提升公众捐款质量；既可以引导好目前的公众捐款流向，也可以提高未来的捐款意愿，对于中国公益慈善事业的良好发展具有重要意义。

典型案例研究

第九章　民间信仰驱动的本土慈善捐款

——以汕头市存心善堂为例

善堂是中国式慈善的典型缩影。明清至民初的善堂是传统善举和近现代慈善的重要过渡形式之一。严格来讲，这一过渡至今仍在继续，并将长期存在。审视其发展历程，从诞生之初，善堂中就保有中国传统善举的因子，尽管善堂不能代表中国传统善举的全部。此外，近代善堂中还有"慈善"① 在中西文化社会碰撞及清末乱世中的调试与转型②。同时，一些善堂于改革开放后逐步恢复活动并随时代发展而脉动，故也能在一定程度上折射出本土慈善嬗变的蹒跚之路。中国非营利组织虽已发展至 80 多万家，但至今仍活跃于民间且具有悠久历史的善堂并不多见，因此对其进行研究的重要性不言而喻。

在本案例中，我们将通过文献回顾和现场调研追溯存心善堂的古往今来，着力回答以下问题：（1）以存心善堂为代表的中国本土传统慈善捐赠，是否还有活力？其特征是怎样的？（2）存心善堂筹款的特征或者捐赠人的动机有哪些？（3）存心善堂是如何维护自身公信力的？

---

① 夫马进（2005）认为，"慈善"大约是 1895～1905 年随着红十字会在中国开展活动时从日本输入中国的词语。的确，在此之前，文献中频繁使用的是"义举""善举"等词语。至于汉语词典编纂者和历史研究者经常采纳《北史·崔光传》中"光宽和慈善，不忤于物，进退沉浮，自得而已"的"慈善"作为汉语中最早的合成词记录，但这里使用的"慈善"本意和现在我们所说的"慈善""慈善事业"几乎没有任何关系。需要补充交代的是，在术语的使用上，梁其姿在其《施善与教化——明清的慈善组织》一书中，使用未经严格定义的新词来统摄"旧的社会现象"，并将善堂、善会、慈善组织、慈善济贫组织等混用。在这一点上，夫马进比梁其姿要严谨得多。此外，一些文献中使用慈善组织一词，但实际上是官办福利或救济机构。本章均在民间意义上使用慈善一词。

② 梁其姿指出，19 世纪中期后，善堂一方面受到基督教慈善的影响，另一方面在传统救济功能之上增加了维持政治秩序的功能（梁其姿，2001：2）。

一 善堂的特征及其筹款

（一）善堂的特征

在 16 世纪末善堂出现之前，慈善活动的主要形式包括邻里之间以及宗教组织提供的善举、义行。前者系小范围的公众捐款和互助行为。公众可以是普通民众，也可以是官、绅、商。虽具有善举本体发生意义上的地位，但因其极为细碎，近代之前鲜有人研究，在西方也是如此；至于后者，宗教组织一直是善举的重要实施主体。在中国历史上，宗教力量时而勃兴，时而衰落，然始终居于世俗政权掌控之下。因此，宗教慈善有时繁盛，有时萧条，远不若欧美宗教慈善之发达。在讨论慈善文化与慈善史时，这是与西方社会的重要相异之处之一。

此外，还有三类需要慎重甄别的形式。首先是慈幼局、养济院等组织。其实，这类组织被称为官办慈善机构并不妥当，毋宁说是政府举办的社会保障事业之一部分。鳏寡孤独政策和荒政更是长期以来多由历届王朝政府所经营。此外，还有官民合作型的慈善行为，如官督民办等。当然，纯民间的善举毫无疑问属于慈善范畴。其次，义仓或社仓也常被有些学人奉为慈善之源。实际上，义仓有的属于官办，有的属于民办（瞿同祖，2005：266～267）。即使民办义仓，和同善仓等慈善组织的内容亦不相同，因为社仓和义仓更强调的是互助（夫马进，2005：80）。因此，简单将义仓等同于慈善组织也是值得商榷的。再次，家族或宗族内部的助人行为，如众所周知的义庄。义庄的主要目的是维系家族的生命与声望，并间之以救济和配合中央意识形态渗透进基层。更何况义庄只救济族中主要房的少数成员（梁其姿，2001：27～28）。此外，义庄和现代慈善多选择不特定人群为受益对象相比，具有明显的封闭性。严格地说，五服之内的助人行为很难被称为慈善，五服之外族亲之间的助人行为则两说。

上述五种与慈善相关的形式之发展史都远远早于善堂，而且这五种形式之间呈现中国文化式的弥散性和复杂性。小范围的邻里互助可能是义仓，或者族亲之间的帮助，但也可能不是；义庄是家族或宗族所建，但义仓可以是也可以不是；慈善是民间意义的，但也可以是官民合作型的；其他四种形式可以受宗教力量驱动，但很多时候并非如此。因此，善堂出现之后，带有复合型特征也就在所难免了。

第一，善堂多为绅和商等民间力量所举办，民众亦有相当程度的参与。这里的民间力量是针对实施主体而言，但其实践后果并不意味着属于私域。当然，因为缺乏权利基础，所以和西方公共领域等亦有所不同。此外，虽然历经国家权力的干预，但善堂始终被认为是民间善举而非官营设施（夫马进，2005：30）。值得注意的是，从明清至民国，并无功名的商人发挥着越来越重要的作用。

第二，善堂具有强烈的教化功能，救济对象的类分也有施善者道德的强烈附加。按照梁其姿的观点，和现代济贫活动按经济或法制理论予以规范不同，善堂的济贫"纯粹是为了维护一些社会文化上的价值，而不是基于经济理性的社会政策。而越往后期的善堂，它们的文化意义越明显：如救济寡妇的清节堂、助人积阴德的惜字会等，而且这类较晚出现的善堂最能表现出中国传统行善的特色"（梁其姿，2001：4）。可以说，救济功能是附着在教化功能之上的。而且，这种教化，是带有鲜明意识形态的说教，和西方亚里士多德式的道德伦理，尤其是启蒙时代之后的道德伦理差异甚殊。换言之，善堂的救济蒙上了浓厚的说教面纱，带有自由和正义色彩的伦理道德始终未能开显出来。

第三，善堂虽然多由非宗教的世俗地方精英所发起，但带有明显的儒释道三教合一色彩的民间信仰是符合弥散性宗教的特点。"生生"的观念、地方神祇的崇拜以及儒家理念都影响了中国人的慈善观念和行为，如放生、救生、积福田、因果报应等。比较而言，西方宗教慈善显然有着更多的超越性。

第四，善堂属于都市型组织，多位于大的经济中心，并在很大程度上摆脱了原籍地收养主义的限制，呈现超越宗族和狭小的基层地域限制之特点。这与经济社会变迁过程中乡居地主向城居地主的转换密不可分（夫马进，2005：155、161~162）。即使如此，我们也可以看到，这一转换并不彻底。因为，直到1921年广州市区从南海县分离出来之前，中国的"城市从未独立地以政区的面目出现，而从属于某一级具体的地域型政区"（周振鹤，2015：35）。从当前的文献研究可以发现，当前的善堂运作中依然突出地存在地域色彩，仅仅针对大的自然灾害才有简单回应。

第五，有不少学者将善堂视为地方自治之起点。但总的来说，善堂和地方自治的关系非常微弱。夫马进在批评善堂的"乡绅支配论"的同时，清醒地看到，上海同仁辅元堂仅仅是较为孤立的个案而已（夫马进，2005：601）。瞿同祖先生更是斩钉截铁地认为，在清代中国，"在州、县或组成州县的市镇、乡村，都没有自治"，"自治在城乡都是不存在的"（瞿同祖，2005：5、11）。甚至可以说，善堂从未发中国自由结社之先声。

第六，从善堂开展活动的内容来看，大多针对诸多弱势群体，而且缺乏专业化和项目化运作。也就是说，善堂试图通过加强对象和内容的丰富性以及情感道德的驱动来"解决"社会问题，而非西方近代慈善组织逐渐过渡到凭借专业化、科学化和理性化的途径。如果我们将1883年前后的杭州善举联合会和1886年的伦敦慈善组织协会进行比较，这一点尤为明显。前者即使结构再复杂，也仅仅表现为部门的扩张罢了。

总之，明末善堂善会虽然是新的民间结社现象，诞生伊始就超越了义庄等的狭小地域或血缘之限制，但由于缺乏现代权利观念和组织管理理念等，在组织性质上并未出现实质性跃升，也未生产出更大的公共性来。此外，由于缺乏权利和科学慈善的倡导，善堂乃至善堂联合体都没有发挥类似伦敦慈善协会的功能，也没有对大学、科技等领域的关注，也没有基督教的超越性和宗教改革后的正当性追求，而是带有强烈的儒释道合一的道德教化取向，救济功能仅具备辅助性质。善堂有一定的福利性质，但没有权利观就没有现代的福利观。这一点，梁其姿也提到："虽然自宋以来中国即出现了具规模的慈善机构，但是这个慈善的传统与近代西方迥然不同，中国的传统不可能产生以西方传统为基础的福利国家。"（梁其姿，2001：6）至于地方自治，善堂是无法承担这一历史重任的。善堂充其量是一种社会资本，难以产生化学作用。

善堂充其量只能说孕育了近代的慈善。可以说，善堂是在混合了中国朴素的善的观念、民间力量、俗世、民间信仰、地缘以及淡淡的血缘等的基础上，在特定历史时期形成的产物。在民国时期，由于西方慈善观念的影响，善堂的"善举"中越来越多地加入了现代内容。如关注职业教育、养教并重等（王卫平，2005：212～217；黄建圣、马宁，2008：67～71），"慈善事业"开始出现。但从"善举"到"慈善事业"的结社方式并没有什么差别（夫马进，2006：5）。也就是说，和伦敦慈善组织协会所倡导的新式社团的权利观、治理结构的民主性以及科学慈善标准等相比，善堂始终处于旧式社团的范畴。即使当前善堂引用了现代的项目管理理念，但旧的，也就是中国传统文化的烙印依然深深镌刻在其肌理之中。

（二）善堂的筹款

善堂的筹款和其上述特征之间应当逻辑自洽。由此推之，首先，善堂的民间属性决定了其筹款基本来自民间并用于民间。其次，和现代社团的项目运作方式相比，善堂善款的使用方式并不复杂。再次，更为重要的是，信仰是善堂获取善款的重要动力源泉（Lunn and Klay et al.，2001）。在传统善有善报信念及其社会表象的作用和驱使之下，民众捐赠的文化基础非常深厚，捐赠者数量众多，公众捐赠频繁，且捐款施散由心。由于特殊的海外联系，华侨及其团体等也是重要的捐赠者，尽管这种捐赠带有文化认同的内敛属性。此外，善款使用的监督成本低，因为其运作多由信仰而非法律制度约束。

如果将这一议题再延展开，还可以看到与善堂捐赠相关的下列特点。

第一，神圣和世俗难以剥离。捐赠者多为善男信女，其捐赠带有强烈的积德自利性，但客观上也有助于弱势群体困苦的纾解。弥散性特征的民间信仰，不仅作用于个体，还影响善堂的收入构成的复合性。例如，民国年间汕头存心善堂的经济收入来源就包括堂前捐助、社员年费、社员进社金、吉穴捐助、枢厝寄枢、法事供款捐助、各界捐助等（林悟殊，1997：85）。

第二，精神的长远安置与救生救急的统一。"生生"是贯穿善堂诞生、发展的主要理念之一。辩证地看来，这一观念追求积德与泽被子孙的长远。此外，救生救急是善堂产生之初的本职属性之一（夫马进，2005：134～140），也是善堂借以筹款的主要活动领域之一。与此相契合的是，善堂善款之使用更关注精神层面，而不过多强调善款发挥类似于公益链的长期影响力。不过，似乎可以肯定的是，注重慈善项目可持续性的理念来自西方，和善堂关注精神的长远安置无关。

第三，有差别和无差别共存。早期善堂非常重视受赠对象认同组织理念并符合其伦理要求，并刻意与墨子和佛教区别开来，以家族为中心挑选受赠者（夫马进，2005：110～111）。但实际上，善堂还是在很大程度上同时受到三教之影响，在差序格局中又融合了有限的普遍性。例如，善堂强调会员权利，并与会费挂钩，同时也强调救济对象的公众性和普遍性。例如，一些活动，如施粥等，并不强调受赠对象的差序特征。在后来受到基督教慈善影响之后，可能更强化了其对普遍性的追求。

第四，捐款和投资兼有的筹款策略。对善堂的捐赠人而言，捐款体现更多的是一种精神的追求，索取受赠人的任何回报都毫无必要。考虑到善堂无法完全依靠捐款开展经营，还会进行投资获取利润。善堂多位于江南经济社会发达的中心城市，加之领导者多为热心的商人，所以做到这一点并非难事。

第五，经过近代转变后，扶危济困的传统领域和教育、医疗等现代领域都是善堂筹款和运作善款的重要方向。但可以说，即使在现代领域，依然在很大程度上保持了既有传统的理念和风格。

第六，在捐款方式上，今天的筹款手段，很多在善堂的筹款中都能看到雏形。有会员捐赠，还有善堂人员登门劝募，也有（海外）民众主动捐款（林悟殊，1997：83）。捐赠方式有例捐、年捐，还有相当比例的田租、房租、利息和附商收息（王琴、周锐，2010：30）。民间月捐也不乏其例（岑大利，1998：83）。此外，还有现场募款，如同仁辅元堂的桶捐法（朱浒，2005：39）

从笔者掌握的文献来看，在资金研究方面，有一些关于征信录的成果，但对善堂筹款及其运作的细致研究极少。接下来，我们将对非常典型的汕头存心善堂案例进行研究，重点考察中国本土慈善组织近年来的筹款活动，或许这家历经百年沧桑的组织可以给我们以重要启迪。

二　汕头存心善堂案例研究

有研究称，仅21世纪初潮州善堂就陆续恢复了300多座（石中坚，2006：22）。也有统计说明，截至2004年，仅登记备案的和平报德古堂系属的善堂就达229座（徐苑，2006）。本研究中的存心善堂，是众多善堂中历

史最为悠久、影响最为深广、规模最为庞大的善堂之一。为了更好地了解
存心善堂，我们先从历史沿革和组织变迁入手，通过分阶段大事记的方式
来呈现其古颜与今貌。

（一）组织诞生至新中国成立时期的发展

存心善堂创于清光绪二十五年（公元 1899 年），在潮汕大地是家喻户
晓的一所民间慈善组织。当时，海内外各大贤达和潮汕本埠各大商贾共同
商议，在汕头市外马路筹建潮汕存心善堂，政府批准并拨地 25000 平方
米，社会各界亦慷慨解囊。存心善堂于清光绪二十七年落成，以救生恤
死、扶贫济困为宗旨，大力弘扬善举，得到了当时政府和海内外各界的好
评和肯定[①]。

民国期间，由于军阀混战，天灾人祸横行，瘟疫滋生，民众苦不堪言，
特别是 1939 年汕头沦陷之后，适逢潮汕三年大饥荒，尸横遍野，惨不忍睹。
汕头存心善堂在海内外各慈善团体和各爱国热心人士的鼎力支持下，先后
成立了存心水龙局、存心医院、存心儿童教养院、存心学校、存心施粥局、
存心掩埋队、存心救护队、存心义山等一系列救助机构，赈济饥民，救活
救护难民无数，收埋无主难民尸骸，特别是存心学校和存心儿童教养院收
养爱国抗日烈士遗孤和国难孤儿甚多。

（二）中断与蛰伏（1951～1993 年）

1951～1993 年是存心善堂的中断和蛰伏期。1951 年，汕头市人民政府
宣布接管存心善堂，存心善堂停止一切活动。翌年，存心学校、善堂陆续
被教育局和民政局接管。1966 年起，存心善堂遭到巨大破坏，嵌瓷、石碑、
泥塑等悉数被毁，但堂上的花雕、花牙以及墙上的四块石刻被善堂信众以
外表糊泥的方式保存了下来。此后的十余年，存心善堂处于关闭状态。1988
年 8 月"汕头存心校友会"成立，1989 年 2 月"存心学校"举行揭牌仪式，
这为存心善堂的活动恢复做了铺垫。

---

① 现保存的清政府澄海县颁发的一块嘉奖碑文说明了这一点。

（三）清理整顿（1994～2000年）

经汕头市人民政府批准，存心善堂于1994年5月重新恢复并在接下来的两年中开展了几次影响力较大的活动。

首先，1995年11月24日，存心善堂翁丁杰会长等5人，带着4万元现金、1万件衣服、700条毛毯、700袋面粉，在中宣部驻陕西省耀县扶贫小组组长刘伟忠（耀县县委副书记）、副县长刘沛创的陪同下到陕西省耀县稠桑乡北羔村扶贫。此为存心善堂恢复后的第一次大型扶贫活动。1996年1月5日，陕西耀县报发表《汕头存心善堂事迹》一文，记录了此事。

其次，1995年11月，张无忌在《世界日报》上发表《华侨报社善堂与存心善堂——兼向汕头人民政府建言》一文，呼吁倡导民间慈善、分配社会财富，此文先后在《京华日报》《时代周刊》《星暹日报》等东南亚媒体转载，为后来海外善堂信众回访传递了强烈信号。1996年4月，泰国南邦华侨徐位伦代转10万泰铢捐给汕头存心善堂，以报50多年前存心善堂为其父义务殓葬之恩。

最后，1996年4月23日、24日、25日连续三天，存心善堂举办隆重的开光典礼，泰华善信组团回国观礼。

不过，在短暂的恢复后，存心善堂再次暂停活动，进入清理整顿阶段。1998年6月，由汕头市民政局召集原善堂工作人员召开工作会议，对原善堂财务进行清理。之后，经汕头市民政局和汕头慈善总会批准，由原善堂工作人员成立新的"汕头存心善堂理事会筹备组"。次年底，存心善堂新堂址得以筹划建设，善堂发展迎来一个新的开端。

（四）快速发展（2001年至今）

2001年存心善堂并入汕头慈善总会后，正式获得合法活动资格。此后，在当地政府的支持下，存心善堂在接受社会捐赠、开展慈善救助、恢复实体机构等方面发展迅速。

1. 中央和地方政府的肯定与支持

从存心善堂的发展历程看，政府的认可与支持对其发展具有至关重要的作用。2001年是存心善堂获得政府认可的转折。此后，无论是地方政府还是中央政府，都开始进一步关注善堂发展并予以支持。

第一，汕头市委市政府的支持不断提升。2001 年 2 月，经汕头市民政局批准，汕头存心善堂被列为汕头慈善总会下属分支机构，名曰：汕头慈善总会存心善堂福利会。2009 年，以汕头存心慈善会为名独立登记并使用至今。这解决了善堂法律上的合法身份问题。2003 年 9 月 23 日，存心善堂在乌桥北海旁直街举行成立揭牌、授印庆典，市区各有关领导莅会，进一步彰显了政府的认可。次年初，市政府召开会议，研究将外马路存心善堂旧址归还给存心善堂等问题，统战部、民政局、宗教局、文化局、市慈善总会和存心善堂参会，开始着手解决存心善堂的办公服务场地问题。后来，汕头市委市政府领导多次到存心善堂调研视察工作，并肯定了存心善堂这一具有百年历史的慈善品牌。

此外，汕头市委市政府还向存心善堂及相关个人颁发了若干荣誉称号，比如汕头慈善奖（2009 年）、广东省扶残助残先进个人（2009 年）、汕头市道德模范（2012 年）、汕头好人（2017 年）。同时，存心善堂还于 2013 年和 2019 年分别被评为汕头市 5A 级社会组织。

第二，广东省委省政府及相关部门的肯定。除了汕头市政府，广东省委省政府的关注度也逐年提升。2012 年 6 月 30 日，广东省委省政府在广州举行 2012 年广东扶贫济困日活动启动仪式，时任中央政治局委员、广东省委书记汪洋接见该会会长蔡木通，汕头存心慈善会被评为"2011 年度扶贫济困优秀团队"。2013 年 12 月，存心慈善会被列为省社会创新试点项目。除了省委省政府，省民政厅、消防总队也有领导多次来存心善堂调研并对其工作给予了高度肯定。

第三，中央政府及相关部委的关注与肯定。随着存心善堂社会影响力的增强，民政部也组织相关司局赴汕头调研。如，2017 年 7 月，民政部社会组织管理局副局长安宁到存心善堂调研，对存心慈善会所做出的社会工作给予高度的肯定和赞扬。除了调研，存心善堂还获得了一系列中央政府和民政部授予的荣誉。2008 年底，存心善堂荣获"中华爱国先进示范单位"称号。蔡木通会长荣获民政部颁发的"全国优秀慈善工作者"称号，国家颁发"中华爱国先进模范个人"称号。

2. 募捐金额快速提高

自重新获得合法活动资格以后，存心善堂的慈善募捐和社会服务同步进行。慈善收入在 2004 年是 280 万元，到 2017 年已达到了 4500 余万元，累计约为 1.82 亿元。2019 年 7 月，存心慈善会获得汕头市民办社会慈善组织认证，具备了公开募捐资格，为今后进一步吸纳社会善款奠定了基础。

3. 逐渐恢复和建立实体服务机构

恢复和建立实体机构是存心善堂开展社会服务的主要载体，包括两个方面：一是恢复中断之前服务弱势群体的机构，如医院、养老院、残疾人照护机构等；二是建立新的实体，比如外派办事机构以及各地的存心善堂义工队。

首先，存心善堂在近 15 年间恢复了十余家实体服务机构。最早恢复的是念佛社（2004 年），然后是存心善堂（2004 年），再后是存心慈善医院（2005 年）、爱心养老服务中心（2006 年建立、2008 年拓展）、爱心免费快餐厅（2006 年）、文武学校（2008 年）、存心特教学校（2009 年）、存心陵园（2010 年）、存心残疾人工疗站（2010 年）、存心安养院（2013 年）、存心安老庇护院（2013 年）、慈善超市（2014 年）……

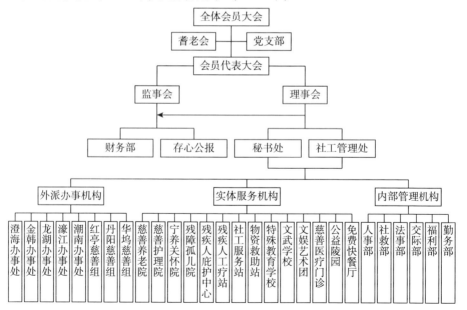

图 9-1 存心善堂组织管理结构（来自存心慈善会官网）

其次，存心善堂成立了一些新的服务机构，比如外派办事机构以及各地的存心善堂义工队。最早是2007年，存心善堂与汕大工学院团委青联联合成立"汕大存心义工队"，后来在澄海、濠江、龙湖、潮南等地成立了办事处并建立了义工队。截至2019年6月，存心善堂共有义工队330支[①]，共有登记在册义工5876人。

这些队伍，多数都是乡镇居民自发成立的义工组织，有的已经有了较为完备的组织治理架构（见图9-2）。后来，他们加入了存心善堂这个大家庭，一方面是为了共享"存心"品牌，提升自身的公信力，另一方面是为了获取一个开展慈善活动（尤其是资金募集）的合法身份。他们平时筹集款物并为当地弱势群体服务，灾害救援（如台风、洪灾等）时，又发挥民间救援的作用。

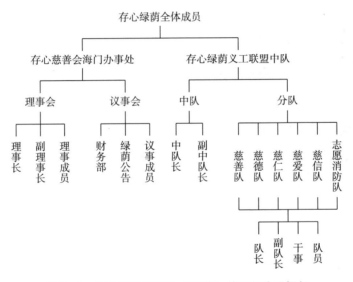

图9-2　存心海门义工队（绿荫）的组织治理框架

当然，并非所有的义工队都加入了存心善堂，有的加入了"蓝天救援队"或者"狮子会"这两个同样在当地具有较高公信度和较大影响力的大型组织。此外，还有一些草根志愿组织依旧保持完全自主自发的形式，在

[①] 截止到2019年6月底，存心善堂有330支义工队。2019年8月初，存心善堂又进行了一次整顿，清理注销了80家，现存义工队250家。

规范性和公信度上相对较弱。

4. 外来参访逐年增加

自存心善堂恢复活动以来，随着其社会影响力的不断提升，国内外机构或个人的来访量也逐年增加。

首先，国内机构的参访活动，除了政府调研视察之外，更多是研究机构的调查走访，比如中山大学、厦门大学、中国社会科学院世界宗教研究所、北京师范大学等。其次，境外参访机构以东南亚民间社团为主，也有日本、德国和法国的学者前来拜访。

5. 党建工作开始加强

自党的十八大以来，政府对社会组织党建的重视程度与日俱增，并要求新成立的社会组织将此相关内容写入机构章程。在此背景下，2012 年 12 月，存心善堂成立中共汕头存心慈善会党支部，现共有党员 200 多名。除了组织建设之外，由党支部牵头，发挥自身优势，在一些重要节点开展志愿服务。

三　近年来资金科目及善款收支分析

从组织结构来看，除了本部之外，存心善堂还有一批义工队在开展面向社会的善款募集工作。下面，分为两个部分对其资金科目和善款收支做展示与分析。

（一）　存心善堂收支情况

1. 善款收入

（1）历年的善款总收入及结构

存心善堂的善款总收入包括社会捐赠收入、政府补助收入和其他收入。2009 年 7 月至 2017 年，存心善堂（总堂）的善款总收入呈上升趋势，其中善款主要来源于社会捐赠收入（两线基本重合，见图 9 - 3）。其中，2017 年度的善款总收入增长最为明显，从 2016 年的 26473283.90 元增加到 2017 年的 47547614.32 元，主要是由于社会捐赠收入（定向捐赠收入）突增明显，由 2016 年的 26460130.49 元增加到 2017 年的 45277654.50 元。

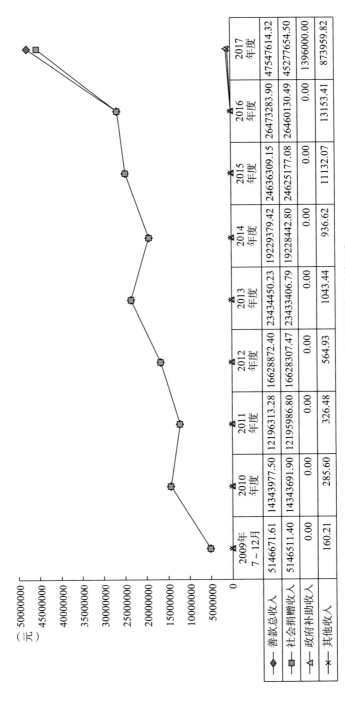

	2009年7~12月	2010年度	2011年度	2012年度	2013年度	2014年度	2015年度	2016年度	2017年度
善款总收入	5146671.61	14343977.50	12196313.28	16628872.40	23434450.23	19229379.42	24636309.15	26473283.90	47547614.32
社会捐赠收入	5146511.40	14343691.90	12195986.80	16628307.47	23433406.79	19228442.80	24625177.08	26460130.49	45277654.50
政府补助收入	0.00	0.00	0.00	0.00	0.00	0.00	0.00	0.00	1396000.00
其他收入	160.21	285.60	326.48	564.93	1043.44	936.62	11132.07	13153.41	873959.82

图 9 - 3　2009～2017年善款总收入及其组成

直到 2017 年才开始有政府补助收入，为 1396000 元，在 2017 年度善款总收入中占比为 2.94%（见图 9-4）。

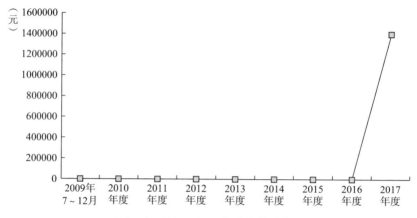

图 9-4　2009~2017 年政府补助收入

其他收入，整体呈上升趋势，其中 2009 年至 2016 年的其他收入均来自存款利息收入（两线完全重合）。其他收入也是在 2017 年才有了明显的提升，从 2016 年的 13153.41 元增加到 2017 年的 873959.82 元（见图 9-5）。

图 9-5　2009~2017 年善款总收入中其他收入及其组成

（2）历年社会捐赠收入及结构

根据存心善堂的财务统计报表，其社会捐赠收入的主要来源有：敬佛、师活动收入；捐赠善款收入；定向捐赠收入（主要是存心筹）和香油箱收入[①]。

2009 年至 2017 年善堂的社会捐赠收入呈上升趋势，其中 2017 年度的社会捐赠收入增长明显，增幅为 20973505.60 元，主要是由于 2017 年度的定向捐赠收入突增（见图 9-6）。

敬佛（师）活动收入、香油箱收入虽然有增长趋势，但增长幅度没有定向捐赠那么大。捐赠善款收入和定向捐赠收入是社会捐赠的主要构成部分。

值得注意的是，定向捐赠（主要是存心筹）除了明显拉高了捐赠总量之外，在"分流"其他善款收入总量上的效应也较为明显（如图 9-7 所示）。定向捐赠中绝大多数善款来源是存心筹。所谓"存心筹"是存心善堂和"轻松筹"平台合作的一种互联网众筹，其实质就是"轻松筹"。当我们将定向捐赠（存心筹）从社会捐赠中剥离出来，然后重新看历年各类捐赠的数量变化，可以清晰地发现自从"存心筹"2016 年出现以来，除了敬佛、师活动收入之外，其他收入都明显下降。如果继续追踪，下降趋势的轨迹可能更加清晰。

2. 善款支出

（1）历年善款总支出及其结构

2009 年 7～12 月至 2017 年善款总支出呈上升趋势。2017 年上升明显，从 2016 年的 27598983.11 元迅速上升到 2017 年的 46700229.61 元，其主要原因是社会捐赠支出突增，从 2016 年的 20361760.37 元增加到 2017 年的 44236154.44 元。其他支出基本是稳中有升，不过在 2017 年有所下滑（见图 9-8）。

[①]　在本研究中，我们对社会捐赠的定义主要是第二部分（捐赠善款收入），但基于中国本土传统习惯的捐赠认知，以及为了更全面地展示其善款收入情况，我们沿用存心善堂财务报告中的分类。

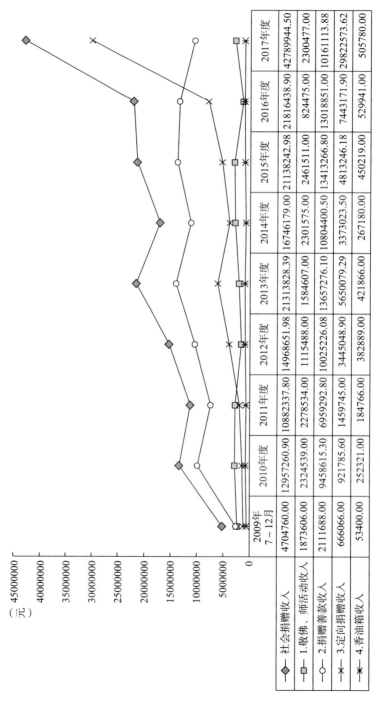

图 9-6 **2009~2017年社会捐赠收入及其组成**

	2009年7~12月	2010年度	2011年度	2012年度	2013年度	2014年度	2015年度	2016年度	2017年度
社会捐赠收入	4704760.00	12957260.90	10882337.80	14968651.98	21313828.39	16746179.00	21138242.98	21816438.90	42789944.50
1.敬佛、师活动收入	1873606.00	2324539.00	2278534.00	1115488.00	1584607.00	23015575.00	2461511.00	824475.00	2300477.00
2.捐赠善款收入	2111688.00	9458615.30	6959292.80	10025226.08	13657276.10	10804400.50	13413266.80	13018851.00	10161113.88
3.定向捐赠收入	666066.00	921785.60	1459745.00	3445048.90	5650079.29	3373023.50	4813246.18	7443171.90	29822573.62
4.香油箱收入	53400.00	252321.00	184766.00	382889.00	421866.00	267180.00	450219.00	529941.00	505780.00

（元）

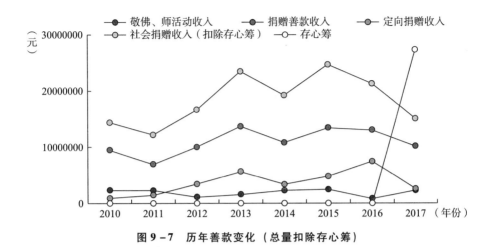

图 9 - 7　历年善款变化（总量扣除存心筹）

（2）历年社会捐赠支出及其结构

社会捐赠支出，主要包含八个方面：一是敬佛、师活动支出；二是救助社困；三是捐助社会公益项目；四是助学（教）；五是收殓；六是基建维修；七是设备购置（房产）；八是其他支出。

2009 年至 2017 年，社会捐赠支出整体呈上升趋势，其中 2017 年度支出突增，从 2016 年的 20361760.37 元增加到 2017 年的 44236154.44 元，主要是由于救助社会困难群众支出增加明显，从 2016 年的 5070052.70 元增加到 2017 年的 29973453.86 元（见图 9 - 9）。

（3）办公管理等费用支出

存心善堂的办公管理等成本包括六个方面：一是办公费；二是水电费；三是文宣活动费；四是劳务补贴；五是民俗支出；六是其他费用。2009 年至 2016 年，办公管理等费用的支出呈上升趋势，2017 年突减，从 2016 年的 7237222.74 元锐减到 2017 年的 2464075.17 元，其他各项均减少（见图 9 - 10）。

3. 善款结余

从历年变化来看，2009 年至 2017 年，存心善堂的善款收支结余呈波浪式浮动，且结余差逐年增大。虽然某些年份有盈余，但总体上结余为 -5539681.93 元，即超支约 554 万元（如图 9 - 11 所示）。

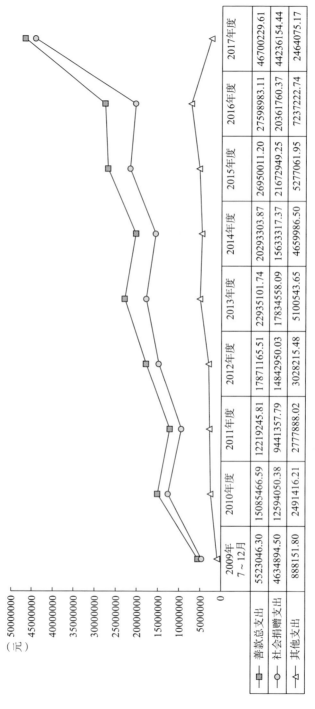

	2009年7~12月	2010年度	2011年度	2012年度	2013年度	2014年度	2015年度	2016年度	2017年度
善款总支出	5523046.30	15085466.59	12219245.81	17871165.51	22935101.74	20293303.87	26950011.20	27598983.11	46700229.61
社会捐赠支出	4634894.50	12594050.38	9441357.79	14842950.03	17834558.09	15633317.37	21672949.25	20361760.37	44236154.44
其他支出	888151.80	2491416.21	2777888.02	3028215.48	5100543.65	4659986.50	5277061.95	7237222.74	2464075.17

图9–8 2009~2017年善款总支出及其组成

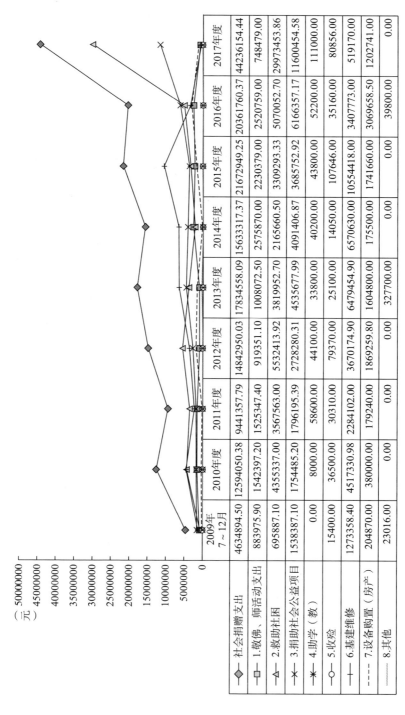

	2009年7~12月	2010年度	2011年度	2012年度	2013年度	2014年度	2015年度	2016年度	2017年度
社会捐赠支出	4634894.50	12594050.38	9441357.79	14842950.03	17834558.09	15633317.37	21672949.25	20361760.37	44236154.44
1.敬佛、师活动支出	883975.90	1542397.20	1525347.40	919351.10	1008072.50	2575870.00	2230379.00	2520759.00	748479.00
2.救助社困	695887.10	4355337.00	3567563.00	5532413.92	3819952.70	2165660.50	3309293.33	5070052.70	29973453.86
3.捐助社会公益项目	1538387.10	1754485.20	1796195.39	2728280.31	4535677.99	4091406.87	3685752.92	6166357.17	11600454.58
4.助学(教)	0.00	8000.00	58600.00	44100.00	33800.00	40200.00	43800.00	52200.00	111000.00
5.收殓	15400.00	36500.00	30310.00	79370.00	25100.00	14050.00	107646.00	35160.00	80856.00
6.基建维修	1273358.40	4517330.98	2284102.00	3670174.90	6479454.90	6570630.00	10554418.00	3407773.00	519170.00
7.设备购置(房产)	204870.00	380000.00	179240.00	1869259.80	1604800.00	175500.00	1741660.00	3069658.50	1202741.00
8.其他	23016.00	0.00	0.00	0.00	327700.00	0.00	0.00	39800.00	0.00

图 9 - 9 2009~2017年社会捐赠支出及其组成

161

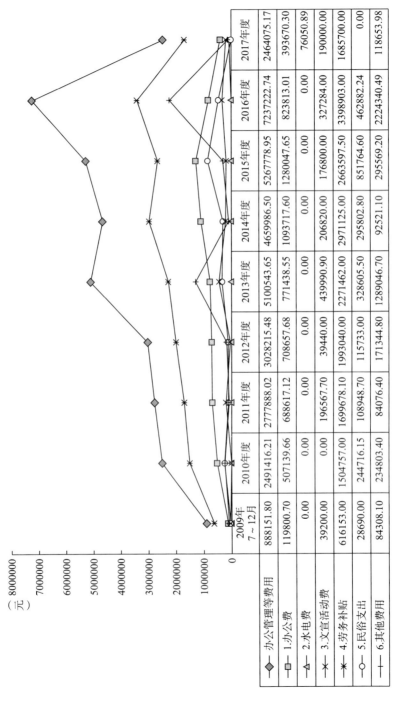

	2009年7~12月	2010年度	2011年度	2012年度	2013年度	2014年度	2015年度	2016年度	2017年度
办公管理等费用	888151.80	2491416.21	2777888.02	3028215.48	5100543.65	4659986.50	5267778.95	7237222.74	2464075.17
1.办公费	119800.70	507139.66	688617.12	708657.68	771438.55	1093717.60	1280047.65	823813.01	393670.30
2.水电费	0.00	0.00	0.00	0.00	0.00	0.00	0.00	0.00	76050.89
3.文宣活动费	39200.00	0.00	196567.70	39440.00	439990.90	206820.00	176800.00	327284.00	190000.00
4.劳务补贴	616153.00	1504757.00	1699678.10	1993040.00	2271462.00	2971125.00	2663597.50	3398903.00	1685700.00
5.民俗支出	28690.00	244716.15	108948.70	115733.00	328605.50	295802.80	851764.60	46882.24	0.00
6.其他费用	84308.10	234803.40	84076.40	171344.80	1289046.70	92521.10	295569.20	2224340.49	118653.98

图9-10 2009~2017年办公管理等支出及其组成

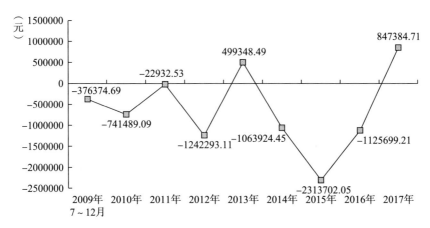

图 9-11　2009～2017 年善款收支结余

（二）存心义工队收支情况

除了存心善堂本部之外，各乡镇的存心义工队也通过"日捐"和"众筹"等方式募集善款。各义工队通过日捐（随喜）募集的善款，不进入存心善堂的总盘子，而是由义工队志愿财务人员统一保存，然后通过现金或购买物资的形式派发给本区域的困难群体。除了扶危助困外，日捐资金中还有一小部分用于佛事活动，如佛诞参拜、佛像修缮等。

由于社会影响力、团队执行力等诸多因素的影响，存心义工队的募款能力也不尽相同。比如，我们走访了三家义工队，其中两家提供了部分募捐的记录，下面以相对更为详尽的一家义工队为例进行展示。

表 9-1 是存心海门（绿荫）义工队 2019 年 1～5 月的善款收支记录，其中每月的日捐量在 1.2 万～1.5 万元，总额约为 6.6 万元。此外，除了日捐，还通过各种渠道筹集社会资源合计 5.1 万余元。在支出方面，用于精准扶贫约 4.38 万元，求医救助为 0.6 万元，佛事相关为 0.61 万元。

另根据存心海门（绿荫）义工队提供的数据，2015 年至 2016 年，从日善群共计捐出约 22 万元，发起募捐累计捐出 30 多万元；2018 年全年共募集善款（不含网络大病众筹）21.6708 万元；2015 年底到 2018 年底，发起的网络大病众筹累计筹集善款超过 300 万元。遗憾的是，这些都是较为粗略的统计，更加详细的按月、按日的捐赠数据已难以找到。

表 9-1 存心海门（绿荫）义工队 2019 年 1~5 月善款收支情况

单位：元

月份	收入		支出		
	日捐	另外筹集	精准扶贫	佛事相关	求医救助
2019 年 5 月	12035	6940	6967	300	6000
2019 年 4 月	12494	16500	5650	2000	0
2019 年 3 月	12972	0	4100	0	0
2019 年 2 月	13811	0	17400	0	0
2019 年 1 月	14683	27708	9700	3800	0
合计	65995	51148	43817	6100	6000

群聊的聊天记录

80: 好人一生平安￥2
81:石家灿￥10
82:林巧珍￥2
83:老三￥10
84:傻蕃￥8
85:葫芦娃￥1
86:晓云￥2
87:晓雄￥2
88: 熔喆￥2
89:加武￥5
90:凤英￥2
91:辉舟￥2
92:容￥2
93:妙世￥1
94:盛明和￥2
95:林爱花￥2
96:毛毛￥5

合计：￥274元
🌷 以上明细请核对，如有错漏，烦请告知修改。
🌷 请各善友群昵称务必简短，4字以内为宜，便于录写。
🌷 请大家发善包时，备注上金额，方便录入（不发角、分）。
🌷 邀请新成员之前请务必先告知群规细则，感恩！
🌷 与人方便亦是善！感恩大家坚持日行①善！

图 9-12 存心海门（绿荫）义工队日捐微信群每日公示

存心海门（绿荫）义工队是实力较强的义工队之一。由于筹集的善款并没有经存心善堂统一管理，所以难以统计整个义工团队的年募款量。但按照整顿前 330 支队伍的规模，资金总量估计可超千万元。

（三）筹款方式和渠道

存心善堂的善款筹集，除了数量快速增长之外，方式和渠道也较为多元。从筹款方式来看，既有传统的线下筹款方式，也有现代的互联网筹款，而且后者的发展非常迅速；从筹款渠道来看，既有以世俗的慈善机构为载体的情形，也有以宗教机构为依托的情形；从筹款地域来看，既有来自国内的捐款，也有来自海外的捐款。由于大量东南亚侨胞的存在，善堂海外募款的潜力还有很大挖掘空间；从筹款主体来看，既有个人捐赠，也有企业捐赠，个人捐赠的数量令人印象深刻；此外，筹集善款的用途也不限于现金救助，依托实体机构的公益服务也占了很大的体量。

四　善堂筹款的研究和分析

（一）捐赠人的动机

在存心善堂的筹款格局中，捐赠人的动机非常多元。

1. 神圣和世俗的融合

无论是从存心善堂还是从各义工队来看，都带有较为明显的民间信仰色彩。

存心善堂于 1899 年成立的念佛社，1949 年后曾一度中断活动，于 2001 年善堂恢复活动后又立即被重设。据《存心堂务》记载，潮汕地区及海外的善堂是为弘扬宋朝高僧大峰祖师之善举而创立的民间慈善机构，并以此为法脉缘起。存心善堂现任理事长蔡木通先生亦是大峰一脉存心第四代（慧）字辈法传弟子。与此同时，存心善堂善款开支中，也有一项重要的活动——佛事活动。除了存心善堂本部，在走访的三家义工队中，有两家亦展示出较为明显的宗教信仰色彩。一家将观世音菩萨像悬挂于办公室，一家在善款开支中有明确的敬佛供佛的列支；同时，两家负责人的微信朋友圈中亦有不少与宗教活动相关的信息分享。

在潮汕地区，民间神祇众多，如双忠圣王、三山国王、福德老爷、地主老爷、妈祖、财神爷、五谷母、公婆神、玉皇大帝、珍珠娘娘、寿星公、观音、如来、伯公、虱母仙、何仙姑、太白金星、文天祥、关公爷、将军爷、狮爷公、塔神、树神等。潮汕地区民众乐善好施，与民间信仰之教化关系紧密。这与世界其他宗教信仰兴盛地区的情况一致（Schervish and Havens，1997）。但存心善堂并未将善举局限于信徒，而是动员一切向善的力量参与进来。于是，世俗公众也有了捐赠款物、奉献爱心、关注弱势的渠道。因而，从有无宗教信仰的角度来看，善堂捐款者的动机是宗教和世俗的融合。

2. 自利和利他的融合

研究表明，社会捐赠行为通常会包含功利主义的成分（Qian and Abdur Razzaque et al.，2007）。在存心善堂，正是不少捐款本身带有强烈的宗教动机，所以积功德的自利性较为明显。这里的自利分为两个方面：一种是功利性的捐款，即向诸佛菩萨捐赠款物以期获得对自身或家人的世俗福祉的庇佑，比如身体健康、出入平安、事业有成、赚钱发财等（Lai，2005）；另一种是通过捐款以期获得超越世俗利益的信仰上的功德，以践行神明的意旨、获得更高境界的修成。除此之外，我们亦看到有工商个体和公司法人予以较公众更大额度的捐款，其中也不乏通过捐款以提升自身美誉度和社会（区）地位的动机。

除了利己之外，利他动机也不容小觑。存心善堂及其义工队所服务的对象，往往是当地最弱势的人群，比如大病贫困者、贫困智（精）残者、孤儿、贫困孤寡老人、无家可归者、无名逝者等。这些弱势群体的悲惨境遇容易激发绝大多数公众的恻隐之心。

3. 特殊与普遍关系的融合

如前文所述，早期善堂非常重视受赠对象认同组织理念并符合其伦理要求，并刻意与墨子和佛教区别开来，多以家族为中心挑选受赠者，比如诸多以姓氏为名称的善堂或祠堂。这种情形保持至今。比如，在调研中，一位肖姓工程师在当地所在的家族就建立了肖氏家族的日捐群，所集善款主要用于对肖姓弱势族员的帮扶。不过，这位肖姓工程师同时也是存心善堂的"铁杆"义工，也长期向善堂捐款。在这里，善款使用范围较为广阔，用于潮汕地区的弱势群体。《存心善堂堂务》记载，存心善堂堂徽"中央以抽象正方形的几何状心形组成，体现人人平等，以公平、公开、公正为准则，以无国界、无肤色、无宗教、无信仰、无意识之分为原则"。因此，无论是肖姓工程师这样的捐款者，还是普通民间信仰者，其基于特殊关系的捐款和更具超越含义的普遍关系的捐款，可在同一个人身上得以融合。

（二）公信力

1. 公开透明的做法

2011年，"郭美美事件"给中国慈善行业的公信力带来巨大冲击。2012年，存心善堂接受记者专访，明确提出了"财务公开：存心慈善会的生命线"的理念，阐明了善堂公开透明的具体做法。

（1）财务公开是存心善堂的传统。存心善堂从1899年创立之始就注重财务信息公开，从善堂遗留的几本40年代《存心善堂堂务报告》中可以发现，财务报告（收支情况）和征信录（各界捐题钱物芳名录）的内容占了绝大部分篇幅，这说明账务公开是百年存心取信于民的重要手段。

（2）严格完整的财务制度。自2001年恢复活动以来，存心善堂制定了一套严格完整的财务制度。如每张单据需有"经手""验收""财务""领导"4人签名。每笔开支的审批权限，在2000元以下可由会长审批，2000元以上要通过理事会讨论批准方可报销；采购物资要货比三家，并由物业部统一采购；所有社会的捐钱捐物都要开具正式的三联发票，加盖公章和各负责人私章；财务部门每月需定期向理事会上报财务开支情况，并在每年的堂务总结中向社会公布；等等。此外，年终的财务报告还经会计师事务所审核和审计局审计，以保证其准确性和权威性。

（3）多个渠道公开财务信息。存心善堂的财务公开，主要包括以下几个渠道：一是在慈善会小广场墙上的堂务公开栏逐月公布（见图9-13）；二是每月还在《汕头日报》、自办的《存心公报》和《存心善堂堂务》上公布；三是在互联网上公布，包括存心善堂的官方网站、微信公众号等（见图9-14）。

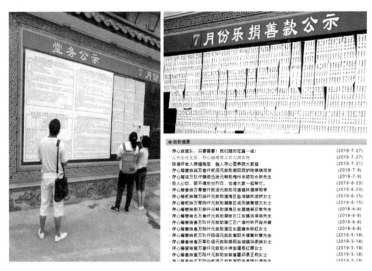

图 9 – 13　存心善堂财务公开

图 9 – 14　微信公众号上的捐赠公示

2. 捐赠人对善堂的信任来源

（1）公开透明的做法。捐赠人对存心善堂的信任，首要的应该是基于其公开透明的系统性做法。

首先，从内容来看，人们不仅能看到存心善堂主动寻找并积极帮扶社会弱势群体的行动，而且可以获悉财务信息并予以监督核实。其次，从形式来看，人们既可以通过线上渠道（如官网、微信公众号、微信群等）获得善堂的救助和财务公示，也可以通过线下渠道（如公示栏、纸质媒体以及善堂办公场所）获得上述相关信息。

（2）宗教信仰的认同。宗教信仰及其共有的文化认同，也是众多捐赠者信任存心善堂的天然纽带。在众多捐赠者中，有不少是民间信仰的笃信者并愿意践行大峰祖师教言的信众。大家聚集于此，敬佛布善，是一个有共同文化基础的共同体，比一般的陌生人更容易产生信任关系。

（3）慈善服务的参与。除了上述两个因素外，还有一部分捐款者以义工的身份，亲自参与到了存心善堂的社会服务当中，因而，不仅更真切地看到善堂运作的真实场景和文化氛围，而且还通过具体服务实现了自我价值，提升了自我效能，从而进一步加强了对善堂的认可与信任。

（三）善款使用及效果

1. 精准定位社会最弱势群体的切实需求

图9-15是存心善堂的社会救助实务架构图，详细展示了善堂的实体服务机构名称、服务对象、服务内容等信息。

首先，从服务对象来看，除了会员服务（慈善保障）之外，存心善堂主要的救助对象是社会中最弱势、最边缘的群体。其次，从服务内容来看，主要关注基本生存生活尊严之方面，非常务实，完全符合救助对象的需求脉络。

2. 社会效果明显并具有较强的不可替代性

由于瞄准的群体很精准，定位的需求很切实，再加上服务意识强、极富忍耐力（尤其是有民间信仰的加持而对生命更具悲悯心）、执行力强，因而社会效果明显。

相对于政府或其他慈善机构而言，存心善堂具有更强的接受和照顾

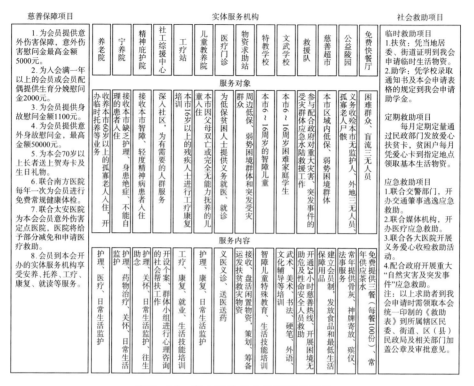

图 9 – 15 存心善堂社会救助实务架构

"难点"弱势群体或政策边缘人群的优势。比如，善堂设有精神庇护院，可以照护有智力或精神障碍的人群；设有宁养院，照护身患绝症、无人照理的患者；还设有公益陵园，可以为三无人员、孤寡老人的尸骸提供义葬。善堂的这些实体服务机构，时常会接收政府民政部门、交警部门以及其他慈善机构因难以处理而转介过来的"烫手山芋"式的弱势人群。

五　延续与融合

（一）就整体发展而言，存心善堂，从成立到发展至今，历经百年，几经沧桑，又进入快速发展的时期，不仅展示了顽强的生命力，而且体现了令人印象深刻的时代适应力和运作活力，取得了丰硕的发展成果

首先，截止到 2017 年底，存心善堂充分动员来自社会、政府、企业的

资源，积极争取海内外善士的支持，年善款收入量已经从 2010 年的 1434 万元增加到了 4506 万元（义工队的募捐不计算在内）。其次，除了筹款数量快速增长之外，筹款方式和渠道也较为多元。既有传统的线下筹款方式，也有现代的互联网筹款；既有以世俗的慈善机构为载体，也有以宗教机构为依托的情形；既有来自国内的捐款，也有来自海外的捐款；既有个人捐款，也有企业捐款。再次，自 2001 年恢复活动以来，已经恢复和建立实体服务机构 17 个，建立或吸纳义工队 330 支，遍布汕头地区各个乡镇，为潮汕地区开展弱势群体社会救助和灾害应急救援服务。最后，海内外的参访逐年增加，既是对存心善堂社会影响力的彰显，也是对其的进一步传播。

（二）就社会捐款动机而言，善堂筹款呈现神圣与世俗、利己与利他、特殊与普遍等价值元素相互融合的格局

一是神圣和世俗的融合，即捐款行为本身既带有宗教信仰的驱动，也有世俗的乐善好施、扶危助困的朴素情怀；二是利己和利他的融合，既有自身修功德、保平安、佑昌盛、得名声的期望，也有单纯的基于对弱势群体的悲悯而无偿援助的利他之心；三是特殊与普遍关系的融合，即捐款人既有基于传统差序格局下的家族、教别、地域等特殊认同下的捐款，也有基于更普遍意义上的非限定性捐款。

（三）从社会公信力的维系来看，存心善堂对公开透明具有较强的敏感性并采取了一套系统的做法

存心善堂在信息公开方面的做法，无疑是获得社会公众（尤其是捐款人）信任的最重要来源。首先，他们继承了善堂财务公开的优良传统，制定了严格的财务管理制度和监督机制；其次，他们通过线上、线下多个渠道定期公开相关信息（尤其是财务）。此外，宗教信仰及其相应的文化认同、鼓励社会公众参与到存心善堂的社会救助服务中，也是其增强公众信任的重要方面。

（四）从合法性获取来讲，存心善堂不仅解决了合法性问题，也在与政府关系方面上取得了长足的进步

越有影响力、越希望可持续发展的机构越会涉及合法性和良好的政社

互动关系的问题。首先，善堂通过正式登记注册和积极申请并获得公募资格解决了法律合法性问题。其次，善堂十分注重与政府的良性互动关系。无论是中央政府还是地方政府的相关部门，均对存心善堂的慈善事业持肯定和支持态度，向善堂及其代表予以了若干次不同层级的表彰。此外，加强党建工作，也是存心善堂主动接受执政党的引领、积极嵌入体制、谋求更好发展的与时俱进的调整。

（五）存心善堂对善款的使用在当地不仅贡献了较好的社会效益，而且具有不可替代的价值

首先，存心善堂依托若干实体服务机构，精准定位社会最弱势群体的切实需求，真正让社会各界的善款落到了实处，社会效果明显；其次，善堂"做实事、真做事"的品质，加上特有宗教文化背景下对生命的深切悲悯和超强忍耐力，使其有能力去救助其他机构（包括政府）难以处理的"陷入重度困境"的弱势人群，从而具有不可替代的价值。

第十章　公众月捐的双重性

——以自然之友为例

　　世界范围内，不论是富裕群体还是中低收入群体，对慈善事业的公众捐款都呈显著增长，几乎世界各地的公众捐款总额都高于机构捐款。对于社会组织而言，在其他资金来源存在压力的情况下，公众捐款就是一种极具潜力的替代性方式；而随着技术日新月异，新兴且更为直接的沟通方式使公众捐款方式更加便捷可及，甚至可以迅速制造议题并对政策和发展相关问题产生影响。本章研究以环保类社会组织自然之友的月捐作为研究案例，基于长期且持续的田野观察和多元主体访谈，呈现自然之友月捐发展的工具化和社群化过程：月捐不仅是一种工具化的资源获取方式，也是一种建立群体和社区信任与共识的社群建构方式；映射出中国语境下月捐作为一个行业生态系统的建构过程，以期从一个机构经验出发为公益慈善行业的月捐发展提供借鉴。

一　月捐的兴起

　　慈善事业是提升社会质量水平的有效路径。在社会融入层面，不仅可以通过缩小贫富差距、减少贫困（高功敬等，2009；Fong & Luttmer，2011）的方式彰显社会公正，还可以通过慈善组织的"三次分配"（Sen，1979；黄有光，2005；周正等，2010）提升社会福利水平（Becker，1974）；在社会凝聚层面，慈善捐款能够使人获得心理上的满足（Andreoni，1989），激励个人更加勤奋地工作，从而更幸福、更富有（Brooks，2006）；在社会赋权层面，慈善捐款能够提升个人的声望（Harbaugh，1998），能使人减轻负罪感、与社会规范保持一致从而提升个人形象，甚至可以提高个人自尊

（Bekkers & Wiepking，2011）。

慈善事业的经费来源主要包括企业捐款、政府财政经费、基金会捐款、公众捐款；前三种经费来源可统称为组织捐款，与公众捐款的行为主体存在属性差异。对于慈善组织而言，相较于组织捐款，公众捐款更具稳定性，且有助于保持慈善组织的独立性；而技术的日新月异则使得公众捐款方式更为便捷可及；当其他资金来源存在压力时，公众捐款无疑是一种有效的替代方式。例如广州乐助会，公众捐款为该组织持续开展基础性公益项目提供了有效支持（张晨怡，2019）；香港金融风暴后，主要依赖公众捐款的世界宣明会等慈善机构每年的捐款数额稳步增长，而大多数依赖企业、政府资助的慈善机构却出现了财政危机（邓国胜，2007）。与此同时，一种整体性的慈善理念正成为共识，即公众捐款不仅是一种工具化的资源获取方式，也是一种建立群体和社区信任与共识的方式（WINGS，2018：11）；发展慈善事业的意义不仅在于慈善是一个第三次分配的过程，更在于它是一个民族精神的体现，是重塑社会价值观的过程（邓国胜，2007）。

中国大陆的公众捐款起步较晚，一项基于 2007～2013 年中国慈善捐助报告的数据分析发现，我国整体捐款水平低、企业捐款上升空间有限、公众捐款疲软，且境外捐款下滑（张强等，2015）；但近年尤其自 2014 年后公众捐款增长迅速（李珠，2018），中国公众在 2018 年度的捐款比例为 32.54%，平均每三个人中约有一个人进行过捐款，平均每年捐款的额度为 109.39 元，捐款次数为 1.04 次[①]。2018 年上海联劝公益基金会的捐款收入达到 1.062 亿元，比 2017 年增长 41%；其中公众捐款占比 49%（上海联劝公益基金会，2019）。《2018 年度中国慈善捐助报告》显示（王勇，2019），2018 年我国内地全年捐款 1439.15 亿元，其中公众捐款 360.47 亿元，同比增长 3.24%，排除灾害等偶发事件外公众捐款创历史新高，占捐款总量的 25.05%；而美国 75% 以上的慈善募款来自公众（高鉴国，2010），《时代》周刊曾发表文章称"在每一位比尔·盖茨的身旁，都站着数以百万计的普通百姓"（俞李莉，2013），来自普通公众的固定小额捐款对美国慈善事业发展贡献巨大（姚俭建，2003）。

[①] 数据来源：课题组定量问卷调查结果。（见本书第一章）

公众慈善捐款主要有临时型、应急型和合约型三种类型，前二者均属于传统的公众捐款模式，后者则是伴随现代慈善事业发展而出现的，即在捐款人和受赠方自愿自主的前提下，以合同约定的方式将捐款行为正式化。其中，定期定额捐款是最为常见的合约型捐赠形式，而国内外的公益实践又进一步证明，月捐（即捐赠人和受赠方约定在每个月特定时间点完成特定额度的捐款）更有利于开发平民慈善、有利于形成公众捐款的制度化、有利于推动慈善事业平稳与可持续发展、有利于促进慈善组织自我完善和发展（赵海林，2010）。约十年前就有学者基于对世界宣明会筹款模式的研究提倡建立以公众为基础的稳定、经常性小额募款机制（徐宇珊等，2009）。

在中国当下的公益慈善格局中，月捐的关注度正日益提升，各平台机构均设置了月捐。腾讯的月捐计划以"每月10元，透明公益"为口号，于2009年5月在腾讯公益正式上线，截止到2019年10月11日14点49分，累计善款总额为757646304.4元（腾讯公益，2019）；从中国扶贫基金会（中国扶贫基金会，2019）的"善积月累""加油月捐大家庭"到北京青少年发展基金会等联合开展的"善薪月捐计划"（北京青少年发展基金会，2019），从壹基金到北京爱它动物保护公益基金会、满天星青少年公益发展中心等，不同类型和规模的社会组织均开始重视并发展月捐，自然之友的日常捐款通道甚至仅保留了月捐，"现在单次捐的入口我们不公开推送了，只是有人来询问我们才会把单次捐的入口发给对方；现在只给公众开放月捐，这也是我们尝试后的经验总结"[①]。上海联劝网的数据则提供了一个更为清晰的脉络，其月捐总额，2017年为284677.13元，占总筹款额的1.44%；2018年为1491782.58元，占5.67%；2019年仅上半年的月捐总额就达1472765.3元，占6.42%；月捐的捐款总笔数从2017年的3704笔到2018年的21314笔，再到2019年仅上半年的26592笔；月捐人数从2017年的1755人到2018年的6149人，再到2019年上半年的8412人；可见，月捐发展正逐步增速（上海联劝网，2019）。

---

①　访谈编码：20190725FONLZ。

二　中国语境下公众月捐研究的必要性

公众捐款一直以来都是国外学界关注的研究议题，中国学者自 20 世纪末也开始跟进。现有国内外公众捐款相关研究主要集中于人口特质、捐款动机和影响因素三方面的讨论，这在很大程度上也取决于行业性发展需求。

对捐款人人口特质的相关研究试图揭示"什么人会捐款"。在个体层面，年龄、性别、民族、宗教信仰、受教育水平、收入都会影响捐款行为（亚瑟，2008：56~77）；在社会层面，居民收入、慈善组织发展水平、国民经济发展水平等是重要影响因素（南锐等，2013）。宗教信仰是世界各国捐款人的重要人口特质之一。相关研究认为宗教信仰是影响捐款行为的重要因素（James & Pyle，1994；Hodgkinson，1990；徐家良等，2015；曾建光等，2016）。受教育水平被普遍认为和慈善捐款成正比（罗公利等，2009；刘武等，2010；Wu，Huang & Kao，2004），中国城市居民中具有本科学历的人比没有本科学历的人每年有更高的捐款额度（刘凤芹等，2013），但也有研究发现，受过大学教育和没有受过大学教育的人的慈善捐款没有差别（Feldstein & Clotfelter，1976）。捐款人特质也表现在性别差异和婚姻状况上，一项印度的研究发现，男女两性在慈善捐款的表现上存在显著差异，女性比男性更有可能进行慈善捐款；已婚人士比未婚人士更可能进行捐款，而且捐款额度更高（Mesch et al.，2006）；而中国的一项研究则发现，女大学生、党员学生在新型社交媒体上的捐款比例显著高于男大学生和非党员学生（朱燕菲等，2017）。收入水平也是捐款人的重要特质，较高的收入能够提升人们进行慈善的可能性，但是，城市低收入群体也可能因为与其他低收入群体的亲和性而更倾向于进行慈善捐款（Bennett，2012）；如果以捐款额度占家庭收入的比例来衡量慷慨程度，那么低收入家庭和高收入家庭要比中间收入家庭慷慨（Auten，Sieg & Clotfelter，2002）。职业与捐款也存在很大相关性，不同群体之间的捐款表现不同（Kottasz，2004），国内有研究发现体制内捐款人的捐款次数相比于体制外的较多，而体制外捐款人的单次捐款额度较高（毕向阳等，2010）。受教育水平、价值偏好、心理效应、宗教信仰等主观因素和家庭因素、经济水平、慈善组织、人口特征、政策因素等客观因素均会影响公众捐款意愿（刘太刚等，2017）。

公众捐款动机的相关研究试图回答"人们为什么捐款"。很早就有研究指出慈善捐款动机的多元性，除了直接利益动机，还有间接利益动机，以及康德式的道德化动机，不同类型的动机可能同时存在且不存在主导动机或次要动机（Orley & Amos，1982）。国内外相关研究发现的公众捐款动机大致可分为利己、利他和心理需求三大类。经济学更倾向于把捐款行为视为一种交换，认为捐款人旨在通过捐款来提升自己的福利（Halfpenny，1999），看似利他主义的慈善行为在根本上与利己行为是一致的（Acs & Phillips，2002）；而社会学则更倾向于承认利他主义，认为利他是人性的一部分（Piliavin & Charng，1990）。有些捐款者选择捐款是基于他们过去的经历或者他们相信自己以后也一定会从捐款的组织中获益（Amos，1982），多数企业家是在企业品牌提升的前提下进行慈善捐款（中国企业家调查系统，2007）；但也有研究发现，持利他主义动机的捐款人更愿意提供长期性的帮助（Clary & Orenstein，1991）。但是，单纯的利己或利他主义或许也不能完全解释公众的慈善行为，很多人在慈善捐款时是想获得一种"道德满足感"（Andreoni，1990），而且这种心理存在于每一次捐款行为中（至少在实验室条件下如此）（Heidi & Grossman，2008）。捐款也可以成为捐款人的一种移情方式（Sargeant，Ford & West，2006），或是为了帮助或证明与某个朋友或爱人的亲密关系（Bruce，1998：238）。一项荷兰的研究发现，57%的捐款者将"感觉良好"作为进行慈善捐款的动机（Wunderink，2000）。一项英国的调查发现，纪念某位深爱的人、精神安慰排在人们支持慈善组织的原因中的第3位，而为了提高自己的声誉等并不在人们支持慈善组织的原因中（Sargeant，2001）。公众捐款行为是一个动态的心理决策过程（蒋晶，2014），主要由知觉行为控制和捐款意向决定（郭俊华等，2018）。一篇文献回顾梳理了全球500多项关于捐款动机的研究（Bekkers & Wiepking，2007），将之归纳为如下八种主要动力：（1）意识到必要性；（2）请求（被要求）；（3）低成本（有税收减免和/或配套资金）和捐款者福利；（4）利他主义倾向；（5）渴望提高声誉；（6）存在心理益处；（7）渴望把个人价值付诸实践；（8）相信捐款能够实现预期效果。人们面临捐款时可能在同一时刻有不同的动机，当这些动机之间相互冲突时，人们倾向于首先满足更为强烈的动机，但哪种动机表现得更强烈可能取决于潜在捐款者当时的情感状态（Bendapudi，Singh & Bendapudi，1996）。

对捐款行为影响因素的相关研究则试图回答"如何让更多的人捐款更多"。这方面的研究大致可分为个体、组织和情境三个视角。在个体层面，不同类型的捐赠行为如时间捐赠、金钱捐赠、网络捐赠等之间相互影响，例如时间捐赠和金钱捐赠之间存在正相关（Bauer，Bredtmann & Schmidt，2013）；增强自我效能感能够增强反应效能感从而鼓励捐赠（Sharma & Morwitz，2016）；多个实地实验发现"心情好就做好事"的正面情感效应，在正面情感促动下，人们会提升自我关注度并按照自己的价值观行事，因此可以促进帮助行为的产生（Carlson，Charlin & Miller，1987）；而正面的外界刺激，如意外收到礼物、闻到花香或者听到愉悦的音乐等，也会激发良好而积极的情感（Isen，1987）；令人振奋的音乐能够引导人们承担较高成本的慈善活动（North，Tarrant & Hargreaves，2004）；通过展示受益人图片，如慈善组织使用快乐的小孩的图片能够激发潜在捐款者的正面情感反应；反之负面的图片也会激发负面情感反应（Burt & Strongman，2004）；捐款人感觉受益人与自己越相似时越容易产生悲伤的心理，也越容易实施相应的帮助行为（Piliavin & Charng，1990）；观看以虐待儿童为主题的公益广告时，公众的负面情感被激发到"适当程度"后会提升其捐款意向，否则会降低其捐款行为发生的可能性（Bagozzi & Moore，1994）；在经常去做礼拜的人中，在忏悔前捐款的人比忏悔后的人多，原因在于向神父忏悔后人们的内疚感会降低，因而不再关注捐款（Harris，Benson & Hall，1975）。此外，提供描述性社会规范（Agerström，Carlsson & Nicklasson，2016）、讲述具体故事（Merchant，Ford & Sargeant，2010）也会吸引和提高公益捐款。

在组织层面，公众捐款决策受到慈善组织（作为受赠方）的各方面因素影响。慈善组织的形象和声誉（Bennett & Gabriel，2003）、服务质量（Shabbir & Thwaites，2007；杜兰英等，2012；陈天祥等，2012）、他人评价、人员素质、绩效（石国亮，2015）、办事效率（Sargeant，West & Ford，2004）、沟通和回应能力（Sargeant & Hilton，2005；Schlegelmilch，Diamantopoulos & Love，1992；Nathan & Hallam，2009；Sargeant，Ford & West，2006）、信息透明程度（Saxton，Neely & Guo，2014；潘珺等，2015；刘丽珑等，2019）、

公众信任程度（苏媛媛等，2014；侯俊东，2013）等组织特质均会影响首次和再次捐款决策。同时，慈善组织的品牌个性对慈善捐款有显著影响（Stebbins & Hartman，2013），并显著影响慈善捐款人的捐款数额（Sargeant，Ford & Hudson，2008），还对人们的志愿服务参与意向具有正面影响（Michel & Rieunier，2012）；慈善组织的财务报告会影响捐款（Trussel & Parsons，2007），财务状况和披露财务信息的完整性对于吸引捐款非常重要（刘志明，2017；Parsons，2007；刘亚莉等，2013），会计信息是捐款者衡量慈善组织有效经营慈善资源的关键（Yetman & Yetman，2013），并且信息披露质量越高越可能得到捐款者的认可（陈丽红，2015；Senate，2005；Parsons，2007），高质量的社会审计也会使组织信息披露质量较高，从而获得更多的慈善捐款（Tate，2007；Kitching，2009）。此外，基金会规模越大，捐款者对其认可度增加，更可能获得较多的慈善捐款（张立民等，2012）；募捐活动影响范围较广，能够吸引更多的捐款者（陈丽红等，2014）；而且，政府的匹配资金能够帮助基金会获得更多的捐款收入（Brooks，2000）。

　　在情境因素方面，首先，公众捐款存在同伴效应（Wu，Huang & Kao，2004）。其他人的捐款行为具有正面影响（Shang & Croson，2009），最先做出捐款行为的人公布其身份和捐款金额对其后之人的捐款行为存在显著影响，且女性的影响力大于男性（Reinstein & Riener，2012；Ariely，Anat & Stephan，2009），个人捐款具有声誉动机（Harbaugh，1998），声誉信息的传递可以显著增加个人乃至总体的捐款额度（Bolton，Katok & Ockenfels，2005），人们在公共场合更倾向于进行慈善捐款（Reinstein & Riener，2012；罗进辉，2014；Bereczkei，Birkas & Kerekes，2007），周边其他人捐款信息的披露能够显著提高被测试者的捐款金额（Soetevent，2005）。其次，税收优惠是各国广泛用于引导企业和公众捐款的激励措施（朱迎春，2016）。一般认为税收激励能够有效刺激公众进行更多的慈善捐款（Barrett，Mcguirk & Steinberg，1997；丁美东，2008；李喜燕，2015），但也有人认为对慈善捐赠给予物质奖励是危险的（Bekkers & Wiepking，2011）。此外，社交信息也对公众捐款有积极影响，且最有效的情况下可以促进公众捐款的贡献增加12%（Shang & Croson，2009）；一项荷兰的研究显示普遍的社会信任能够促使人们捐赠更多的钱（Bekkers，2003；李伟民等，2002）；有研究认为，通过社交网络和信任合作规则来促进公众慈善的宗教和教育因素的影响被低估了（Brown & Ferris，2007）。

有研究基于多学科领域对公众捐款的研究，构建了公众捐款非营利组织行为模型（Sargeant & Woodliffe，2007），认为，公众在实际捐款行为中从拥有可以捐款的条件到产生捐款的意识再到最终的捐款行为，中间有很多的考虑因素，外部因素（例如社区参与、榜样/经验、公共捐赠文化）、个人特质（例如个人统计学变量、生活方式、地理统计变量）、动机（自尊/自我利益、利他主义、愧疚、遗憾、社会/分配公平、移情/同情、税收、声望及有影响、有意义）、来源（品牌认知、声誉、意识、媒体、劝募方式、资金回报）这四个方面因素共同作用于感知反应（印象、与自己的匹配度、感知到的规范），感知反应又进一步作用于过程决策（过去的经历、评判标准），过程决策又进一步作用于产出（现金捐赠、捐款规模、忠诚度），而约束因素（财政资源、时间及其他需要考虑的限制性因素）和捐款后的反馈（称号、认知/嘉奖）也会影响过程决策（例如再次捐款）和感知来源。

基于上述国内外文献梳理，我们认为，公众捐款的相关研究尚可从如下两个方面进行补足：首先，现有研究以定量调查和实验数据为主，缺少高质量的定性研究，从而导致我们从这些碎片化的研究发现中只能拼凑出"公众捐款"的轮廓，而无法获得一张清晰的"肖像画"；其次，现有研究以公众捐款的总体性图景为主，而缺少对其不同类型的细致分析，例如月捐，这种公众捐款模式早已在欧美社会普及，并正在中国公益行业兴起，但我们在文献梳理中很少看到对这种公众捐款模式的针对性研究。因此，本章研究拟尝试以案例研究的方式，通过考察和分析中国一家慈善组织发展月捐的历程，呈现"人"和"钱"的属性转化过程，从而拟构一幅月捐的公众"肖像画"，以期在现有以人口特质、捐款动机和影响因素为主的工具性研究之外，从社会性的角度补充公众捐款的另一面。

本研究选取的案例对象为自然之友（全称为"北京市朝阳区自然之友环境研究所"），该机构注册成立于1994年，是中国最早成立的民间环保组织之一，也是中国最早试水月捐的慈善组织之一。本研究采用的数据和资料主要来源于：（1）作者在2013年12月至今以来的持续性田野调查过程中积累的观察资料；（2）作者于2016年至2019年陆续对自然之友的注册志愿者、捐款人、工作人员，以及 10 个地方志愿者小组的骨干成员等不同类型人员开展了一对一的访谈，共计 30 人；（3）课题组在北京、浙江、吉林、江西、四川、甘肃六个省份开展问卷调查获得的 4404 份有效问卷中与月捐相关的定量数据。

三　月捐人画像

（中国）公益筹款人大会于 2019 年 1 月发布的《中国大陆公益行业月捐人调研》结果显示（中国发展简报，2019），目前中国大陆人口中约有 0.002% 的人以月捐形式持续支持公益机构。上海联劝网平台自 2015 年 1 月上线至 2019 年上半年累计平台入驻机构总数为 531 家，其中发起月捐的机构数量为 78 家，在该平台活动筹款、项目筹款和月捐筹款三大筹款类型中，月捐筹款总额为 3309824.2 元，占 3.49%（上海联劝网，2019）。本课题的问卷调查结果显示，在 1433 位有过捐款行为的受访者中，在过去 12 个月中有 4.3% 的人的捐款方式是定期定额扣除或自动过账，即"选择通过工资账户、银行卡以及第三方平台以每月定期扣除或自动过账（每月定期自动从其银行账户中扣除一定金额）的方式进行过捐款"；当被问及"您是否愿意采用通过工资账户、银行卡以及第三方平台以每月定期扣除的方式进行捐款"时，6.3% 的受访者（有效回答 1424 人）明确表示愿意，这个数据高于实际选择定期定额捐款的比例（4.3%）。无论从行业、平台数据，还是从个人数据来看，可以预知月捐存在极大的社会发展空间。

自然之友现有互联网众筹（"99 公益日"）、定期定额捐（月捐）、拍卖酒会、单笔捐四种公众捐款收入来源，按捐款的资金属性又可进一步分为限定性资金和非限定性资金，对于机构整体性的可持续发展而言，非限定性资金至关重要。从自然之友 2019 年 1～6 月的公众捐款数据可以看到，这 6 个月的公众捐款共计 798198.18 元，其中非限定性捐款 718913.87 元，占比 90.07%；限定性捐款 79284.31 元，占比 9.93%；月捐额 388403.24 元，占公众捐款总额的 48.66%，占非限定性捐款总额的 54.03%；可见，月捐是自然之友现有可持续的、非限定性资金的主要来源。具体情况如表 10-1 至表 10-4 所示。

表 10 – 1　自然之友 2019 年 1 ~ 6 月非限定性月捐数据统计

时间	月捐 - 联劝自然之友专项基金（联劝）			月捐 - 做大自然的合伙人（爱德）		
	捐赠人次	公众捐赠额（元）	人均捐赠额（元）	捐赠人次	公众捐赠额（元）	人均捐赠额（元）
1 月	480	23935.16	49.86	819	35145.92	42.91
2 月	469	23914.50	50.99	930	39465.26	42.44
3 月	475	23126.80	48.69	960	42653.66	44.43
4 月	452	22557.80	49.91	971	41254.74	42.49
5 月	448	22602.80	50.45	1011	42878.63	42.41
6 月	435	21987.80	50.55	1136	48880.17	43.03
总计	2759	138124.86	50.06	5827	250278.38	42.95

表 10 – 2　自然之友 2019 年 1 ~ 6 月非限定性单笔捐数据统计

时间	单笔捐 - 联劝			单笔捐（银行 + 支付宝）		
	捐赠人次	公众捐赠额（元）	人均捐赠额（元）	捐赠人次	公众捐赠额（元）	人均捐赠额（元）
1 月				26	54745.47	2105.60
2 月				18	1012.88	56.27
3 月				5	2038.00	407.60
4 月				18	1262.00	70.11
5 月				17	34602.56	2035.44
6 月	8	1617.00	202.13	7	734.00	104.86
总计	8	1617.00	202.13	91	94394.91	1037.31

表 10 – 3　自然之友 2019 年 1 ~ 6 月非限定性腾讯乐捐数据统计

时间	腾讯乐捐 - 用行动守护大自然（联劝）		
	捐赠人次	公众捐赠额（元）	人均捐赠额（元）
1 月	106	1403.56	13.24
2 月	2299	26236.86	11.41
3 月	7660	23919.66	3.12
4 月	14444	125144.07	8.66

时间	腾讯乐捐－用行动守护大自然（联劝）		
	捐赠人次	公众捐赠额（元）	人均捐赠额（元）
5 月	12595	43159.41	3.43
6 月	2099	16252.15	7.74
总计	39203	236115.71	6.02

（一）群体性人口特质

根据《中国大陆公益行业月捐人调研》（中国发展简报，2019），79%的捐款人在选择月捐之前有过捐款经历；女性月捐人占 57%，数量上略多于男性月捐人；72% 的月捐人为 20～40 岁的中青年；北京、广东两地月捐人最为活跃；月捐人的职业以公司职员最多，占 39%，职业分类排名前三的为公司职员、全日制学生和自由职业者，占 63.8%；而月薪在 0～5000元的月捐人占比达到了 41%，月薪 10000 元以下的月捐人占 70.4%，这一数据与美国的公众捐款形成了呼应：在美国，比起拥有巨大财富的人来说，低收入者捐款的比例更高，年收入 1 万美元以下的家庭，他们捐出收入的5.2%；年收入在 10 万美元以上的家庭，他们的捐款比例仅为 2.2%（俞李莉，2013）。

本课题的问卷调查结果显示，选择定期定额捐款方式的人中，男性占61.3%；85.5% 的人年龄为 25～59 岁；大专及以上受教育水平的人占 62.8%；共产党员和共青团员占 58%；未婚占 54.8%；59.7% 的人没有孩子。本地人占 62.9%，非本地人占 37.1%。职业类别前三位的分别是"商业、服务业人员"（35.5%）、"全日制学生"（21%）、"专业技术人员（医护人员、教师或其他专业工作者）"（14.5%）。77.5% 的人每月家庭收入在 5000 元以上，其中 40.3% 的人每月家庭收入在 5001～10000 元；收入区间前三位的分别是5001～8000 元（27.4%）、10001～20000 元（19.4%）、3001～5000 元（14.5%）。意愿方面，6.3% 的受访者明确表示愿意通过工资账户、银行卡以及第三方平台以每月定期扣除的方式进行捐款，这个数据高于实际选择定期定额捐款的比例（4.3%）。其中，25～59 岁的人占 76.4%，15～24 岁的人

表 10 – 4 自然之友 2019 年 1～6 月限定性募款数据统计

时间	腾讯 – 用法律守护大自然（阿拉善）			腾讯 99 – 守护城市飞鸟（联动）			淘宝 – 守护城市鸟类多样性（联动）		
	捐赠人次	公众捐赠额（元）	人均捐赠额（元）	捐赠人次	公众捐赠额（元）	人均捐赠额（元）	捐赠人次	公众捐赠额（元）	人均捐赠额（元）
1 月	1278	16108.77	12.60	47	1227.10	26.11	72	359.00	4.99
2 月	264	4440.35	16.82	85	1219.65	14.35	39	82.00	2.10
3 月	293	6038.04	20.61	81	894.63	11.04	115	333.00	2.90
4 月	3356	30425.09	9.07	51	918.60	18.01	25	43.00	1.72
5 月	517	6799.91	13.15				12	16.00	1.33
6 月	658	9893.17	15.04				404	486.00	1.20
总计	6366	73705.33	11.58	264	4259.98	16.14	667	1319.00	1.98

占 21.3%；学历上排前四位的分别是"大专"（31.5%）、"本科"（24.7%）、"高中、中专、技校"（20.2%）、"初中"（19.1%），其中大专及以上学历占 59.6%；未婚占 60.7%；64% 的人没有孩子；职业类别排前三位的分别是"商业、服务业人员"（33.7%）、"全日制学生"（19.1%）、"专业技术人员（医护人员、教师或其他专业工作者）"（14.6%）；家庭月收入 5001～20000 元的占 58.4%，收入排前三位的区间分别是 10001～20000 元（24.7%）、5001～8000 元（22.5%）、3001～5000 元（18%）；此项上男女性别差异不显著（男性 50.6%，女性 49.4%）；政治身份差异不显著（共产党员和共青团员占 50.5%，群众占 49.5%）；民族和宗教信仰的数据不具备代表性；城镇和农村户籍因素差异不显著，但是本地或非本地因素差异较为显著：城镇户籍占 46.1%，农村户籍占 53.9%；本地人占 64.1%，外地人占 35.9%。

从如上选择定期定额捐款方式的行为和意愿数据来看，行为和意愿存在高度一致性。实际选择和愿意选择定期定额扣款方式进行捐款的人群呈现如表 10 - 5 所示的特征。

表 10 - 5　实际选择和愿意选择定期定额扣款捐款方式的人群特征

人口特质	具体特征
年龄	25～59 岁
受教育水平	大专及以上学历
婚姻状况	未婚
生育情况	无孩子
户籍情况	城镇和农村户籍因素差异不显著，但本地或非本地因素差异较为显著
职业类别	商业、服务业人员；全日制学生；专业技术人员（医护人员、教师或其他专业工作者）
收入情况	家庭月收入 3000 元以上

本课题此次问卷调查数据和自然之友 2018 年 11 月完成的《月捐人捐赠习惯调查报告》（自然之友，2018）亦存在高度一致性。自然之友的调查结果显示，机构的月捐人群体特征包括：女性占比 58.8%；年龄区间 30～45 岁的捐款人占比 43.2%；北京地区捐款人占比最高，为 45.1%；公司职员、教师、学生及自由执业者是捐款群体的主要职业类型；月收入 10000 元以下

的捐款人占比 68.6%。

> 我们的捐款人主要是年龄为 25～45 岁，收入算是良好的，工资收入以每月 5000 元以上为主，高于一般的工资水平，职业还比较稳定，主要是公司职员、教育工作者和法律工作者，学历大多是本科以上，地域分布上基本集中在北京、上海、成都、杭州、深圳、广州这几个大城市。①

> 自然之友的捐款人偏中低收入级别，捐款额度比较低，但是都拥有一定的环境意识，愿意通过自己的行动改变环境，而且受教育程度比较高，自然之友月捐人的收入平均在 5000～8000 元，那些退捐的人中大部分人都是说因为个人收入减少、工作变动等，我们 30 元、50 元的月捐人比较多，而且持续性比较强。从月捐人的地域分布来看，排前几位的城市在珠三角、长三角地区，这些地区的月捐人比较多；但反而是我们各地小组中的捐款人不多，不过这也可以理解，因为各地小组的关注点都是在做行动，捐款人发展不在小组工作规划中。②

总体而言，自然之友的捐款人存在三个主要特征，即"第一，从数量上看以城市居民为主，主要是大中型和特大型城市的人；第二，和自然之友有一定接触、对我们机构和做的事情有一定认知的人；第三，还有就是那些日常能够接触到相关环保信息的人，关注环保议题的人"③。

（二）月捐动机和影响因素

《中国大陆公益行业月捐人调研》（中国发展简报，2019）发现，57.8%的月捐人选择开通月捐的原因是"想为需要帮助的人提供长期的点滴支持"；其次是"认同持续捐款支持公益的生活方式"，以及"公益项目的设计很好，能解决问题""了解并且相信公益项目的发起组织/发起人"，说明月捐人对

---

① 访谈编码：20190805FONHYP。
② 访谈编码：20190802FONJGZ。
③ 访谈编码：20190726FONDS。

社会公益和慈善活动以及志愿行动领域的深层信息的了解和占有已有很大提升，已非"处在较初级的水平"（刘能，2004）。当月捐人开通月捐时，最关心的前三种信息分别是"该机构值不值得信任""我希望帮助的人能得到什么改变""我的钱都将花在哪里"，这也在很大程度上印证了中华少年儿童慈善救助基金会理事长兼秘书长王林的表述，"为什么儿慈会个人捐款占比大（2017 年度个人捐款占 70.4%），就是因为这种专业化和职业化体现在从项目选择到立项、执行、公开的整个过程，做项目的所有善款每天都会在官网滚动式公示，让捐款人一目了然，知道捐款都到了什么地方"。（善达网，2018）

自然之友月捐人捐款动机和行为影响因素与《中国大陆公益行业月捐人调研》的发现存在高度一致性，但也有其自身特征。自然之友月捐人价值认同最高的点是环境可持续，且十分看重资助机构持续性的项目反馈；月捐人比较关注的议题是环境污染防治和动物保护，自然之友官方媒体、熟人圈、腾讯等平台是公众接触和了解自然之友的主要渠道；月捐人持续捐款的动力来源包括善款花在哪里、捐助带来的社会改变以及机构品牌公信力等，其中，机构的公信度和透明度尤其重要；月捐人退捐的原因主要是个人经济状况，这与收入 1 万元以下的工薪阶层工作生活的稳定性直接相关（自然之友，2018）。

　　自然之友的捐款人大概可以分为几个不同的来源类型。一部分是以前的老会员，主要是早期的那 300 来位会员，后来机构身份变更，我们集体告知他们说不收会费了，改为月捐了，解释清楚，他们理解后就转成了捐款人，不再收取每年 100 元的会费了；一部分是自然之友以前的志愿者，他们原本就想做出一点贡献，发现可以捐钱了，就加入了月捐人，这部分人既是志愿者又是捐款人；有一部分人通过活动认识自然之友，也认为捐款是一个很好的支持方式，就成了捐款人；还有一部分是各地小组的核心人员，我们之前试图把小组的核心人员转为月捐大使，让他们在地方发展月捐人，但后来发现行不通，各方面原因都有，不过小组骨干成员转变为捐款人的比例很高，一般地方注册志愿者的转化率不高；还有一部分人选择成为捐款人的意图很明显，想要优先参加活动尤其是盖娅的活动，很多人就现场加入，因为自然之友捐款人的身份可以获得优惠折扣，他们一算很划算，盖娅学员转化为捐款人的比例还挺高的。特别老的那拨捐款人会很在意给你捐款之后自己能够有什么回报，比如我们有一位捐款人，很多年的关系了，彼此很熟悉，今年才成为月捐人，以前是偶尔捐款，比如他自己额外收到一笔款子，会拿一点捐出来，他长期参与小组活动，可能认为自己已经付出了很多，就不需要再额外捐款了。不过最近几年我们的公益诉讼做出了一点影响力，对公众来说是很好的筹款聚焦点，认为自己捐的钱，自然之友拿去打官司，告那些污染企业，这件事很有成就感……还有一些人捐款是冲着机构领导人的个人影响力，从创始人梁先生，到现在的总干事，这部分人首先是对某个人有了认识和肯定，所以愿意信任这家机构。①

自然之友现在的月捐人，他们持续捐款的动力主要有三种：第一种，很多人捐款的动力是做我们的合作伙伴，比如很多律师都是比较大额的捐款人；第二种，成为捐款人有福利，比如参加自然之友的相关培训有优惠折扣；第三种是比较形而上的，认为通过捐款可以体现自己的价值。②

月捐人持续捐款的动力，首先是对机构和创始人的信任，很多人都说过自己选择捐款机构很谨慎，因为社会上现在有很多打着各种幌子行骗的事情，捐款人认同梁先生，也认可自然之友现在做的事情；其次是想为社会做一些贡献。③

现在自然之友的捐款人主要是两类人：一类是理念和价值观的认同，一类是长期了解和信任自然之友。这两类是主体，能看到你做的事情和价值，这是一个理性的捐款人群。捐款人和受捐机构/组织之间关系的关键是信任，捐款人要持续地信任机构，机构要能够持续通过专业的工作让捐款人持续保持信任。④

---

① 访谈编码：20190725FONLZ。
② 访谈编码：20190725WAGAQK。
③ 访谈编码：20190805FONHYP。
④ 访谈编码：20190726FONDS。

我认为捐款人进行可持续捐款的基础是公众理性，而不是冲动型捐款，对我们机构认同，认同机构做的事情。很多人想了解这个机构，就会去搜，一搜就会发现机构创始人梁从诫，梁家三代人做的事情，而且现在一家环保组织又在做公益诉讼这么有力量的事情，做事也低调，基于这样一种理性认知累积起来的捐款人，他们的捐款行为都是可持续的。①

捐款人的动机主要是一种责任感和危机感，一是年龄偏大有孩子的捐款人是出于对孩子负责，还有一种是认为对社会有一种责任；还有就是对环境的危机感，他们想做点什么又不知道怎么做，就把钱给到专业机构。选择月捐的人是愿意持续地支持，他们大多认为环境改变是比较理性的工作，是慢工作，不是一次性就能完成改变的。②

捐款人选择自然之友并持续捐款，主要基于对自然之友的认可，能够看到机构的行动在带来改变，有行动有产出；还有就是价值观的认同，认同我们的理念；现在大多数人是看到自然之友做了什么事情才来的，这对我们的工作来说也挺有挑战性的，因为环保项目本身就挺难在设计上去打动人，不像扶贫、教育、残障等项目很容易抓到那个打动人的点，而且好些环保项目也很难说这个钱用到某个地方就能够带来什么可见的改变。③

在土耳其，一个引人注目的现象是公众捐款的最大受捐群体是街头乞丐；一项2016年的调查显示，88%的受访者说他们更愿意直接捐给那些需要帮助的人，只有12%的人说他们更愿意通过一个组织来捐给需要的人。南非的一项调查显示，捐给机构的个人中有84%是捐给了非正式组织，只有16%的人是捐给了正式的社会组织。不信任其廉正并不是人们不愿意给社会组织捐款的唯一原因，还有其他更多原因，例如在西班牙，社会组织还面临如何更专业、更精简、更透明；在巴西，社会组织则需要付出更多

---

① 访谈编码：20190725FONLZ。

② 访谈编码：20190805FONHYP。

③ 访谈编码：20190726FONCT。

努力让公众了解自己并认识到其存在的社会价值；而在阿拉伯地区，社会组织的工作更倾向于取悦其创始人而非捐款人（WINGS，2018：12）。

自然之友的月捐人有86.3%都不是第一次做慈善捐款，且有70.6%的月捐人仅开通了自然之友一家月捐机构；有67.6%的月捐人持续捐款6个月至1年，主要原因是自然之友在过去一年内开通了两个月捐公募通道；微信绑定扣款依然是主流的扣款方式，部分捐款人仍旧是通过银行扣款，此部分人以机构最早的一批捐款人为主（自然之友，2018）。有研究发现，大部分的公众慈善捐款（尤其是小额捐款）流向了"企业、草根组织、网络社团、个人等"受赠方，但不是因为这些受赠方相对于体制内机构有着更高的可信度，而是因为捐款者对受赠方的慈善需求有着较为理智的认同（张网成，2013）。

> 我是单笔捐，给女儿捐的，一般是选在"99公益日"这样的时候捐，因为可以有配捐。把女儿的压岁钱捐出来，捐三百六十五块，这样就是一天一块钱。我认为捐款方式最简单的最好，我是微信捐。之前在网上碰到一位男士，他很直接地跟我说："我一直在做善事，我选择在支付宝上捐钱，我会把钱捐给我认为最方便也最信任的平台，你们不要给我介绍什么机构什么组织，我也不想了解这些，钱是我自己的，我想捐就捐，如果你们的项目在支付宝上线的话，我就会考虑去捐。"[1]

公众捐款的信心基础应该主要来源于自然之友能够持续在中国的环境治理上发挥引领作用，一方面是外在的影响力，一些显性化的影响力，比如自下而上的公众参与的活动，可以动员更多的群体，比如自然之友的亲子团就做得很好，我自己参与亲子团的活动很多。另一方面，自然之友自上而下地参与立法、环保行动也很重要，特别是现阶段，环境问题特别突出的时候，又和公众健康密切相关，我们必须直面这些环境问题，比如自然之友参与物种保护，参与环保法修订，这些行动都可以在中国的环境治理上发挥重要作用。如果这两方面做

---

[1]　访谈编码：20190725WAGAQK。

好了，我会持续捐款，不行我有可能就退捐了。①

一份来自 2014 年的英国的调查发现（Breeze，2014），阻碍公众捐款的典型缘由可归为六种类型：（1）没有什么可以给出：由于职业发展不顺产生的不稳定性，人们无法为公益组织贡献价值；（2）没有收获：人们无法从支持公益事业中看到对自己的职业发展有何益处；（3）优柔寡断：人们纠结于找到所谓好的理由和好的方式去帮助别人而无法做出实质性的捐款决定；（4）负面经历或体验：人们以前的捐款或志愿经历没有达到其想要产生实质性改变的期望；（5）工作太忙：人们由于长时间工作而无法更多地参与公益事业；（6）在家太忙：人们由于照顾家庭而无法做出更多志愿贡献。《中国大陆公益行业月捐人调研》发现，月捐人的忠诚度较高，仅有16% 的受访者曾有过停止月捐的经历；其中，12% 的受访者因为没有项目反馈而选择停止月捐；而自然之友的停/退捐率相较而言更低（详细数据可参见表 10 - 1 "自然之友 2019 年 1～6 月非限定性月捐数据统计"、表 10 - 7"自然之友 2017 年 8 月～2019 年 7 月联劝专项基金渠道月捐数据统计"、表10 - 8 "自然之友 2018 年 7 月～2019 年 7 月爱德渠道月捐数据统计"），但也有少部分公众在选择加入后又退捐。

> 退捐的原因主要是个人生活的变化，比如个人境遇发生改变，包括收入减少、失业，以及家里发生了变故，不少人还表示如果个人境况改变了会选择复捐。其实关于退捐原因，我们打电话（询问的）不多，担心给捐款人带来心理压力，因为我们一开始的捐款承诺里也说完全自愿；不过还是打了几十个电话，数量不多，感觉到一半以上的人对为什么退捐这个问题有压力，后来就没有继续打了；这跟在商业公司打客户回访电话还不一样，商业公司的客户选择改变一般都是说产品有什么问题、价格不好、服务不好等，客户也愿意说，说的也是真实原因；在这里给捐款人打电话感觉不一样，对方选择退捐主要是

---

① 访谈编码：20190725FONHF。

个人原因，比如收入减少、失业等，都是一些不太好的原因。[①]

一席演讲那次，当时有好多人是冲动捐款，而且我们也没有进行深入维系，只是打电话了，当时我们只有一个人挨个给那些新的捐款人打电话，一个月之内还没有打完电话，那批新增的捐款人中，好些人在扣了两次款后就退捐了。这也让我们不断反思自己的工作，或许当时在一个月之内给那些新加入的捐款人都挨个打了电话，应该不会有这么多的流失；因为我们发现，当时打过电话的那些捐款人基本上没怎么流失，流失的那部分捐款人主要是还没有来得及打电话的人。[②]

四　月捐作为一种资源获取方式

上海联劝网络平台自 2015 年 1 月上线至 2019 年上半年累计入驻机构总数 531 家，其中 78 家机构发起了月捐（上海联劝网，2019），换而言之，仅 14.7% 的入驻平台开展公众筹款的机构发起了月捐，自然之友即其中之一。但从中国公益慈善行业的角度来看，上海联劝网平台上的这 78 家机构经历了一个从无到有的过程。

（一）机构资金来源构成比分析

月捐作为公众捐款的一种类型，是自然之友整体性发展的阶段性产物。公众捐款一直是自然之友运营资金构成的一部分，但在不同发展阶段具有不同的内涵。根据自然之友法律身份的转变，其公众募款可分为三个不同阶段。

第一个阶段是 1994 年到 2010 年，自然之友在 1994 年注册成立时是社会团体，2010 年从社团法人更改为民办非企业（简称民非）并重新注册。这一阶段，作为社会团体，自然之友公众捐款的主要来源是会员会费；且直到 2005 年前后，会员会费不仅是公众捐款的主要来源，也是维持机构运

---

① 访谈编码：20190805FONHYP。
② 访谈编码：20190725FONYY。

营的主要经费来源。第二个阶段是 2010 年到 2015 年，这段时间，机构虽然在法律层面完成了从社团到民非的身份转变，但在实际操作层面的身份转变才刚刚开始；不仅政策法规层面没有相关指导或细则明确一个机构从社团变更为民非后应该怎么做，例如原有会员的处置方式；而且自然之友本身亦进入了一个调适期，面临发展战略和配套规范制度的调整和重建。这一阶段，自然之友的会员制处于调整和探索时期，在机构变革和新制度尚未完全建立之前，不仅继续保留了原有会员，而且还有新的会员不断加入，"因为我们的会员还在，还有新的会员加入，所以那段时间只能一边调整探索，一边打擦边球似的继续收会费，后来会员这个称呼变得敏感了，开始改为注册志愿者，新人加入的时候也不再收取会费了；那段时间应该是自然之友公众捐款最低潮的时候，一年的捐款额也就只有四五万"[1]。第三个阶段是 2016 年至今，经历近五年的探索，自然之友完成了实践层面的身份转变，确立了新的机构发展战略，开始探索月捐。

　　自然之友成立之初是二级社团，可以有会员，可以收会费，那时候也没有什么项目资金来源；1990 年代末到 2000 年初，这期间以项目资金为主，这是限定性筹资的阶段，一直持续到 2010 年机构变更为研究所（民非注册），这一阶段都是以限定性的项目筹资为主。实际上，2007 年、2008 年的时候会员的会费已经不是机构的主要资金来源了，其中一个原因是那时候的捐款支付方式不便捷。自然之友的个人捐款是从 2015 年、2016 年正式开始的，2015 年下半年有了想法，并确定了个人捐款为未来的主要资金来源，2016 年一位前同事回归，借鉴台湾的一些筹款经验开始做月捐，开通了月捐通道后才算正式开始有意识地做公众募款。自然之友现在的资金分为基金会和研究所两大块。2019 年开始公众捐款这部分全部转到了基金会，计划未来也都放在基金会，但是项目的执行主体在研究所。自然之友的整体架构还会有适当调整，计划把公众（包括公众捐款和公众行动中心）和社群两个业务板块放到基金会，研究所这边保留法律和政策，这样未来自然之友的整体架构就

---

[1]　访谈编码：20190725FONLZ。

是盖娅教育、法律政策和公众行动三大板块。①

从自然之友可查的历年年报可以看到公众捐款在其年度总收入中的占比变化情况（如表 10 - 6 所示）。

表 10 - 6　公众捐款在自然之友年度总收入中的历年占比

类别	2007 年	2008 年	2009 年	2010 年	2011 年	2012 年	2013 年	2014 年	2015 年	2016 年	2017 年	2018 年
1	333.42	336.3	537.84	311.14	429.88	427.1	353.4	285.12	355.8	318.2	905.9	991.36
2	50.16	49.02	61.7	—	18.43	5.07	30.99	5.74	11.75	—	61.73	98.07
3	15.04	14.58	11.47	—	4.29	1.19	8.77	2.01	3.30	—	6.81	9.89

注：①类别项说明：1 为年度总收入（万元）；2 为公众捐款额（包括会员会费、国内和国际的日常个人捐款）（万元）；3 为公众捐款占年度总收入的比例（%）。
②2015 年自然之友的三大实体机构开始分别进行财务公开，此表只是北京市朝阳区自然之友环境研究所的财务信息，不包括自然之盖娅自然学校及自然之友公益基金会的财务数据。
资料来源：参见自然之友官方网站，年度报告，http://www.fon.org.cn/index.php? option = com_k2&view = itemlist&layout = category&Itemid =119，最后访问时间：2019 年 7 月 27 日。

自然之友开始的时候几乎是一个纯粹的志愿组织，组织的运营经费主要靠成员和志愿者的捐款，还有就是 AA 制；可以说，自然之友刚开始就是靠公众募款发展起来的，靠的是核心成员捐款和会员费，确切来说是会员捐款而不是公众；后来因为一些国际基金会和国内基金会支持多了，公众募款的占比越来越小；那段时期，自然之友的工作以项目制为主，项目资金主要来自基金会等资助机构；后来机构业务类型转型，大量工作跟政策推动相关，还有很多非项目的事情，而且自然之友的使命又是培育绿色公民，这样筹款方式跟机构战略的落地性就密切相关；机构使命和配套工作与项目资金的限定性不匹配，需要通过非限定性的资金进行支持。自然之友 2014 年开始实施新的机构战略，2015 年就启动了个人筹款，现在个人捐款这块占整个筹款的盘子越来越大，捐赠人数也逐渐增多，跟机构战略的调整是密切相关的。总的来说，

① 访谈编码：20190726FONCT。

公众捐款在整个自然之友的资金大盘子里的占比在逐渐加重。①

　　在自然之友如上三个发展阶段中，公众捐款的内涵亦存在差异。从捐款来源看，虽然第二阶段为身份调适期，但这一阶段的公众捐款仍旧可视为以会员会费为主；如此，第三阶段的公众捐款相较于第一和第二阶段，其内涵更为多元。自然之友 2018 年的年报数据显示（见图 10 - 1），当年自然之友的公众捐款包括互联网众筹捐款、定期定额捐款（月捐）、拍卖酒会捐款、个人单笔捐款四种类型。

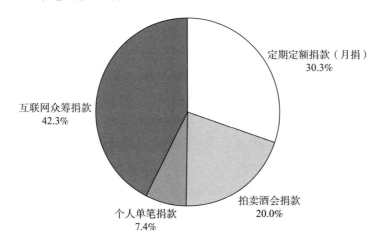

图 10 - 1　自然之友 2018 年公众捐款构成

资料来源：参见自然之友官方网站，年度报告，http://www.fon.org.cn/index.php？option = com_k2&view = itemlist&layout = category&Itemid = 119，最后访问时间：2019 年 7 月 27 日。

（二）公众募款方式的发展

　　动员公众捐款也是慈善机构与公众沟通、宣传组织理念、树立组织形象的过程（邓国胜，2007）。自然之友公众捐款构成的多元也意味着多元的募款方式，其现有的互联网众筹捐款、定期定额捐款（月捐）、拍卖酒会捐款、个人单笔捐款四种公众捐款类型分别指向不同的募款渠道。互联网众

---

① 访谈编码：20190726FONDS。

筹捐款，顾名思义，这一捐款类型的募款渠道是互联网，主要指特定时间节点的互联网众筹，例如"99公益日"。"互联网，特别是互联网筹款，必改变中国的慈善事业，丰富捐款途径，并提高捐款透明度。""从吸引多样化资金来源到更好地推广和赋能筹款、优化资金利用等，数字化技术都在快速改变中国慈善事业的运行方式。"（全球联合之路、贝恩公司，2018：2）定期定额捐款指捐赠人在周期性的固定时间点捐出固定金额，自然之友在探索前期曾经设置了月捐、生日捐、纪念日捐、季度捐等不同的定期定额捐款类型，后逐渐聚力于月捐。拍卖酒会捐款，这一募款方式的探索主要基于自然之友基金会的非公募属性，"因为我们不具备公募资格，只能做在特定场合面向特定人群的筹款，所以只能依靠线下活动，比如拍卖酒会"①，自然之友一般选择在周年庆时，通过定向邀请捐款人的方式在特定场合拍卖募集而来的、不同形式的捐赠物品②，以此实现面向特定人群的募款。个人单笔捐款则属于随机性捐款，捐款时间点不确定，且捐款额度有大有小。总体而言，这四种公众捐款类型在资金给付渠道上重合度较高，均以非现金为主，常见如微信、支付宝；而所谓差异，主要在于募款的场景不同。

月捐作为自然之友发展的战略性筹资方式之一，在从无到有的过程中亦面临诸多困难。

首先是合法合规的问题，当时《慈善法》刚刚实施，虽然对公众筹款有了约束，但是很多东西还不明确，没有明确规定说什么是可以做什么是不可以做的，这些都需要我们自己摸索。其次是技术支持不足，月捐的扣款方式跟不上，当时支付宝的渠道只开放给了壹基金，而银行的扣款渠道也是有门槛的，比如要求必须是上市公司、扣款资金规模要达到一定额度等，自然之友完全不符合条件。刚开始月捐人流失很多是因为捐款方式不便捷，捐款人承诺成为月捐人后，要填写一堆的表，然后每个月我们打电话提醒捐款人到银行转账。当时有人

---

① 访谈编码：20190725FONLZ。
② 拍卖的捐赠物形式亦不断丰富，总体可分为有形和无形，所谓有形指字画、文玩、衣物等；所谓无形指空间和时间，例如一位咖啡馆经营者捐献出其咖啡馆3个小时的无偿使用时间。

就说，我一下子给你 600 元放着，你分为 12 个月分别扣行不行，或者一下子给你转 90 元，分三个月扣；这样操作也是可行，但是后来捐款人数量多了，管理成本就非常高了，对我们来说也就不可持续了。第三个是筹款场所的问题，因为我们不具备公募资格，不能宣传招募捐款人，只能做特定场合面向特定人群的筹款，所以只能依靠线下活动去推广，比如我们搞拍卖酒会也是这个原因。还有个问题就是公众认知，大众压根不知道什么是月捐，也不明白为什么要月捐，所以我们做月捐也是公众教育的过程。这几年很多机构开始意识到月捐的重要性了，有些问题也开始得到解决，首先是技术方面，支付宝和微信都对公益组织开放了扣款渠道；其次是公募基金会开始分享公募资质。①

2017 年我们开始跟联劝基金会②建立合作，他们给我们分享公募资格，开始实行微信代扣，开通了月捐代扣。我们是 2017 年 7 月开通微信代扣，当年 10 月就有 240 位捐款人。捐款体验不好的时期捐款人的流失率很高，开通代扣功能之后才开始累积月捐人。虽然联劝开通了月捐代扣，但是后来我们发现月捐人的关系维护很重要。我们的联系人数据库是在灵析系统上的，而月捐人的数据库是在联劝；灵析也在推月捐，但是它不是公募机构也不是平台，只是做平台的技术方，后来是灵析帮我们联系公募基金会，我们找了爱德基金会分享他们的公募资格，然后在灵析上开通了月捐。2018 年 6 月我们跟爱德基金会开始合作，开通了用灵析代扣的月捐，把灵析上的志愿者数据库资源动员起来做月捐倡导。跟灵析的合作非常顺畅，我们遇到问题对方解决也很快，我们提出需求他们就能给解决，交流很顺畅；有少量人会退捐，我们也不好去问那些退捐的人具体原因，主要考虑是，如果是个

---

① 访谈编码：20190725FONLZ。

② 2009 年 12 月上海公益事业发展基金会成立，后更名为上海联劝公益基金会；2015 年 5 月，上海联劝网正式对外发布上线，并于 2016 年 9 月入选民政部首批慈善组织互联网募捐信息平台。该平台不仅为慈善组织提供技术支持，包括公募平台支持、活动管理系统、义卖商品管理系统以及开放支付接口；还提供服务支持，包括共享筹款数据、活动咨询及策划、线上线下的培训网络。

人原因而退捐，我们去问也不好，即使问了人家也尴尬；如果是因为对自然之友有意见而退捐那就更不好说了，人家也不太愿意告诉原因，我们只是发一个信息说"很遗憾，您要离开自然之友"。我们在联劝上总计有480多位捐款人，开通灵析的渠道后，联劝上的人数有微量减少，现在有420多位；而灵析这边增长很快，2018年6月开通的，现在有1200多人。2019年开始我们在腾讯上推月捐，公众估计也不太认识自然之友，流失率很高，我们看不到数据。我们在腾讯上的项目"用行动守护大自然"，开通了月捐，把自然之友的项目都打包进去了，2019年2月10日左右开通，捐款数额不稳定，捐款人数有900位左右，也不稳定。腾讯会定期给我们一个报告，可以看到通过月捐过来的捐款很少，一个月只有几千块的样子；腾讯主推的是乐捐，其中又以单笔捐为主，有的时候高，有的时候低，高的一个月有几万，低的时候没底，而且月捐数据也不给我们，腾讯那边的900多位捐款人和我们自己掌握数据的1000多人性质完全不同。所以说，还是要靠我们自己去推，腾讯的流量很大，本来是想依靠它的流量增加筹款额，但是要上腾讯的平台，规则要由他们来定，在内容上也会有限制，比如不让我们放公益诉讼的内容，还有就是不给数据。

我们在联劝上的420多位捐款人一年可以筹款25万元左右，目前累积也有40多万元；联劝有劝退机制，捐款人数少、钱也少的话就会劝退，比如说一年的捐款如果没有达到15万元或20万元就会劝退。灵析渠道的筹款累积也有40多万元，再加上腾讯上的筹款，目前月捐这块募款额有100万元的样子。其实前面几年的工作都是基础性的，2016年是开始，2017~2019年是投入比较多的探索时期，刚开始的时候大家都不知道怎么做，也不知道哪些是坑，各种探路，包括渠道的探索、方式的探索，还有就是捐款人维护的探索，怎么样才能不让人感到厌烦，什么样的沟通方式是让对方不反感的。有了前期的铺垫后，预计大概2020年的时候应该能够正式看到回报了。[①]

---

① 访谈编码：20190725FONYY。

表 10 - 7　自然之友 2017 年 8 月～2019 年 7 月联劝专项基金渠道月捐数据统计

月捐年月	月捐人数	月捐金额（元）	捐款失败人数	新签约人数	新解约人数
2019 - 07	430	22022.8	3	1	5
2019 - 06	436	21927.8	4	1	4
2019 - 05	454	22542.8	8	1	21
2019 - 04	457	22507.8	6	1	3
2019 - 03	467	23126.8	10	2	11
2019 - 02	475	23864.5	7	5	12
2019 - 01	481	23935.16	1	8	17
2018 - 12	488	23999.16	2	23	7
2018 - 11	475	24006.46	6	16	13
2018 - 10	468	23485.16	5	19	6
2018 - 09	458	23233.46	1	38	11
2018 - 08	432	21806.46	5	15	11
2018 - 07	422	20740.46	4	32	4
2018 - 06	394	19431.46	3	26	4
2018 - 05	374	18575.46	2	39	6
2018 - 04	337	17378.46	3	39	4
2018 - 03	310	16362.46	5	55	13
2018 - 02	259	13930.46	8	24	4
2018 - 01	241	14293.46	2	29	6
2017 - 12	221	13298.76	1	45	11
2017 - 11	181	11362	4	31	6
2017 - 10	160	10676	3	31	9
2017 - 09	132	8925	2	30	3
2017 - 08	104	7279	2	104	3

表 10 - 8　自然之友 2018 年 7 月～2019 年 7 月爱德渠道月捐数据统计

时间	捐赠人次	捐赠金额（元）	新增人数	取消人数	捐赠人留存率（%）
2019 - 07	1047	45489.09	22	2	91.67
2019 - 06	1141	48880.17	137	5	96.48
2019 - 05	1021	42878.63	66	5	92.96

续表

时间	捐赠人次	捐赠金额（元）	新增人数	取消人数	捐赠人留存率（%）
2019 - 04	970	41254.74	40	6	86.96
2019 - 03	952	39724.67	61	9	87.14
2019 - 02	911	38015.26	111	15	88.10
2019 - 01	802	33683.92	105	11	90.52
2018 - 12	707	28629.55	483	95	83.56
2018 - 11	128	4671.01	29	6	82.86
2018 - 10	101	3392.11	32	9	78.05
2018 - 09	61	2309	26	4	86.67
2018 - 08	37	1365	10	7	58.82
2018 - 07	22	672	18	3	85.71

月捐的工作成本对于自然之友而言也是一项挑战。凝聚公众捐款要经过一个漫长的过程，需要慈善机构进行长期的公民道德教育与慈善启蒙，筹款成本偏高。从以上两份月捐数据统计表可以看到，截至2019年7月，自然之友联劝渠道的月捐人数累计有430人，爱德（灵析）渠道的月捐人数累计有1047人，两个渠道捐款人的留存率都较高。

自然之友花了整整三年月捐人数量才突破了1000，这对于很多小机构来说是无法承受的。例如红树林基金会，他们也是一直想做月捐，但一直没做，今年他们理事会才同意开始做月捐，因为今年他们筹款比较顺利，年度筹资压力没有了，所以才批准做月捐。现在大家都意识到月捐很重要，但是做月捐的成本很高。壹基金很厉害，他们现在的月捐人数量增长是可以预测的；而自然之友还做不到，但也可以做个大概的预测，这个预测主要是基于我们自己掌握的数据，腾讯那套捐款系统的数据我们拿不到，腾讯上的捐款人数很多但是金额不多，不过腾讯可以带来流量，扩大我们的品牌影响力；腾讯的募款平台对于很多机构来说是很好的，可以有捐款进来，又不需要这些机构自己去做捐款人维护，但是自然之友是要做捐款人维护的，所以就涉及很多管理成本的问题。目前我们在捐款人维护方面的人力投入是两个全职加上两个兼职，仅仅是这个成本很多机构就没有能力或者没有那个意愿去承担。①

（三）月捐人招募技术

自然之友现有的互联网众筹、定期定额捐（月捐）、拍卖酒会、个人单笔捐四种公众捐款类型中，个人单笔捐为随机性募款，而互联网众筹和拍卖酒会均为特定时间节点上的募款活动，只有以月捐为主的定期定额捐对于机构而言是常规性募款活动，也是自然之友公众募款工作的重点，在其自有募款渠道仅仅开通或者说仅保留了月捐②。截至 2019 年 11 月 5 日，自然之友官方的捐款通道显示的月捐计划"慈善募捐 - 做大自然的合伙人 - 新华公益"，其公募支持机构为爱德基金会，已筹 503770.21 元，11811 人次捐款。

如何让更多的人成为月捐人？自然之友基于近年招募月捐人的实践经验有如下发现。

第一，与潜在捐款人建立熟悉感有助于募款。

> 我们之前尝试的对陌生人的劝捐很难开展，比如去市集、活动现场，接着又是发短信、发邮件、发活动通知，虽然说比陌生开发稍微好点，但也不行，后来想到选择好的时间点，比如春节、志愿者答谢会、环境日，营造一种特定的氛围，唤醒情感。其实，很多人本身跟自然之友已经有了很深的连接，比如我们的志愿者，比如有很多默默关注环境问题、关注自然之友的人，比如公众号的读者，以前我们以为这些人也没戏，但实际他们已经关注自然之友很久了，这种时间节点的推广只是让他们知道还可以通过捐款支持我们。总的来说陌生开发太难了，最好是有一定的熟悉度之后再进行劝捐，比如通过各种活

---

① 访谈编码：20190725FONLZ。
② 参见自然之友官方网站，"加入我们"，http://www.fon.org.cn/index.php? option = com_content&view = featured&Itemid = 126，最后访问时间：2019 年 11 月 5 日。

动让参与者先熟悉自然之友，熟悉自然之友做的事情。我们公众行动中心有很多面向公众的项目活动，通过项目招募普通公众，让他们通过活动接触和了解自然之友；我们给每个活动负责人都准备了一个二维码，活动参加人员扫一扫二维码就能进行捐款，成为我们的捐款人。现在我们自己组织的募款大概可以分为三种。一种是通过公众活动募款。第二种是一年中的常规时间节点推广，比如今年自然之友成立日的时候我们总干事写给新老会员的感谢信，信一发出去，那几天新增捐款人的数量明显增长，大概新增了有80人；春节的时候我们又推了一波，倡导大家给自己立一个新年小目标，新增了大概100人。这种推广，太频繁了也不好用了，所以我们推送的不频繁，一年大概3~4次。还有一种是通过比较有影响力的事件，比如绿孔雀保护、常州毒地案，以及一席演讲这样的活动。实际上，一席演讲产生的影响力对我们募款来说是意外，当时上一席主要是讲讲自然之友在做什么，扩大一下社会知名度，没想到演讲之后，下面有人留言问怎么给自然之友捐款，一席把这些留言转给我们，我们又转给了腾讯，之后才开通了捐款渠道，那次推送新增了差不多400位捐款人。还有平时的随手捐，现在这种自然增长每个月差不多有200人，人数超过1000人后增加就快了，我去年每天看，一上班就看；今年不再看了，大概每天保持几个人的增长。①

第二，地推的募款场景选择有利于识别潜在捐款人。

做地推（特定地点进行宣传推广）一定要进行用户调查，向不对的人进行劝捐基本就是无效的。在理念认同契合度高的群体中做劝捐比较容易，很多人认同你的理念，这种感受很好。前段时间我们在社区和公园做劝捐，效率很低。逛公园的人，主要是大爷大妈，还有带着孩子的人，他们看到我们发资料、做义卖，第一反应是认为所有东西是免费的，拿了资料看也不看就扔了，我们义卖的东西相对要贵些，

---

① 访谈编码：20190725FONYY。

他们也无法理解，嘴皮子说烂都没用的感觉。跟公园和社区比起来，我们在有机农夫市集做地推就相对容易很多。首先，那些去农夫市集的人本身就已经有了环保的理念，很容易产生认同感，我们再去做劝捐就很有效果；其次，劝捐的话术也很有关系，那种慢条斯理的耐心讲解，很能打动人，也很容易让人接受。还有一个有意思的点是月捐人福利，成为月捐人可以享受一些活动优惠，比如盖娅的活动优惠和折扣，有不少人在利益衡量下选择去做月捐人，这也是一个我们现在劝捐的方式，也是一种打开入口的方式。但是，我认为捐款人对自然之友的认同感是很重要的，比如有一次我们去有机农夫市集做义卖，那天卖了 2300 元左右，义卖现场有人跟我说："你们这样的机构存在很有意义，让我感觉这个世界还是有希望的。"我听到这样的反馈，心里非常感动。①

第三，线上和线下资源的有效整合更有利于发展捐款人。

　　发展月捐人是一个艰难的过程。我感觉 300 人、400 人是一个发展瓶颈；而且线下做活动的影响力非常有限，尤其是经过一席演讲这个事情，一下子带来 700 多位新增月捐人，我们的月捐人数量一下子就突破了 1000 人，我们意识到线上的影响力比线下大，比如"六五环境日"的时候总干事写了一封感谢信，通过传播推广一下子增加了 100 位月捐人；梁先生纪念日的时候，有杂志发了一篇纪念文章，传播之后也带来了不少新增月捐人。这种募款方式应该跟我们的文化有关，在国外以及我国台湾、香港地区，你可以直接上街跟大众面对面地筹款，但是在大陆不行。之前团队去公园做一些落地活动进行筹款，效果很不好，公园的老人居多，他们更关心有没有免费的小礼品可拿，给他们发资料又看不懂。所以，依靠互联网是最好的方式，是突破小目标的方法。月捐这个事情，公众意识非常重要，我们的社会公众需要这方面的教育，但这又不是一个机构能做的，需要大家一起来做公益方面的

---

① 访谈编码：20190725WAGAQK。

公众教育。[1]

但是，对于一个公益机构的可持续发展而言，更重要的是把月捐纳入机构整体性的工作规划中。

> 月捐是一个机构战略的事情而不应该是某个部门的事情，自然之友刚开始做月捐的那段时间，团队工作尤其是每个人的工作并没有得到足够的支持。像自然之友这种中小型的公益机构，每年的资金盘子不大，但是做的事情很多，大家没有好好地坐到一起来谈谈整个机构每年的资金是怎么来的，月捐占比多少，未来月捐的目标需要达到多少，这些问题都没有很好地讨论过，大家都在埋头做事。今年开始，部门调整后有很多变化，打破了会员、公众和传播几个部门之间的原有隔阂，总干事也开始更多地投入和参与月捐这个事情，局面慢慢地打开。[2]

实际上，中国公益领域有越来越多的机构开始认识到月捐的重要性并致力于发展月捐。满天星青少年公益发展中心（简称满天星公益）开通了两种捐款方式：一次性捐款和月捐计划。其一次性捐款的筹款项目"满天星公益图书馆"，于2017年12月26日发起，至今（2019年8月15日）已筹1328120.18元，捐款人次78818人，企业配捐573315.69元；月捐计划（中国儿童少年基金会–新华公益平台）从2015年12月31日至2019年8月15日收款总额为24486603.96元，支付人次为19835人[3]。比较满天星公益的一次性捐款和月捐计划可以发现，前者人次是后者的近4倍，但月捐的捐款收入总额则是一次性捐款的18.4倍。此外，拥有公募资格的基金会也在发展月捐，例如中国扶贫基金会[4]的"善积月累"和"加油月捐大家庭"，

---

① 访谈编码：20190725FONLZ。

② 访谈编码：20190802FONJGZ。

③ 参见满天星青少年公益发展中心网站，"信息公开（捐赠明细）"，http://www.starscn.org/home/financial/donationDetailLx.html，最后访问时间：2019年8月15日。

④ 参见中国扶贫基金会官方网站，http://www.cfpa.org.cn/，最后访问时间：2019年7月30日。

其"加油月捐大家庭"的月捐通道显示"月捐人次"为 15565 人,捐款总额为 18662360 元(截止时间:2019 年 7 月 30 日);壹基金 2019 年 1~6 月的渠道公示显示,获得捐款最多的支付渠道中,支付宝渠道获得的捐款最多,其中又以"支付宝爱心捐赠 – 月捐"居首,支付宝的月捐页面显示"壹基金儿童月捐"项目时间为 2016 年 5 月 24 日到 2020 年 2 月 28 日,参与捐款人数为 31342442 人,已筹善款 255790094.11 元[1];财付通的月捐页面显示"壹基金困境儿童关怀项目"于 2009 年 5 月 9 日发起,已捐助善款总额为 78954823 元[2]。

五 月捐作为一种社群建构方式

自然之友将其会员分为捐赠人(即"捐赠型会员")和志愿者(即"行动型会员")[3],所谓捐赠人是指自愿对自然之友提供单笔或定期定额捐款(不分金额多寡)的捐赠行为者(注:"捐赠人"即"捐款人");所谓志愿者是指亲身参与自然之友志愿者服务工作,或在各地为环境保护自愿付出时间、精力及行动者,并统称为"大自然的合伙人",捐赠人和志愿者的权利如表 10 – 9 所示。

表 10 – 9　捐赠人和志愿者的权利

成为捐赠人可享有如下权利	成为志愿者可享有如下权利
1. 优先参与自然之友活动,活动费用视活动实际状况享有优惠	1. 获取与自然之友志愿服务项目或活动相关的信息
2. 受邀出席自然之友年度年会	2. 在各地申请成立志愿者行动社群
3. 受邀参与自然之友会员活动(北京地区及各地志愿者小组所在地,视当地活动实际办理)	3. 优先参与自然之友活动,活动费用视活动实际状况享有优惠

① 参见支付宝公益平台,"壹基金儿童月捐",https://love. alipay. com/donate/itemDetail. htm? name = 2013080915130969244&status = E,最后访问时间:2019 年 7 月 30 日。
② 参见腾讯公益平台,"困境儿童关怀",https://gongyi. qq. com/loveplan/wangyuantongmeng. htm,最后访问时间:2019 年 7 月 30 日。
③ 参见自然之友官方网站,"加入我们",http://www. fon. org. cn/index. php? option = com_content & view = featured&Itemid = 126,最后访问时间:2019 年 11 月 5 日。

续表

成为捐赠人可享有如下权利	成为志愿者可享有如下权利
4. 受邀参与自然之友捐赠者专属活动（不定期）	4. 受邀出席自然之友志愿者年会或志愿者答谢会
5. 对自然之友管理团队的工作提出建议和监督	5. 受邀参与自然之友志愿者专属活动（不定期）
6. 查核捐赠公示详情	6. 对自然之友管理团队的工作提出建议和监督
7. 随时停止捐赠自然之友	7. 自然之友每年会颁发志愿者答谢状，以示对志愿者志愿服务的感谢
8. 年度捐赠（含单笔捐赠及定期定额捐赠）金额超过1200元人民币者，可获得捐赠满额礼及感谢卡	8. 针对京外各地志愿者的表彰，自然之友推动各地小组进行不同形式的志愿者表彰

（一）关系边界的建构

《2014年报告：美国志愿服务与公民生活》[1] 数据显示，志愿者或有过志愿服务经历的人的慈善捐款额度几乎是非志愿者或无志愿服务经历的人的两倍。志愿服务和捐款行为之间的这种关联性在自然之友的月捐人群体中亦有所体现。

> 我们的捐赠人和志愿者有重合，虽然是简单划分为行动型志愿者和捐赠型志愿者，但是二者重合度很高，这也是自然之友捐款人的特点，自然之友的捐款人发展是基于庞大的志愿者基础。[2]

> 很多（人）先做我们的志愿者，然后成为月捐人。因为成为志愿者的门槛比较低，而成为月捐人还是有点门槛的；未来可能会有变化，比如先成为月捐人，再成为志愿者，因为我们的月捐门槛也比较低了，捐多少都可以，一个月1块钱都行，设置了各种额度，不过我们针对不

---

[1] 参见 Corporation for National & Community Service, Volunteering and Civic Life in America 2014 Report, http://www.volunteeringinamerica.gov/infographic.cfm, 最后访问时间：2020年1月18日。

[2] 访谈编码：20190726FONCT。

同额度的月捐人服务也不太一样，比如月捐 30 元以下的就不打电话了，因为机构人手有限，维护成本比较高。[①]

志愿服务是自然之友与公众建立连接的重要方式。

我们很乐意看到这些志愿者转变为捐款人，捐款人不是凭空产生的，一般是先通过活动了解到自然之友，在不断增进了解的过程中自愿成为捐款人。我们对待志愿者和捐款人是两种不同的方式，即使这两种身份有重合，我们也是采取区别对待，不同身份代表着不同的诉求，志愿者的诉求和捐款人的诉求是不一样的。自然之友未来需要在以下两个方面着力提升捐款人发展和转化。

（1）自然之友的自有流量转化。我们有很多线下活动，这些活动是和潜在捐款人建立联系的渠道，和自然之友产生联系的人更有可能成为捐款人，但是目前我们很多线下活动没有很好地进行流量挖掘，没有做很好的捐款人动员，比如有很多讲座没有很好地动员，比如说，观鸟虽然不是一个封闭空间的活动，但是领队是不是可以在活动开始之前做一个介绍，稍微做些募款动员。

（2）社会动员。那些关注社会、关注环境问题解决的人更可能成为自然之友的捐款人，比如一席的演讲之后我们就新增了很多捐款人。[②]

我们的一日馆长项目，实际是志愿者项目，虽然报名参加项目的时候会收取一点报名费做押金，但是在他们完成培训和任务后这笔押金会如数返还。项目未来会加载劝捐大使，下一步计划在一日馆长中推这个事情，从一日馆长到劝捐大使，再到自己成为捐款人。有一个一日馆长是个小姑娘，受影响后成了自然之友捐款人；实际上，我作为项目负责人，花了很多时间去做陪伴，这些志愿者们做讲解的时候，我花了很多时间去帮助他们复盘和提升讲解水平，所以他们很愿意来

---

① 访谈编码：20190725FONYY。
② 访谈编码：20190726FONDS。

低碳展馆志愿付出，比如这周日我们低碳展馆举行 1 周年的聚会，几乎是搞了一个不花钱的聚会，很多东西都不用掏钱，一日馆长们什么都从自己家里带来了。①

或许正因为月捐是目前唯一的常态化公众募款模式，自然之友非常重视与月捐人之间关系的维护。

一直以来自然之友都习惯从资助方拿钱，然后去做事，关注重点在如何把事情做好，而不太关注钱怎么来，因为项目有人出钱，我们只要把事情做好了就行，但是有了月捐后，比如公众行动这块的项目现在基本上是靠月捐的非限定性资金，当你发现项目的钱来自一个一个公众的时候，设计活动的时候就会更多地从公众视角去考虑了，现在我们还是在做同样的事情，但不是说拿着某个基金会资助的钱，而是拿着别的公众的钱来支持和培育项目惠及的公众群体，这就跟以前很不一样了。②

一位月捐人则以一种感性化的方式描述自己和自然之友的关系。

自然之友带给我什么，更多是精神上的吧，其实就是一种对自己的认可，平时我很关注自然之友，发展好了我很高兴，不好了我也会难过，就好像你有一个孩子，平时很忙没有时间陪他，你就会有意识地花点时间陪他，我对自然之友也差不多是这样一种感觉。③

而有的月捐人则认为每个月的捐款是一种强化理念的有效方式。

刺激才能有反应，通过月度的捐款与那些具有环保意识的人产生

---

① 访谈编码：20190725WAGAQK。
② 访谈编码：20190802FONJGZ。
③ 访谈编码：FONSZZMH20160820SZ。

联系，是一种意识强化，还能不断地激活某些情感觉醒，每到特定时间点对我刺激一下能让我保持一种情感的新鲜度，也能够经常保持一种热度，一种持续性的刺激能够产生一种不间断的连接。[1]

我们无法通过联劝系统开展月捐人维护，举例来说，如果有一个人参加了我们的探水活动，也参加了自然教育的活动，还参加过蓝天实验室的讲师培训，有一天他成了我们的月捐人，如果他是通过联劝的渠道加入月捐计划的，我们就看不到这个人以往参加过的那些活动痕迹，不了解他在成为月捐人之前已经与自然之友产生的那些连接；因为他参加这些活动的数据都在灵析上。灵析和爱德的这个捐款渠道，捐款人的活动痕迹和数据就比较完整，方便我们做月捐人维护。不过，我们现在也把联劝系统的月捐人信息默默地加到了灵析系统里，这样我们起码可以给月捐人发短信、发邮件，能够完成一些基本的月捐人维护。[2]

有些人觉得我们对捐款人太好了，有专门的服务号，有特定的福利和活动；但捐款人对我们的服务是否满意不好说，而且我们的捐款人服务主要集中在北京，外地的捐款人除了电话和邮件联络就无法提供其他服务了。有不少人一打电话来就会问我不在北京怎么参加活动，我们也感觉很抱歉，因为现在我们的地方小组是面向当地的注册志愿者，而不是面向当地捐款人的；对于我们来说，小组分布在十几个城市，精准推送信息的技术还达不到，我们无法提供给月捐团队每个月各地小组有什么活动，以前的做法是有个实习生挨个打电话去问小组，然后统计，统一发布，之前我们的设想是让他们自己在灵析上发布活动信息，我们还专门去给各地小组做了培训，但是很多小组还是不用，因为必要性不大，有的小组在当地已经有很好的志愿者平台，比较方便，活动不可能同一个信息在两个平台上发布。[3]

总体而言，自然之友与其捐款人之间的关系比较简单。

---

[1] 访谈编码：FONXYCDB20160821SZ。

[2] 访谈编码：20190802FONJGZ。

[3] 访谈编码：20190725FONLZ。

捐款人通过捐款行为支持机构发展，机构通过专业做事、保持信息公开、提供捐款人服务和福利来回馈捐款人；二者之间同时保持线上和线下的关系渠道。自然之友的捐款人以理性和长期持续性捐款为主，不像有些机构有不少冲动型的捐款人，而且不会因为自己是捐款人而干扰机构工作。[1]

但这种简单的关系是建立在月捐人个体对机构的认同和信任之上的。

贵州有一位老师，有一次给我打电话诉说了很多，她说对自己所处环境的日益恶化很伤心，环境跟以前相比越来越差，她就去举报环境问题，周围人不理解，认为她多管闲事；她是吃素的，也很少参加朋友聚会，因为饭局上没什么菜是她能吃的，时间久了，朋友们就觉得她不合群；此外，她的课一般不给学生留作业，她经常会带孩子们去观察自然，但是家长们对她的做法很不满意。这位老师感觉自己很另类，周围人无法理解她，很痛苦。对于她这种情况，我很理解，因为自然之友做的很多事情也经历了这样一个从不理解到理解的过程，也都是这样一步一步走过来的。我做捐款人维护，时不时就会遇到这样的事情，我很理解，但也只能给予宽慰和鼓励，但也感觉很有意义，会让他们觉得还是有同道中人，能够给他们一种心理上的支持也挺好的。[2]

有一些捐款人很理性，他们对机构有一种透明公益的期待，会来问我们捐款的使用方式，其实，我们对所有捐款的使用都会定期进行公示，这些捐款人很好地推动了我们的工作，让我们把透明公开做得很好。[3]

有一次扣钱扣错了，不知道为什么多扣款了，但是处理得很及时，所以感觉还好。以后需要在机制上避免这样的事情发生，处理方式上及时性很重要。[4]

---

[1] 访谈编码：20190726FONDS。
[2] 访谈编码：20190805FONHYP。
[3] 访谈编码：20190725FONYY。
[4] 访谈编码：20190725FONHF。

有个别人打电话来说，我们这里出现了什么问题，希望你们自然之友去处理，好像把自然之友当作了一个服务机构，不过他们主动找到自然之友也是出于信任，比如说"我们小区空气不好"、"我家这有一条河水质不好，你们要来管管"，遇到这样的请求，我们会让对方把情况具体写一下，拍些照片、收集一些污染信息发到我们机构邮箱，然后交给相关团队去判断是否可以参与，通过我们正常的工作程序就能很好地处理了。[①]

目前，自然之友的月捐人尚未被纳入机构治理主体范畴。

目前月捐人还没有参与到机构治理，但是我们的大额捐款人可以成为机构理事，这是基金会的相关管理规定，说是基金会的发起人和大额出资人都可以进入理事会名单，还说重要的捐款方可以指定理事，但对这一点民政局也说不清楚，"重要的捐赠人"是指基金会原始注册资金的重要捐款方还是指运营阶段大的项目资助方，不过我们都会把监事名单发给大的资助方，请他们确认一下。[②]

（二）捐款人社群化

自然之友的月捐人调查发现，月捐人对号召和推广月捐具有积极影响（自然之友，2018）。也有学者认为"他人的帮助会使受助者感激，从某种意义上来说，这种感激就是一种社会报酬，感激性的帮助也因此变得令人愉快，尤其在感激得到公开时对于捐款者而言更是如此，不仅如此，这样的帮助还会引发另一种形式的帮助，由此产生的互相交换恩惠会加强人们之间联系的社会纽带"。（彼德·布劳，1988：17~18）

自然之友非常重视月捐人维护工作，除了扣款通知、生日祝福、紧急事项告知等日常性维护工作，还开发设计了面向月捐人各种活动。

---

① 访谈编码：20190805FONHYP。
② 访谈编码：20190726FONDS。

（1）面向大额捐款人：每年都有捐款人答谢会，是定向捐款人的专门活动，一般是邀请当年的大额捐款人参加，我们通过梳理整个捐款人的名单和信息，并结合活动场地可容纳人数，如果场地可以容纳80人，那我们就会选择排在前80位的捐款人进行邀请；这个活动是每年都有的，但是2018年没有办，因为这一年会太多，有志愿者答谢会、筹款酒会、年会等，考虑到人手和成本所以这一年就没有举办捐款人答谢会，但是之后还是要恢复每年都举办。（2）捐款人探访活动：每年组织两次这样的探访活动，探访的地方是那些不会正式对外开放的场所，但是因为自然之友有这样的关系能够组织小规模的探访，所以我们把它做成了专门面向捐款人的福利活动。现在我们有两个地方，一个是麋鹿苑，由于我们相关专家的关系，可以带我们进去核心区参观，而且由资深专家亲自讲解；另一个是野生动物救助中心，野保中心每个月有公众开放日，我们可以定制自然之友的专场，而且也是我们的一位专家做讲解。这是每年都会有的活动，春季一次，秋季一次，非常受欢迎。（3）我们还会不定期地组织一些面向捐款人的活动，比如有人提供了电影票、瑜伽课，票数有限，我们会在公众号上发布消息，然后捐款人留言，我们从留言中挑选捐款人去参加。（4）我们还有一些自组织的收费活动，为月捐人提供优惠打折，比如盖娅的一些活动，类似无痕山林讲师的培训，如果是捐款人参加就可以有一定的优惠打折；还有就是一些"手慢无"的活动我们也可以提供捐款人优先。[①]

有针对月捐人的福利，这些信息会通过公众号进行推送，自己报名就可以了。有一次我就获得了冰球赛门票，带我儿子去了；有合适的活动我都会带儿子去，让他有更多的体验，扩展视野；对于有孩子的人来说，亲子类活动比较吸引我，主要是为我儿子考虑更多。[②]

现在面向月捐人的活动更多是单向的，缺少互动性，每个月扣钱的时候给我一个通知，你从我这里拿钱，知会我一声是应该的。但在捐款人福利方面还可以做得更好，虽然有不少活动我都知道，但我都

---

① 访谈编码：20190725FONYY。
② 访谈编码：20190725FONHF。

没有报名参加，因为不太感兴趣，应该给每个月捐人都贴一个活动兴趣的标签，分类组织活动。[①]

但是，这些活动的性质更倾向于是一种福利性活动，而非基于特定目标的社群化建构。

> 我认为现在我们的捐款人还不是一个社群，捐款人之间的横向连接不存在。捐款和社群化是两回事，而且我们也还没有做以捐款人为特定人群的社群化的推动工作，横向不影响纵向，社群化还不影响捐款行为，但是有的机构二者是交织的，比如广州的同性恋社群，不过这跟我们的目标群体不一样。[②]
>
> 社会主流似乎不鼓励合作，比如体育运动，大家都很关注个人而不关注团体，好像男单女单才是奖项，而团体奖项似乎就不是奖项了。而社群恰恰是要鼓励合作，一群人可能因为某个兴趣或议题集合起来，在社群中实现相互协作，彼此没有上下级关系，大家共同协商建立规则，实现自组织，把事情做成。但是我们常见的团队协作，总是会寄希望于一个标杆化声音和人物的出现，而不是说大家都是平等的。比如观鸟，如果这个社群出现了一个所谓的观鸟大咖，就会出现一种假繁荣，因为如果这个大咖某一天不在了，这个社群可能就作鸟兽散了。社群的重点是培育"愿、能、会"的人，这些人愿意投入时间和精力，具备一定的能力，也会做事，愿意授权并愿意鼓励和支持别人，不断地去发现别人，从而为这个社群持续地投入。
>
> 我们的重点应该是推动社群转化为捐款人，而不是推动捐款人社群化，比如盖娅的亲子团，比如清河项目的走水社群，在社群中，让人感受到机构的三观，只要机构在，社群跟机构之间的组带就会一直存在，通过社群形成的捐款人是稳定的。自然之友有针对性地在社群方面发力是近两年的事情，其实之前的很多项目已经形成了社群，比

---

① 访谈编码：20190725FONHF。
② 访谈编码：20190725FONLZ。

如清河项目形成的清河社群，但是有些项目没有沉淀出社群，这很可惜，比如蓝天实验室、垃圾研修营，我们培养了很多讲师，他们都参加过蓝天实验室的授课，有共同属性，但只是形成了人群而不是社群。判断一群人是不是一个社群，要看他们有没有自组织，是否形成了自组织的规则，是不是具备持续自运营的能力，而不是说你成立了一个组织，然后自然之友给一定支持补助，这是行政，因为资金、资源都意味着权力，而社群不是靠权力维系，而是需要形成自组织，实现自运营，比如都喜欢骑自行车的人聚到一起，开始建立规则，共同商讨形成规矩，群体规则可以不断更新，这才可以说是社群。①

相较而言，上海联劝公益基金会似乎更进一步，成立了"劝友会"，每年组织线下公益活动，旨在通过这一捐款人社群"为每一位关心公益的捐款人提供专业服务并陪伴成长"。一位安徽的"劝友"这样说，"这是我最欣赏这个项目的地方，它维系了一种有温度、能够自我成长的社区文化，超越了其关注流动儿童的范畴。而这个小小的儿童活动室，无意中成了附近居民日常交流的一种方式，乃至解决一些邻里问题。而曾经被授之以鱼的居民们也在这个过程中自我成长，帮助自己、帮助城中村的其他人"。②

六　中国公众月捐发展的困境和展望

全球慈善捐款从捐款来源和捐款额度看，均以传统的捐款形式为主，且通常是宗教动机；即使在西欧的世俗国家，宗教捐款在公众捐款中仍旧占很大比例；例如，荷兰40%的公众捐款为宗教捐款，而在加拿大，约50%的公众捐款是流向教堂、清真寺和其他宗教实体。不同国家/地区，公众捐款的优先资助领域也会有所不同，例如英国和荷兰，医疗研究是公众捐款最主要的资助领域，健康、医疗研究和资助医院可以动员最大规模的

---

① 访谈编码：20190726FONYM。
② 参见上海联劝公益基金会官网，"2018年年报"，https://www.lianquan.org.cn/Know_Show-InfoDisclosure? id=75&file=Picture_GetMaterialPdf%3Fid%3D162，最后访问时间：2019年11月11日。

捐款；而在印度，传统形式是救济型捐款和公共工程捐款，这两种类型也是整个印度公众捐款的主要资助领域；而一些欧洲国家的捐款则与这些类型都不同，例如 2013 年德国公众捐款总额的 74% 和比利时公众捐款总额的 61% 均是资助国际人道主义援助（WINGS，2018：11）。

　　虽然公众对慈善组织的品牌个性更强调善良、同情、关心等道德因素（Beverly，Gregory，Victoria & Faye，2005），但在中国情况又会略有不同。《2018 年度中国慈善捐助报告》显示（王勇，2019b），我国慈善捐款的主要接收方仍是基金会和慈善会系统，社会捐款主要流向教育、扶贫与发展、医疗健康 3 个领域，占捐款总额的比重分别为 29.4%、24.72% 和 20.44%，合计超过总量的七成。这与已有研究发现基本一致：公众捐款流向某些特定领域，教育、扶贫、救灾和健康医疗四个领域吸引了我国公众捐赠超过 70% 的资源；我国公众捐款大多集中流向了"中"字头或"全国"抬头的社会组织（康乐，2013）；这与本课题组此次问卷调查数据结果也一致，医疗健康、减灾与救灾、扶贫与社区发展是中国 2018 年度公众捐款最多的三大领域；儿童青少年、残障人士和老年人是中国公众捐款前三位的受益对象人群；济贫程度越高的基金会越可能得到较高的总捐款收入；虽然个人和机构捐款者均较为注重济贫程度，但个人捐款者比较注重社会福利程度，而机构捐款者比较注重自身社会价值的提升（李维安等，2017）；教育行业的基金会也会获得更多的慈善捐款，但基金会所在地越发达获得的捐款越少（陈丽红等，2014）；环保事业通常所需的资金很多，而社会曝光度又比较小，使得中国富人通常不愿意向这一领域捐款（李珠，2018），正如一位自然之友的工作人员所说，"很多人是希望通过捐款推动解决社会问题，如果我们对月捐的用途进行分类的话，也就是说在月捐的入口贴几个标签，那估计很多月捐会给绿孔雀保护项目，因为绿孔雀的公众认知度很好，组织的活动很丰富，公众参与和公众知晓度都比较高"。[①]《中国大陆公益行业月捐人调研》的发现也印证了如上结论，59.9% 的月捐人表示自己偏好支持教育助学类项目，占比第一；其次为弱势群体帮扶、环境和动物保护领域。

---

　　① 访谈编码：20190725FONYY。

虽然中外公众捐款行为的影响因素基本一致（Harbaugh，1998；Sargeant & Hilton，2005），但中外亦有别。例如国外研究发现，能够获得社会声望和赞赏是公众捐款的另一个极其重要的动机，原因在于参与慈善捐款的人往往被公众给予较高的社会认同（Reinstein &Riener，2012）；但在中国，显性效用与捐款次数、捐款额度之间的相关性不显著（陈天祥等，2012），出于提高自己名声、声誉等的捐款通常会受到国人的排斥（杜兰英等，2012），中国公众会比较关注捐款渠道是否方便、是否有反馈和渴望对其所监督等（刘能，2004）；国外相关研究发现慈善组织规模对吸引慈善资源有显著影响（Faircloth，2005），组织的知名度和规模等构成的组织形象对捐款吸引力的影响显著（Gibelman & Gelman，2001），但中国公众对慈善组织人数规模的注重程度并不高，慈善组织领导人的地位和声誉是人们判断慈善组织形象的重要指标；慈善丑闻会损害人们对慈善组织的信任，影响人们对慈善组织的捐款（杜兰英等，2012：95）；社会组织运作效率是中国捐款人最为关心的信息，这一结论与西方发达国家样本中存在的非营利组织管理效率负向影响社会捐款收入的结论也不一致（侯俊东等，2016）。一项对腾讯公益上线的 109 个公益项目的研究结果发现，中国捐助者并不太关心项目所属组织的法律地位或问责措施；而展示组织能力、使用受助群体中具体个人故事以及提供低风险的解决方案（如直接给现金和实物援助）则与项目能够筹款成功有关；与认捐者自身的社交网络和营销能力相比，病毒性网络和病毒式营销在公众筹款中更为重要（Zhou & Ye，2018）。本课题问卷调查数据结果显示，多数公众在捐款之后并不会特别关注后续信息，在信息获取方面较为被动；而非捐款者则更强调客观环境对其捐款行为的制约，较多关注经济状况、求助信息的可信度以及他人的影响等。

公众捐款呈现的中外差异无疑与各国社会的地方文化和所处发展阶段密切相关，这也提示我们不仅需要一种全球性的比较视野，也需要一种语境化的发展视角。"虽然慈善的观念蕴含于我国传统文化中已有数千年，但还是仅停留在个别人的扶危济困上。在现代公益下，人们还未形成主动自觉的捐赠习惯。我初入公益行业时，很多人说公益也有"大小年"之说，如果某年灾害多，就是'大年'，公益机构就像打了鸡血似的；如果某年没有什么灾害，就是公益的'小年'，大家就很平淡。一个良性的捐赠文化应该是这样的，只要温饱有保证的人，每年都应该自觉地进行捐赠或从事志愿活动，并让其成为一种生活习惯和生活方式。"（善达网，2018）

一位自然之友的月捐人谈及月捐对于自然之友的未来发展的影响时说："自然之友作为一种标杆，基于这种意义，存在本身就是有意义的。以公众月捐的方式支持机构的长期发展，是危机与机遇并存，风险和荣誉并存。"① 事实的确如此。月捐对于自然之友而言，不仅是机构一项业务板块的从无到有，而且也是一个行业在中国公益慈善领域的从无到有；从一个机构到一个行业，是一个生态系统的建构过程。

"自然之友的月捐工作发展到现阶段，面临的主要困难有二。首先是中间链条太长，捐款从捐款人手中到大机构执行的手中，中间存在两大平台，即互联网公开平台和公募资格平台。从受捐机构发起募款到最终款项到达，中间涉及较高的平台成本，例如从捐款人手里捐出 10 块钱，最终到受捐机构手里只有 9 块钱，10% 的中间成本是平台成本。其次是现阶段公众对捐款的态度尚不成熟，公益教育也不完善，公众普遍认可的公益项目主要是扶贫、疾病救助、儿童等，而对环保议题关注度不高，不太理解环保工作的价值和意义。"② 这两大困难，实际上反映的是整个月捐行业的发展现状。基于自然之友的实践经验，针对月捐行业的未来发展，如下建议或许值得参考。

第一，建议大型资助机构增加对公益组织非限定性资金的资助。

从机构定位来说是希望大力推动月捐，定期定额捐款对于其他资助渠道来说，首先是资金来源相对稳定，第二是非限定性的资金对于机构的整体发展更好，因为自然之友的目标是用行动守护大自然，是比较宽泛的概念，限定性资金越少越有利于机构发展。但是，现在很多资助方还是对限定性和非限定性资金理解不深，比如我们这两天有一个比较大的资助方过来审计项目，这个项目最初的目的是支持机构发展，属于非限定性资金，但是审计的时候却被当作限定性资金进行审计，我们就需要不断地解释和说明。现在机构的非限定性资金来源

① 访谈编码：FONHZXYX20160821SZ。
② 访谈编码：20190726FONDS。

主要分为三块：首先是月捐；其次是面向企业的服务性收入，比如零废弃赛事和垃圾减量的培训课程，以企业购买服务的方式创造收入，这部分收入进入机构的资金盘子后就被作为非限定性资金使用；还有就是战略性资助，一些比较大的资助机构，会为发展中的机构提供资金，支持机构的长期发展，目前这块还是我们非限定性资金来源的大头。[①]

第二，建议平台机构更加重视月捐。

希望更多平台能把更多流量给月捐，月捐是可持续的，而不是一下子就说来一个爆款的筹款产品；月捐能为机构发展提供最好的规划，创造稳定的资金预期，能够更好地开展工作和项目规划。以腾讯公益平台为例，给到月捐的流量很少，所谓流量就是指捐款页面的主页和吸引注意力的版面位置，现在这些版面位置的筹款项目主要是贫困、儿童、残障、老人等这类，这些项目呈现的都是很悲情的面孔，比如贫困儿童的面孔，我们的项目不可能说把污染地的孩子的面孔放上去，即使我们可以放一些孩子的面孔，也是笑脸的孩子。[②]

公益组织开始面对"99公益日"这样所谓公益界的春天的时候，很多筹款大户特别关注怎么在最短的时间内筹到最多的钱。当基金会出让自己的公募资格的时候，行业内就出现一种不好的情况，注意力开始转向如何套钱、如何捞钱，而没有真正把功夫下到人身上，公益组织如果光靠企业或政府，而没有毛细血管，就等于没有根。这个行业一直都在拼命做标杆、立大树，但真正应该做的是培育竹林，不能光有大树，只有大树而没有小草，整个生态系统是不健康的。[③]

我们跟腾讯合作，他们刚开始的进入门槛很高，要求在腾讯平台的以往筹款金额达到一定额度才能上，这个门槛刚开始的时候就把我们挡住了。后来我们发现有一家小机构的项目上去了，就跑去求经验，

---

① 访谈编码：20190726FONCT。
② 访谈编码：20190726FONDS。
③ 访谈编码：20190726FONYM。

对方说关键是要"脸皮厚",跟平台不厌其烦地去解释机构的使命、项目的价值和意义等,让对方理解机构做的事情。后来我们就去跟腾讯沟通,大概用了一个多月的时间月捐就上线了,这个项目上线后,我们也就跟腾讯建立了实质联系,到了一些关键节点的时候他们也会自然而然地想到我们,帮我们做推广。前几天,腾讯准备了一篇文章是说"天气变热,地球还能坚持多久",他们自己想发,然后想到了自然之友,就来问我们有没有跟这个主题相关的项目,可以和这篇文章一起推送,我们就整理了这些年低碳项目做的事情,包括低碳家户、低碳展馆,以及在巴黎气候大会上举办主题论坛等工作,因为我们平时工作扎实,有很深的积累,所以有很多可以跟公众说的东西,腾讯这篇文章推送后,阅读量有几十万,有上万的支持者,不仅带来了5万~6万元的公众捐款,也让大家知道了这些项目背后是自然之友。①

第三,加强面向公众的公益教育。

最好是能够在教育体系内加大宣传,提高公众对公益的认识水平,理解公益的价值和意义,而不是一发生灾害要救灾就只能动员党员捐款,或者让某个富豪一下子捐一笔巨款,应该让这件事成为公众的事情,让每一个人都意识到自己有这个责任为救灾做出自己力所能及的贡献,这才是真正的公益。②

从机构来看,重要的是扩大机构影响力,之前的机构影响力还只是圈里知道,圈外不知道,我们跟一席合作后,有很多新人加入,可以说是一种向圈外扩散的尝试;我们不能只在圈内玩,而圈外不知道,要突破同温层,借助相互合作,扩大社会影响力,让更多的人知道我们以及我们在做的事情,然后成为捐款人。③

月捐不是一个张扬的方式,是细水长流的事情,能够为机构带来

---

① 访谈编码:20190802FONJGZ。
② 访谈编码:20190726FONDS。
③ 访谈编码:20190726FONCT。

可持续的资金来源，同时对机构的信息公开等工作提出很高的要求。每一个捐款人的捐款行为都应该是一个理性选择，但是现在互联网让大家的心态变得急躁，强调所谓爆款的筹款产品，很多机构本身也不重视月捐，平台也不重视月捐，大家都在强调要快速地筹大量的钱，而不重视做细水长流的事情。我们从决定做月捐开始摸索，到近三年第一年10万元、第二年20万元、今年100万元的数字，如果没有前几年的基础是不可能实现的。推动月捐，需要公众更加理性的捐款行为，也需要更多的平台支持，让公益机构跟捐款人产生更多连接。自然之友坚持做月捐的工作，有人说："你们不错呀，每个月有7万块钱进来，一年就有84万（元），再加上腾讯，一年的有100万（元）的资金进来。"但是大家看不到我们前几年的基础工作。现在很多机构也开始做月捐，发个朋友圈，只有几十个捐款人，钱非常少，还不如去参加创新大赛得到的奖金呢。我们需要理性的捐款行为，不因一时冲动，而是认真地做了机构和事情的评估，把钱捐给机构，是因为他们做的事情是有价值的，是自己希望看到的，比如我个人捐给瓷娃娃，不是因为这个人群活得很惨，而是这个机构做的事情是有价值的，我支持绿色江南，不是因为这几个人，而是他们做的污染源监督工作有价值。[①]

世界上很多地方都已形成了捐款惯例。例如，澳大利亚红十字会有"月捐计划（make a monthly donation）"，该计划于2009年筹得1200万澳元，2010年超过了1900万澳元，预计2015年将超过5000万澳元；而澳大利亚的总人口数为2200万人左右，意味着2015年澳大利亚人均捐款额达2澳元；而澳大利亚红十字会的捐款收入中有80%来自个人捐款，远超企业捐款。源起于美国加州小镇帕洛阿尔托的帕洛阿尔托基瓦尼俱乐部"一美元生活（One Dollar for Life）"，其创始人说："如果我们能够让每一个高中生都捐1美元，我们每年就可以在发展中国家建立千余所学校"，从而汇聚每一个人的一点点力量创造巨大改变；加拿大红十字会与加拿大蒙特利尔银行合作推出慈善信用卡（BMO MasterCard），以及与亚马逊购物网站联合

---

① 访谈编码：20190726FONDS。

推出购物捐款计划，让消费者在每一次的消费行为都可以做出小额捐款；联合国儿童基金会的慈善贺卡项目（UNICEF greetings cards）是其众多筹款方式之一，贺卡通常以 10 张为一组出售，每张价格 1 美元左右，公众通过购买贺卡实现捐款，基金会年度总筹款额约有 10% 来自贺卡销售（梁文美，2012）。慈善事业对于一个人而言应该是一生的事情，而不仅仅是一系列不相关的捐款行为。英国的捐款数据显示，6% 的公众每年捐款额等于或多于 1000 英镑（Breeze，2014），这一数字在某种程度上预示着中国的公众捐款潜力巨大，但也任重而道远。

第十一章　始于公募、止于服务的
互联网筹款模式

——以中华少年儿童慈善救助基金会为例

一　公募基金会疏于"公募"

针对公募基金会利用互联网募捐平台进行公众筹款的参与度偏低，很多公募基金会的公募资格未被充分利用等问题，本章基于对中华少年儿童慈善救助基金会筹款来源演变和搭建服务平台的案例研究，总结其互联网筹款和运用公募资格的经验，建议公募基金会要抓住互联网筹款的契机，加快"去行政化"进程，注重公众筹款，回归"公募"题中应有之义。

近年来，移动互联网便捷的捐款方式使中国互联网捐款额激增，而公众捐款是其主要推动力。然而，近年通过吸纳公众分散资源形成公益财产的公募基金会（王名、徐宇珊，2008：21），在利用互联网募捐平台进行公众筹款方面的参与度偏低（菅宇正，2018：2）。很多公募基金会的公募资格尚未被充分利用，其募款模式仍或多或少带有行政命令色彩，政令性筹款、关系筹款是主流（刘选国，2012：161）。有研究表明，公募基金会的行政化特征会影响其财务管理绩效，同时对其捐款收入也有影响（朝黎明，2016：120）。随着互联网募捐平台和草根组织的兴起，已有不少公募基金会主动拥抱"互联网＋公益"平台，谋求转型发展（邓国胜，2017：45）。

根据基金会中心网提供的数据①，截至 2019 年 12 月 31 日，我国基金会总数为 7916 家，其中公募基金会有 1617 家；慈善组织数量达到 7391 家，

---

① 感谢基金会中心网副总裁王璐及其同事为本案例数次提供更新数据。

其中有公募资格的慈善组织有 2059 家。在此，以 "2018 年中国具备公募资质的慈善组织捐款收入前二十" 为例① （见表 11-1 所示），可以看到除了中华慈善总会属于社会团体，其余 19 家慈善组织均为公募基金会。通过比较这 20 家慈善组织捐款收入中的公众捐款占比，同时辅以查看其中某些慈善组织官网相关信息，可以反映出上述提到的一些问题。

表 11-1　2018 年中国具备公募资质的慈善组织捐款收入前二十

单位：元，%

序号	慈善组织名称	捐款收入合计	公众捐款合计	公众捐款占比
1	中华慈善总会	10575269047	1520107	0.01
2	中国癌症基金会	4798771487	739737	0.02
3	中国初级卫生保健基金会	2203342946	0	0
4	广东省扶贫基金会	2125632437	2131336	0.10
5	贵州省扶贫基金会	2018640665	0	0
6	上海市慈善基金会	765526502	35513997	4.64
7	中国扶贫基金会	733362561	332295992	45.31
8	四川省扶贫基金会	685920882	3013131	0.44
9	中国社会福利基金会	632344772	355585977	56.23
10	中国光华科技基金会	616592337	6933141	1.12
11	中国妇女发展基金会	580010390	93090999	16.05
12	中华少年儿童慈善救助基金会	522536261	338564443	64.80
13	中国残疾人福利基金会	480906605	37168361	7.73
14	中国青少年发展基金会	469410117	78277470	16.68
15	中国红十字基金会	446732166	53634849	12.00
16	中国教育发展基金会	434079372	98070393	22.60
17	爱佑慈善基金会	391715720	40897154	10.44
18	中国儿童少年基金会	385503054	115823949	30.05

① 截至 2019 年 12 月 31 日，基金会中心网获取的捐款收入数据主要来自各慈善组织 2018 年年报。由于各慈善组织 2019 年年报需在 2020 年 3 月底才提交，基金会中心网尚不能获取其相应捐款收入数据，所以在此仅提供 "2018 年中国具备公募资质的慈善组织捐款收入前二十" 的捐款收入数据。

序号	慈善组织名称	捐款收入合计	公众捐款合计	公众捐款占比
19	中华思源工程扶贫基金会	314292477	94184066	29.97
20	中国光彩事业基金会	297381081	0	0

注：数据由基金会中心网提供。

根据对表 11 - 1 数据的分析，可把这 20 家慈善组织大致分为三类。

第一类是公众捐款占比小于 10%（甚至是 0 或小于 1%）的传统筹款类型，该类型慈善组织（主体为公募基金会）或有政策导向支持①，或所设立项目与企业关系紧密②，企业捐款是其捐款收入的绝对来源，在利用互联网募捐平台进行公众筹款方面几乎不着力或着力甚微。

第二类是公众捐款占比在 10% ~30%（中国儿童青少年基金会公众捐款占比为 30.05%，也归为此类型）的后起型筹款类型，该类型慈善组织（主体为公募基金会）大多数具有浓厚的官办背景（由非公募基金会转为公募基金会的爱佑慈善基金会除外），其筹款仍倚重企业捐款，但在利用互联网募捐平台进行公众筹款方面已开始发力，后续还有很大的提升空间。

第三类是公众捐款占比接近或已超过 50% 的公众捐赠筹款类型，如公众捐款占比 64.8% 的中华少年儿童慈善救助基金会（以下简称儿慈会）、占比 56.23% 的中国社会福利基金会、占比 45.31% 的中国扶贫基金会，这类慈善组织（主体为公募基金会）或是由民间发起，或是在原官办背景下进行了"去行政化"改革，其共同特点是充分利用互联网募捐平台，注重公众筹款方式的创新，其捐款主要来源已从企业捐款转向公众捐款。

特别值得一提的是儿慈会，该基金会这些年在互联网筹款方面异军突起，以公众筹款见长，每年筹款都有很大幅度的增长，并通过与合作伙伴创建共同体，将其公募资格运用得淋漓尽致。儿慈会作为公募基金会在公众筹款创新方面的典型代表，是被选择为案例研究对象的原因所在。

本研究主要采取文献法和实地访谈法。先后在 2019 年 5 月 22 日、7 月

---

① 如贵州省扶贫基金会官网所示，该基金会近年共收到恒大集团结对帮扶毕节市精准扶贫、精准脱贫的五批定向捐赠款，共计 70 亿元。

② 如中国癌症基金会官网所示，其慈善援助项目资金主要来自各大制药公司的支持。

24 日、8 月 2 日、10 月 31 日四次前往儿慈会访谈机构高层管理人员。

二　儿慈会捐赠来源的演变历程（2010～2018 年）

儿慈会于 2010 年 1 月 12 日正式成立，属全国性公募基金会，业务主管单位是民政部；2016 年 9 月 1 日，被民政部授予公募资格。该机构的理念是：募集社会资金，资助和促进民间公益慈善组织的发展，对社会上无人监管抚养的孤儿、流浪儿童、辍学学生、问题少年和其他有特殊困难的少年儿童进行生存、医疗、心理、技能和成长救助。

（一）儿慈会的互联网筹款之路

与其他国字头基金会不同，儿慈会虽然也顶着国字头的名号，却没有很强的政府背景，是中国第一家由民间发起成立的公募基金会。其更多的是依靠自己，走社会化的筹款道路。儿慈会在成立初期，在筹款方面跟大多数公募基金会大体相同，主要是几个企业出资，所以企业筹款在机构筹款中的比例居高不下。儿慈会历年接收社会捐款情况见图 11－1。

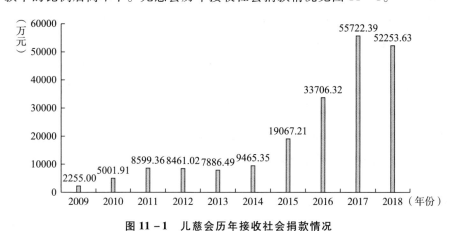

图 11－1　儿慈会历年接收社会捐款情况

资料来源：该图源自儿慈会 2018 年年报。

从捐款来源分析，在儿慈会成立的 2010 年，企业捐款占总捐款的 89%；2011～2012 年，企业捐款及公众捐款基本均衡，保持在各占一半左右的水平；自 2013 年至今，公众捐款均超过企业捐款。儿慈会之所以能在短短几年时间内完成从依靠企业捐款到公众捐款占主导的演变，是因为走出了一条独特的互联网筹款之路。

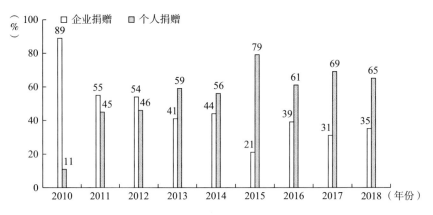

图 11 – 2　儿慈会历年企业捐款和个人捐款占比情况

资料来源：该图源自儿慈会 2018 年年报。

1. 儿慈会互联网筹款的起步（2011～2012 年）

儿慈会尝试做互联网的公众筹款，即开始"触网"，是 2011 年与搜狐公益牵手筹款，源于著名主持人崔永元发起的"给孩子加个菜"公益项目。2011 年 5 月 4 日，为使活动具有公募资质，志愿团队代表与儿慈会签署了"给孩子加个菜"公益项目协议书，儿慈会表示将无条件免费支持该活动，不收取任何项目管理费。崔永元在其搜狐微博上公布了儿慈会捐款账号并每天更新捐款情况，当时的捐款方式包括邮政汇款、银行汇款和儿慈会官网捐款。截至当年 5 月 17 日，短短两星期内"为孩子加个菜"公益项目共收到公众汇款 168716.36 元。这在当时已是一笔不小的公众捐款，因为尚没有便捷的移动客户端网上支付方式，公众主要是通过儿慈会官网把善款一笔笔捐进来。当年该项目筹到 100 万元，这对儿慈会来说是一个很大的突破，所以称其互联网筹款"起步于搜狐"。该项目一直延续至今。

儿慈会互联网筹款布局得比较早，在 2011 年就认识到未来互联网肯定会在公众动员和筹款方面起非常大的作用。在公益机构中属于做得比较早的，那时候还没有太多公益机构做互联网筹款，所以儿慈会占了比较好的一个先机。儿慈会在 2011 年之后的很多重点工作都是围

绕这一块去做的，无论是项目设置、项目改变，还是机构领导的思维
改变，以及后续整体机构转变都是以互联网筹款为中心的。如今，互
联网筹款已成为儿慈会重要的筹款形式，而且积累至今才有了目前的
筹资优势。[①]

为传播"人人助我，我助人人"的大众慈善理念，2012 年儿慈会通过
各种形式，大力宣传救助项目，让大众了解儿慈会的救助需求，在腾讯、
搜狐、新浪等门户网站和支付宝公益、51give 等各类新媒体上建立多样化的
募捐平台（如图 3 所示），收到了良好效果。2012 年儿慈会共收到 54226 次
捐款，其中个人达 53410 人次，企业 816 次，个人捐款成为儿慈会的一项重
要善款来源。

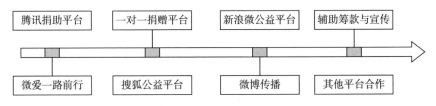

图 11 - 3 儿慈会搭建多样化募捐平台

资料来源：该图源自儿慈会 2012 年年报。

通过与社会化媒体的合作，儿慈会成为第一个与各大公益类社会化媒
体全面合作的全国性公募基金会；第一个与腾讯开展微救助平台的全国性
公募基金会；第一个与搜狐合作开发"一对一捐助平台"的全国性公募基
金会。这些捐款平台在 2012 年为儿慈会的救助项目募集 600 多万元善款，
占当年筹款总额的 8%。

就在儿慈会即将步入互联网筹款"快车道"时，2012 年底发生的"小
数点事件"宛如一剂清凉剂，促使儿慈会反省和整改。

2. "小数点事件"推动儿慈会整改（2013～2014 年）

2012 年 12 月 10 日，在儿慈会创办的第三年，某媒体工作者质疑儿慈
会 2011 年年报中的财务报表编辑错误是"洗钱"，引发了"小数点事件"。

---

① 摘自 2019 年 7 月 24 日对儿慈会副秘书长姜莹的访谈。

遭到质疑后，尚处于起步阶段的儿慈会经受了极大的考验，在 2012 年末到 2013 年接受了大大小小十几次财务审计，最后的结论是未发现"洗钱""侵吞善款"等违法违规问题，但存在内部管理疏漏和信息公开不规范问题。

"小数点事件"逐渐平息后，儿慈会即成立了以理事长为首、秘书处班子全体人员参加的领导小组，全面展开了内部治理，查找纠正本身存在的问题，回应媒体和公众对儿慈会的关心。这一内部治理工作从 2013 年初到 2014 年历时近两年。

内部治理的首要任务是理事会改选。改选后的理事会由懂公益、有公益心的人士组成，使得理事会在重大决策上保持一致。

理事会改选后，儿慈会调整了秘书处结构，把熟悉公益领域、原则性强、懂管理、能配合、有奉献精神的年轻人吸收到秘书处，年事较高的人则离开了管理岗位。与此同时，儿慈会重新审定和完善了各种规章制度，建立了秘书长办公会议制度，使日常工作处在集体领导之下。

新秘书处成立后，儿慈会邀请美好社会咨询社进驻儿慈会，为儿慈会把脉，全面梳理儿慈会在组织架构、人事管理等方面的问题。儿慈会选择了美好社会咨询社提出的改革方案，将原有的机构做了彻底调整，对人员做了重新分配。按照精简高效的原则，基金会由原来的六个部门改为三个部门，即综合管理总部、合作发展总部、项目管理总部。工作人员平均年龄从 52 岁下降到 34 岁。

儿慈会继续实行建会初期就订立的管理、运作、监督三结合的工作和管理方式，在工作人员中进一步完善了岗位责任制，明确了各岗位职责，要求每位员工签署工作目标责任书，实施全员专业化管理及 KPI 考核，对项目的执行、募款等多方面进行任务指标的细化，更进一步推动了儿慈会的项目目标管理。为保证改革的成效，还增设了监测部门，实施严格的考评制度。

> 我们实行目标责任制管理，定编定岗定员，关键岗位全部固化沉淀。年初时秘书处和所有项目签订目标责任书，项目和个人签订目标责任书。这样一来，大家都明确了自己的目标和责任，包括一年中的筹款额、需要救助的人数、需要完成多少宣传报道、组织多少次活动等，全都做了量化标准。这样不仅方便管理，也大大提高了工作效率，

杜绝了公益行业"好混不好干"的现象。我一直强调靠制度去管人，用流程去管事，靠团队去拼搏，用科学规范化的管理求发展。现在我们的制度非常完善，所有的项目都有操作手册、详细的操作流程。同时我们也实行了预算制，年初有预算、年中有检查、年底有总结。[①]

经过近两年的内部治理，儿慈会的工作在规范化方面有了很大改观，职责更加清晰，目标更为明确，员工的职业发展愿景也变得明朗化，从而调动了员工的积极性。对于善款的支出，儿慈会重新做出了权限上的规定，各级负责人在支出的不同环节上均要把关，以保证善款支出有章可循。这些内部治理措施对儿慈会后续的互联网筹款起到了极大的促进作用。

2013～2014年两年的整改，为儿慈会互联网筹款扫清了障碍、铺平了道路，工作成效开始显现。在"小数点事件"后的第二年，儿慈会募款总额为7886.49万元，比风波前的2012年度减少了574万元。募款的41%来自企业，59%来自个人，虽然企业的捐款额有所减少，但公众相信儿慈会，保持了很高的捐款热情。

2013年儿慈会个人捐款能够首次超过企业捐款，除了公众信任，其主要原因还在于儿慈会继续深化与多样化筹款平台的深入合作（详见表11-2），特别是新浪微公益平台，成为儿慈会第一个达到千万级捐款的平台，儿慈会为此称其互联网筹款"起步于搜狐，飞黄腾达于新浪"。当年新浪微博负责人称"中华儿慈会是新浪微公益平台上最为活跃，也是爱心用户最为信任的公益组织，目前中华儿慈会'雄踞'微公益平台的公益组织认领榜第一位"。

表 11-2　2013 年儿慈会在互联网平台的捐款统计

序号	捐款平台	捐款金额（元）
1	新浪微公益	11291718.00
2	腾讯	8182569.91
3	搜狐公益	2922126.09

---

①　摘自 2018 年 3 月 12 日善达网对儿慈会理事长兼秘书长王林的访谈。

续表

序号	捐款平台	捐款金额（元）
4	支付宝公益	1810922.44
5	淘宝公益	96705.90
6	易宝支付	91788.50
7	51give	47849.24

资料来源：该表源自儿慈会 2013 年度报告。

经过 2013 年的内部治理，2014 年度募款总额上升到 9465.35 万元，比 2013 年度增加了 1578 万多元，创出儿慈会成立以来募款的历史新高。募款有 44% 来自企业，56% 来自个人，同 2013 年比，企业和个人的捐款额分别提高了 29 个百分点和 14 个百分点，均超出了风波前的水平。2014 年，儿慈会位居"中国公募基金会榜"第 10 名。

3. 儿慈会互联网筹款进入快速增长期（2015 年至今）

2015 年是儿慈会发展的一个重要节点。这一年其全年捐款收入第一次过亿，募集善款约 19067.21 万元，同比上年增长 101%。其中个人捐款 15065.83 万余元，占捐款总额的 79%；企业捐款 4001.37 万余元，占捐款总额的 21%。

2015 年，儿慈会还实现了多个"一"的突破：2015 年腾讯"99 公益日"期间，儿慈会筹集善款加配捐款总计超过 3300 万元，排名基金会第一；互联网筹款第一次超过其他渠道，占比达到 62%，且 2015 年互联网筹款总额比 2014 年增加了 400%。儿慈会将这些增长和突破归功于互联网的发展。

> 我们充分利用互联网筹款的优势，把爱心网友、企业和机构汇集到一个平台，形成一个闭环。在这种情况下，项目更贴近普通大众，因此个人捐款就非常多，占到近 80%。……我觉得互联网的发展、科技的发展对公益慈善的发展是一个巨大的推动力，互联网的发展给我们插上了翅膀。但是，我们还要在组织架构、思维方式等方面与其进行匹配，并不是说借助互联网筹款就一定能成功。①

---

① 摘自 2016 年 8 月 30 日《公益时报》对儿慈会理事长兼秘书长王林的采访。

纵观儿慈会这些年的互联网筹款，发现其发展是跳跃式的（详见表11-3）。

表 11-3 儿慈会历年互联网筹款统计

年份	互联网筹款（万元）	占筹款总额比例（%）
2012	618	8
2013	1553	21
2014	2882	30
2015	11700	62
2016	17400	67
2017	39000	64
2018	32000	61

基金会成立之后筹集到第1个亿元非常艰难，用时908天；第2个亿元用时372天，从5亿元到6亿元用时176天，6亿元到7亿元用时142天。以上的实际数据说明互联网今后必将成为公益慈善事业快速发展的驱动器。①

儿慈会理事长兼秘书长王林认为：个人捐款的增加和互联网捐款占比的提升证明，一方面儿慈会对项目的选择立项、项目执行以及项目的公开透明这三个方面比较注重，规范化和专业化操作取得了公众信任；另一方面是互联网筹款获得了年轻人群体的认可。

2016~2018 年这三年，儿慈会的个人捐款比例均保持在60%以上。儿慈会的公众捐款能够在总捐款收入中占据较高比重，说明儿慈会成立九年来积累了广泛的群众基础。以 2018 年为例，儿慈会年度筹款总额为 522536260.87元，其中线上募款占比 61%（见图 11-4）。

各网络平台筹款占比如图 11-5 所示，腾讯公益以 66.8% 的绝对优势在各平台筹款占比中排名第一。

---

① 摘自 2016 年 8 月 30 日《公益时报》对儿慈会理事长兼秘书长王林的采访。

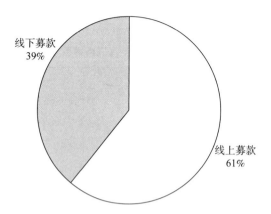

图 11 - 4　2018 年儿慈会线上/线下筹款占比分布

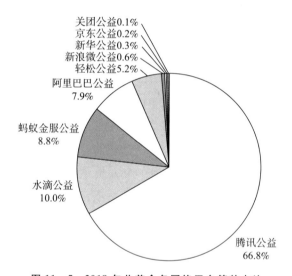

图 11 - 5　2018 年儿慈会各网络平台筹款占比

2018 年，儿慈会在腾讯公益平台共上线 3044 个项目，共计捐款超 900 万人次，年度筹款总额 2.1 亿元。项目覆盖了全国 31 个省（市、自治区），受益儿童超过 90 万人。

在 2018 年腾讯"99 公益日"的三天活动期间，儿慈会的筹款数据是：上线 321 个项目，共有超过 364 万人次捐款，筹款 1.43 亿元（含项目自筹、腾讯配捐、企业配捐、1 亿非限定激励、线下捐款码激励、线下补贴），第四次蝉联"99 公益日"筹款加配捐冠军。该筹款收入约占儿慈会在腾讯公益平台

2018 年度筹款收入的 67%，约占儿慈会年度筹款总额的 27%①，可见"99公益日"在儿慈会筹款工作中的分量。

值得关注的是，儿慈会在 2017 年腾讯"99 公益日"的捐款人次约为100 万，而在 2018 年腾讯"99 公益日"的捐款人次达 364 万，增长了两倍多，这与腾讯支持和激励公益组织举办线下活动有很大关系。

在儿慈会内部，把蚂蚁金服公益平台和淘宝公益平台统称为阿里系。尽管儿慈会在阿里系平台的筹款总额相较于腾讯公益平台尚有一定差距，但阿里系平台在主动捐款人次和筹款绝对数额方面仍有不俗表现。

2018 年，儿慈会与蚂蚁金服公益平台的合作不断深入，在该公益平台共集结 30923640 人次的爱心捐款，筹款总额 30264483.19 元。项目覆盖了全国 31 个省（市、自治区），直接受益儿童超过 17 万人。值得一提的是，儿慈会首次通过蚂蚁金服公益平台尝试上线两个区块链项目，累计募款400029.29 元。这一新的方式让用户能追溯善款，对公益项目更加信任，而且均获得平台的首页推荐支持，筹款速度很快。这表明了儿慈会在运用互联网最新技术方面的勇于尝试。

2018 年，儿慈会在阿里巴巴公益平台的年度筹款总额为 22825828.14元，其中淘宝公益店（含阿里拍卖）的筹款总额为 5366406.05 元，占比24%；"公益宝贝计划"的筹款总额为 17459422.09 元，占比 76%。

在阿里巴巴公益和蚂蚁金服公益共同举办的 2018 年第二届"95 公益周"活动中，"公益福包"作为新型公益互动营销产品，带动了爱心商家、消费者及公益项目的有效联动。经过阿里巴巴公益平台筛选，儿慈会在本次"95 公益周"共联合了 5 个项目参与活动。

　　　　互联网是科技助推公益慈善最重要的一步，一定要全面拥抱互联网，谁没抓住机会，谁就会掉队。儿慈会非常积极利用互联网筹款。自成立以来，只要有新的互联网平台开通，儿慈会马上会与对方接触，

---

① 数据来源：《中华儿慈会 2018 年腾讯平台年度总结》。另据儿慈会官方微信发布的消息，截至 2019 年 9 月 9 日 14 点，儿慈会联合 254 家公益机构在 2019 年"99 公益日"共筹款 1.82亿元，捐款人次 404 万，第五次蝉联"99 公益日"筹款加配捐冠军。

尝试进行合作。任何基于互联网的新事物，我们都很关注，如"物联网"、3D 打印技术、大数据筹款等。[①]

4. 儿慈会何以蝉联"99公益日"筹款冠军

腾讯自 2015 年开始每年举办"99 公益日"活动，儿慈会从 2015 年至 2019 年已五年蝉联"99 公益日"筹款加配捐冠军。究其原因，既因儿慈会有其独特的动员和服务机制，也因其项目特点适合互联网筹款，以及机构人员在"99 公益日"活动期间的全力投入。

从表 11-4 可看出，经过五年的"99 公益日"活动实战，儿慈会不仅筹款加配捐金额成倍增长，而且其公众动员能力也有很大提升。在姜莹看来，出现这种爆发式的增长，主要是因为参与到"99 公益日"活动中的项目多了，发动的人数也就更多了。

表 11-4　儿慈会历年"99公益日"相关数据

年份	上线项目（个）	参与机构（家）	参与人次	筹款加配捐金额（万元）
2015	391	40	20 万 +	3344
2016	197	60	132 万 +	8970
2017	409	132	150 万 +	21003
2018	321	137	364 万 +	14300
2019	552	245	404 万 +	18200

资料来源：数据源自儿慈会年报、官网及相关资料。

　　我们其实是用了一年的时间在做动员。"99 公益日"不只是这三天的事情，我们在另外 362 天做的事情要远远多于这三天。"99（公益日）"期间最重要的工作可能就是落实，而另外 362 天我们要做的是链接资源、发现好的项目、培养好的项目……[②]

这其中提到的"链接资源"不仅包括争取企业配捐，也包括与相关互

---

① 摘自 2018 年 3 月 20《公益时报》对儿慈会理事长兼秘书长王林的采访。
② 摘自 2017 年 8 月 23 日《公益时报》对儿慈会副秘书长姜莹的访谈。

联网募捐平台的对接和合作。而"发现好的项目、培养好的项目"则是儿慈会公众动员能力提升和蝉联"99 公益日"筹款冠军的重要原因。儿慈会通过发现在青少年领域为大众所关注的（尤其是网友关注）、执行专业、落地扎实的优秀项目，进而主动与相关机构洽谈合作，使其成为挂靠在儿慈会的专项基金或合作项目，然后帮助这些合作伙伴进行互联网筹款方面的能力建设，并提供陪伴式支持和专业化服务，从而使这些合作伙伴逐年在"99 公益日"筹款倍增，与儿慈会一起达到共赢。

> 它（儿慈会）不断在增加专项基金，每个专项基金的公益项目也在不断增多，这是一个不断积累的过程。因为它在互联网筹款方面越做越熟练，它对这些（互联网募捐）平台的规则也越来越熟练，它又会教这些合作伙伴怎么去干这个事儿……它集结和绑定了很多的专项基金（或合作项目），绑定一个（专项基金或合作项目）就相当于绑定了一群人，儿慈会就是把这个模式想明白了，这个战略思考是走在前列的。……它靠下面的这些力量，公众就被发动起来了。像我们（"99 公益日"筹款）从几十万（元）到几百万（元），要是每个合作伙伴都这样，它不就肯定得第一了。[①]

除了通过集结专项基金（合作项目）进行公众动员和互联网筹款，儿慈会的自主项目在其他方面的能力也很强，其中 9958 救助中心和爱心家园救助中心的核心业务是儿童大病救助，这既是儿慈会项目的特色之一，也是其在"99 公益日"筹款中的重要砝码，因为儿童大病救助是公众特别关注的一个议题，同时儿童大病救助的紧迫性，也会让其相关项目能够在"99 公益日"成功筹款。

最后不得不提的是，儿慈会整个机构在"99 公益日"活动期间的全力投入也至关重要。

> 首先我们很重视这样的活动，会把它当成一次全员的慈善动员。

---

① 摘自 2019 年 12 月 5 日对北京青爱教育基金会秘书长邢海燕的访谈。

我们每一个人、每一个项目都会非常认真地做准备……我们的组织工作、动员工作、服务细化程度，决定了最终的成绩。在"99公益日"期间，我们会将原有的工作部门全部打乱。将原来负责项目、筹款的同事整合在一起，分成若干战队。比如我们有两个人负责专项基金，所有共76个专项基金募款就全都归他们来管。同时我们内部也会这样落实到人，让具体负责的人做出特别详细的全程服务内容。"99（公益日）"这三天，我们基本24小时都有人值班，随时解决问题，随时回答问题，随时去指导。用全程服务的心态去做这件事。①

五年蝉联"99公益日"筹款加配捐冠军的耀眼成绩，是由多方共同努力换来的。正如姜莹所说：别人看到的只有结果，而我们却撑起了整个过程。

（二）儿慈会为什么选择互联网筹款？

1. 生存困境决定选择

儿慈会在成立初期，面临社会知名度小、宣传渠道不畅、没有品牌项目、缺少企业捐款的窘境。面对现实的困难，儿慈会把目光投向广大公众，决定依靠自身努力寻找突破口，而此时互联网的快速发展给儿慈会提供了良好机会。

2. 组织战略决定筹款策略

我们基金会的战略理念就是这12个字：民间性、资助型、合作办、全透明。这是儿慈会在成立之初，我们拜访了全国各大基金会之后定出来的战略，我们这些年一直在秉承这12字方针，也把这12个字深深融入了我们的骨血，不仅是整个基金会的运作治理，包括我们的筹资策略等都是围绕这12个字来进行的，这个组织战略同时也帮助我们去做更多的公众筹资。②

---

① 摘自2019年9月7日公益圆桌派对儿慈会理事长兼秘书长王林的专访。
② 摘自儿慈会副秘书长姜莹在"2015年上海慈善论坛"的发言。

"民间性"是指儿慈会没有走在国家体制内办基金会的道路，也没有要国家的编制和资金，而是坚持走更接地气的民间道路，注重采取民间的、公众的、小额的募款方式，依靠活跃在公益慈善领域的民间公益组织执行救助项目，从而使儿慈会能够汇集民间公益慈善力量，和它们一道将公益慈善工作做到实处。

"资助型"是指儿慈会资助优秀的民间公益组织实施项目。这与目前我国多数全国性公募基金会自己运作项目的方式不同。儿慈会于 2011 年 7 月启动"童缘"资助项目，由儿慈会负责筹集善款，民间公益组织负责项目运行，聘请第三方监督反馈，实行管理、运营、监督三位一体。

"合作办"是指儿慈会公募平台开放，为优秀的民间公益组织运营提供资助，与它们一起开展公益慈善活动。儿慈会在成立的初始年就与 8 家多年从事公益慈善的民间公益组织签订合作协议，成立了专项基金，从开展活动、资金资助、加强管理等多方面进行支持。实践证明，"合作办"是在目前我国公益慈善项目运作上深受民间公益组织欢迎、快速发展壮大公益慈善力量的运作方式。

"全透明"是针对我国现阶段公众对慈善的关注和基金会在发展道路上遇到的问题提出的。儿慈会从成立的第一天起，每收到一笔善款都在网上公示，每月公示支出，将基金会的整个工作放在阳光下。此举深得民众之心。

3. 项目定位贴近公众

从儿慈会的项目定位来看，因为儿童类型项目一直是中国公众比较关心的，所以儿慈会主要立足于公众更能接受的儿童类型项目，项目定位均围绕"公众更好理解和更好接受"来设置，所有项目尽量贴近公众，比较接地气，并且是大家比较关心的议题，如在儿童医疗、大病救助等领域设置各种项目。因此，儿慈会的项目定位和项目本身也适合去做互联网筹款。

4. 围绕公众筹款改革组织架构

儿慈会的组织架构和人员配置也紧紧围绕公众筹款而设置。如前文所述，儿慈会在 2014 年进行了组织架构改革，成立了合作发展总部，由企业合作部、品牌传播部和平台运营部组成，其中平台运营部就是专门针对互联网筹款的部门，其主要工作是跟各大互联网公司搭建平台，并对互联网平台进行细分，从数据到操作形式都做了比较重要的细分，这样更能把握整个互联网筹款的脉络、方式方法和规则，然后对机构项目进行整体的平台运营。

> 把这三个部门统合在一个总部里面，可以更好打破部门之间的壁垒。比如有一笔企业捐款时，可以融合线下活动和线上筹款，同时进行品牌传播，一起把活动效果推到最大化。这样的方式在腾讯"99 公益日"会激发无穷的力量。所以需要这三方打破壁垒联合起来做事，更重要的是降低一些沟通上的成本。品牌传播、企业合作与平台运营一起合作，产生了很多不一样的效果，或者像互联网公司经常说的"不一样的玩法"。其实机构就是互联网公司关于筹款产品的提供方，经过机构包装和整体运作，把一个个的案例放到互联网上进行筹款。[①]

三 围绕互联网筹款的合作、策略和流程

（一）成为互联网募捐平台的战略合作伙伴

儿慈会在 2012 年和腾讯公益正式合作，在 2013 年开始和阿里巴巴合作，但比较深度的合作是在近几年。特别是 2016 年《慈善法》出台后，对互联网筹款进行了规范和规划。在腾讯公益等平台正式成为民政部指定的首批互联网募捐平台之后，儿慈会逐步更正规地做互联网筹款，并和这些平台有了更加深入的对接。截至 2019 年 8 月，儿慈会已成为腾讯公益、水滴公益、支付宝公益、淘宝公益、轻松公益、新华公益、新浪微公益、京东公益等 14 家互联网募捐平台的战略合作伙伴

（二）儿慈会与互联网募捐平台合作四部曲

目前中国有 20 家官方认证的互联网募捐平台，但仍有不少公益机构做

---

① 摘自 2019 年 7 月 24 日对儿慈会副秘书长姜莹的访谈。

不好互联网筹款，儿慈会归因为：不是找不到，而是用不好。

如何用好互联网募捐平台？儿慈会总结为合作四部曲。

第一是"了解"。即需要熟悉互联网募捐平台，通过各种方式方法了解各平台的规则、内容、项目方案、筹款文案等，需要了解相关互联网企业的背景，需要了解各平台的特质，在各平台用什么样的方法做筹款，然后逐步寻找嫁接自己机构项目的机会。

> 比如一些儿童医疗类型的项目，就在轻松公益、水滴公益做得比较好一些，这是靠日常经验；比如腾讯公益平台，我们希望各类项目都可以上腾讯公益平台去尝试；对于支付宝公益，建议更优质的项目可以上；像9958项目，所有平台都在上。所以，不同平台有不同平台的特性，得先了解它们的特性，才能根据项目的特性推荐上更好的平台，这就是运营水平的问题，这需要很长时间去积累经验，并需要对平台了解、对规则了解才行。①

在做"了解"工作的同时，儿慈会建议向做得好的基金会学习，多看项目是学习的第一阶段。在平台上会发现适合做互联网筹资的项目是什么，其特点是什么，所使用的推广方式是什么，线上线下的环节是如何操作的。

> 腾讯公益是我每天必须要看的公益平台，因为我要时时看到公益平台发生了什么，又有什么样的项目能更好地去贴近公众。很多基金会把项目设计做得非常好，而且很适合于公众接受，这些都是我们可以学习的地方。②

第二是"认识"。即机构要转换逻辑，知道如何用几句话来描述项目。因为公益机构通常是通过项目建议书和项目总结展示项目，但这些项目文本的内容和语言风格并不适合被公众接受，而且公众也没有太多时间去了

---

① 摘自2019年7月24日对儿慈会副秘书长姜莹的访谈。
② 摘自2019年7月24日对儿慈会副秘书长姜莹的访谈。

解繁复的项目书。由于互联网筹款更多用的是公众语言，所以需要把项目文本转化为公众更好理解和更好接受的语言。

第三是"合作"。儿慈会高层认为其机构在互联网筹款方面的每一次成功和每一个进步，都是因为多次和各大互联网平台进行深入的战略合作。这是拥抱新技术、和互联网行业公司的深层次合作。这种战略合作不仅仅只是项目的执行，而是在充分沟通彼此需求的前提下，通过大型活动的组织，打通线上到线下的通路。

> 这一点非常重要，因为合作是一方面，但是能不能达到战略合作，其实是决定机构未来整个互联网筹款做得好不好的关键。其实我们每次和各大互联网平台进行合作都像是第一次尝试，每次平台运营部同事的帮助，都能带给整个团队不一样的体验和不一样的提高，所以一次重点的合作绝对可以让我们深深地了解这个平台，同时也可以深深地了解自己以及我们未来如何跟公众一起合作。总之，每一次的战略合作都会带来质的飞跃。[1]

儿慈会认为，在这种战略合作中，对于互联网募捐平台来说，其最重要的挑战就是如何唤醒公众的捐款意识和如何调动公众的捐款意愿，这些是基于平台方的运营策略，它们知道如何操作。比如说，平台方拥有众多的后台数据，可以分析公众有什么样的捐款习惯，什么人群更爱捐款，即互联网募捐平台可以通过运营策略帮助公益组织进行筹款。简而言之，互联网募捐平台给公益组织提供工具和方法，并通过互联网运营的方式来聚集公众。互联网筹款的发展过程就是在相关平台累积更多用户，让公众养成捐款习惯，这是互联网募捐平台多年来一直在做的尝试。

从筹款的角度，公益组织需要把控几点：一是项目的真实性；二是机构更多考虑的是公众是否愿意捐款；三是在操作上能不能让公众实时看到项目的进展，以及他们捐的善款是否能切实有效地帮助受助对象。

---

[1] 摘自 2019 年 7 月 24 日对儿慈会副秘书长姜莹的访谈。

机构最擅长做的是把一个个日常的操作项目变成公众能理解的内容，即项目文案的转写。因为公众可能读不懂这么深奥的项目书，他们更愿意了解的是：这个孩子怎么了？我怎么能帮助到他？我多少钱能帮助到他？而且最好别太多钱，因为个人可接受的捐赠额度也就在20块钱左右。这些就是公众更愿意去了解的内容，也是机构要去做的。并且在项目累积一定资金之后，机构后续需要很快捷地去执行项目，并做到反馈及时透明。提升反馈透明度是儿慈会这几年一直在做的努力。[①]

最后一个阶段是"共赢"。即公益组织与互联网公司能真正地成为合作伙伴，而不仅仅只是把对方当成一个筹款平台。因为互联网公司投入了大量的人力物力财力，全方位支持公益组织的平台建设和筹款，如果仅仅只当成一个平台来使用，其实是完全低估了互联网公司对整个公益慈善领域的投入。公益组织应该清楚互联网公司的诉求是什么，在多种合作中实现共赢。让公众能借助互联网平台接触到更多的公益慈善项目与理念，筹款仅仅是一方面，更多地传播和推动公益才是双方最终希望达到的效果。

（三）儿慈会的互联网筹款策略

儿慈会的互联网筹款策略主要围绕团队、资源、业务、战略这四个方面构建。

第一，儿慈会非常重视筹款团队的建设。儿慈会选择员工，希望找到的不仅仅只是员工，而是公益合伙人。儿慈会更看重员工对公益的热情，认为这是一个团队的需求。比如合作发展总部的新员工在入职之后都要在线上发起"一起捐"，要在24小时内完成单笔最高不超过50元的500元募款。这样一个小活动对新员工是很大的挑战，但能让新员工在刚入职时就体验做筹款的相关事宜。儿慈会相信每个人都是一个宇宙，新员工在练习筹款时这个"宇宙"就会爆发，可以把任务完成得非常好，从而把筹款从职业需求转化为内心需求。

第二，把合作方视为资源。儿慈会认为与平台合作方共同把互联网筹

---

① 摘自2019年7月24日对儿慈会副秘书长姜莹的访谈。

款做起来，既可以做成行业的标杆，也可以做成业务的标杆，每一次成功的合作都能带给双方整体质的飞跃。所以，把合作方视为资源，要做到精细化服务，要清晰且理智地认识和分析市场。

儿慈会每个月都会对上个月的互联网筹款数据进行分析，因为数据能够帮助判断未来互联网筹款策略和合作方的变化。在移动互联网时代，基金会需要和互联网公司一样关注"社交"，比如微信就是一款在社交领域做得很强的产品，其所对应的移动支付会影响基金会的选择和策略。在2015年，微信的移动支付通过春晚红包活动的大发酵，使儿慈会当年在腾讯公益平台的筹款从2014年的2000万元增长到1亿元。所以，机构只要注意到这一点，就会做出改变，因为相应的数据也会印证判断。近两年，淘宝公益、蚂蚁金服公益的数据在快速上升，这些数据变化同样会得到相应的分析，从而有助于更加清晰地认识市场。

第三，需要有可复制却独特的业务模式。即了解自己的核心业务在哪里，与其他机构业务的差异点在哪里，如何才能吸引公众的注目。同时，业务模式中要有可复制的部分，并与机构战略相匹配。

> 业务就是我们的项目，为什么叫"可复制的独特"呢？市场上的公益项目特别多，我们为什么首先做医疗救助、联合劝募这两类项目？因为医疗救助是公众的痛点，联合劝募是行业的痛点，因此我们就选择这两个领域做很多项目。所以，首先要了解自己的核心业务在哪里，在很多机构都做类似项目的情况下，知道为什么我们可以把这两类项目做得比较独特，这就是我们项目的核心竞争力。选择好自己的项目，先选择好"点"，然后组建团队，再把项目进行深挖。[①]

第四，坚定实施战略。即要有清晰的战略定位，同时检视机构的使命与责任以及定位，是否正在解决公众所关心的社会问题，是否在解决行业问题。

---

① 摘自2019年8月2日对儿慈会副秘书长姜莹的访谈。

战略是指"万变不离其宗"，最重要的是机构战略是不是服务于内容。所以还是要看基金会的战略是什么。对于儿慈会来说，战略定位就是12字方针：民间性、资助型、合作办、全透明，这才是我们这么多年能做好筹款的真正基石。而且机构战略是否正在解决公众所关心的社会问题，同时是否能解决行业的问题，就决定了机构的项目是否有人愿意捐款。[①]

儿慈会认为，以上策略可全方位促进机构开展互联网筹款。

（四）配合互联网筹款的项目流程

为了配合互联网筹款，儿慈会制定了项目上线的通用流程。

第一步：项目信息核实与反馈，即对项目进行有效信息的核实。

第二步：项目评估，对项目预算、内容与执行情况进行评估。

第三步：开通募款、跟踪项目，即准备方案进行互联网募捐平台筹款。

第四步：按需转款，机构按阶段给项目实时转款。

第五步：定时更新，机构在主要时间节点进行项目信息更新。

这是非常重要的一点。在腾讯公益平台可以看到，如果你捐了10块钱，就可以在项目不断更新的时候收到反馈信息，这个反馈必须是真实的、及时的，用成果去吸引新的筹款。这是互联网平台带来的技术革新，同时也是让公众更容易接受互联网筹款的渠道。[②]

第六步：结项，项目结束后将项目进行总结和资料保留，要保证整个项目有纸质版的项目总结，以及在平台上有整体总结。

这六个步骤保证了儿慈会在互联网募捐平台上项目的规范化运作。

我们比较注重公众捐款，因为基金会的企业大额捐款不多，瞄准

---

① 摘自2019年8月2日对儿慈会副秘书长姜莹的访谈。

② 摘自2019年8月2日对儿慈会副秘书长姜莹的访谈。

的是公众筹款的市场，但是反过来，公众对筹款的要求和对项目在公开透明方面的要求比较高。2015 年，中华儿慈会成立了项目监测部，对所有项目进行监测，有 30 多项测评标准，要求周有周报、月有月报、季有季报。[①]

四　公众信任和捐款人

（一）如何赢得公众信任

公募基金会最根本的生存依托是公众的信任，如果失去了这个信任，就意味着没有人捐款，机构也就无法生存。

儿慈会近几年的公众捐款能够在捐款总收入中占据较高比重，说明该机构积累了广泛的群众基础。是什么让儿慈会赢得了公众信任？儿慈会高层认为：公众筹款是对一家基金会各个管理环节的综合考量。

儿慈会在互联网筹款中，需要一个能够合作、执行高效的团队，这并不是仅仅依靠合作发展总部的同事就能完成。因为每一次互联网筹款都需要财务的同事对小额捐款不断进行分账，同时通过项目人员的努力，把这些善款及时到位地运用到项目当中，并把反馈很快做出来。在这个过程中，面对投诉、面对质疑，比如设定达到什么标准才能开具发票，执行和反馈都在不断变化发展，需要有高效的团队对此负责，需要有匹配的项目管理能力、财务管理能力。因此，儿慈会是依靠自身在每个管理环节的过硬实力赢得了公众信任。

除此以外，儿慈会认为赢得公众信任最重要的是态度与专业，总结为以下三点。

第一要有规范的项目运作，规范化的项目永远是筹款的第一生产力，没有好的公益项目是不可能真正地走到公众面前的，只有规范的项目运作才能很好地完成筹款。

---

① 摘自 2018 年 3 月 20 日《公益时报》对儿慈会理事长兼秘书长王林的采访。

第二是有效的信息描述：要讲好故事、找对人，这是互联网筹款最重要的一点。就是要把繁复的项目书"翻译"成公众可以看懂、可以接受的语言，让他们更好地了解机构在做什么、怎么做以及做出的效果是怎样的。

第三是要有"透明公开、服务为先"的态度。

儿慈会致力于打造的透明公益也是社会环境所要求的。在儿慈会官网，公众的每一笔捐赠款项一定有处可查、有迹可循，都有方便的查询通道，这是互联网工具的运用。只要坚持科学高效地开展项目，就可以赢得社会公众的信任，这是互联网筹款的基石所在。[①]

为什么儿慈会个人捐款占比大？就是因为这种专业化和职业化体现在从项目选择到立项、执行、公开的整个过程，项目的所有善款每天都会在官网滚动式公示，让捐款人一目了然，知道捐款都到了什么地方。[②]

（二）儿慈会的捐款人

有学者指出，从筹款平台上参与用户的年龄层来看，尽管"80后"群体捐款数量更多，但"90后"通过互联网捐款的比例明显高于"80后"，更高于"70后""60后"（邓国胜，2017：45）。姜莹认为，其机构捐款人的特征是女性偏多，特别是35岁以上当妈妈的女性偏多，这是儿慈会捐款人的一大特色。

儿慈会高层指出，吸引捐款人更重要的还是看机构累积的志愿者，因为他们是机构的无形传播者。志愿者亲身参与过项目，首先在情感上跟机构或项目靠得很近；其次，志愿者信任机构或项目。所以，参与过机构项目活动的志愿者越多，机构越能把自己"打开"，支持机构的人就会越多，最终构建起机构的影响力和口碑。

因为儿慈会机构自身的日常行政工作较多，而且各项目的日常活动较

---

① 摘自2019年7月24日对儿慈会副秘书长姜莹的访谈。
② 摘自2018年3月12日善达网对儿慈会理事长兼秘书长王林的采访。

多，所以，儿慈会的志愿者都是各项目自己培养、自己积累的。比如，不管是儿慈会的官微，还是9958等项目的官微，每个项目的官微粉丝基本都在四五万人，这四五万人就是每个项目常年的支持者，需要常年的培养和积累。

五 儿慈会服务平台的搭建和共识共赢

（一）儿慈会自主项目、专项基金、合作项目的发展概况

截至2019年1月12日，儿慈会有自主项目7个，专项基金62个，合作项目60个。从募集捐款的来源看，2018年度儿慈会自主项目（包括基金会非限定性资金）募款共计29476.77万元，占总募款额的56%；专项基金募集资金16747.11万元，占总募款额的32%，合作项目募集资金6029.75万元，占总募款额的12%（如图11-6所示）。

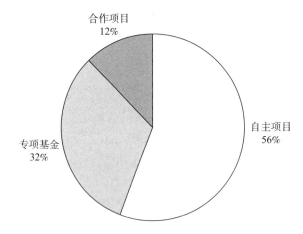

图11-6 2018年儿慈会自主项目、专项基金、合作项目占比
资料来源：数据来自儿慈会2018年年报。

从2014年起，儿慈会自主项目每年的募款在总募款收入中占比55%左右，专项基金募款比例在35%左右，合作项目募款比例在10%左右，说明基金会的自主项目、专项基金、合作项目三者之间达到了一个较为平稳发展的状态。

（二）共同创建一个可信的服务平台

1. 创建服务平台

儿慈会在成立之初就定位于把基金会办成支持和推动民间公益组织开展儿童救助活动的资助型公募基金会。2011 年 7 月，儿慈会推出"童缘"资助项目，成功走出"资助型"的第一步。在短短的一年时间内，儿慈会斥资 3000 万元对"童缘"项目进行了三期项目资助，资助民间公益组织开展了 214 个项目，并于 2012 年 4 月荣获民政部颁发的"中华慈善奖"。

2012 年 7 月 31 日，儿慈会宣布创立童缘公益联盟，旨在以"童缘"资助项目为基础，搭建民间公益组织开展救助活动、募集善款、交流救助经验、分享信息的平台，提高民间公益组织的互助能力。

为了帮助民间公益组织进行项目筹款和公益宣传，整合社会资源，支持创新公益项目，推进民间公益项目的公开透明。2013 年 9 月 22 日，儿慈会推出"童缘联合劝募计划"，这是我国儿童公益领域的第一个全国性联合劝募计划。这项计划将借助儿慈会童缘公益联盟的现有资源为民间公益组织搭建募捐平台，提供媒体宣传、企业合作、公众参与、网络平台支持，组织各类公益募款活动，共同募集资金。

这表明儿慈会的资助行动已进入第二个阶段，从早期的直接拨款——"授之以鱼"转变为联合劝募——"授之以渔"，通过提升合作项目自身的募款能力，最终实现儿慈会与合作项目共同发展，即转型为"合作办"。经过八年的实践，儿慈会先后资助了 300 多家民间公益组织的发展。一方面使更多民间公益组织得到发展和提升；另一方面在发展过程中双方可以互补。这些做法和成效为儿慈会搭建服务平台奠定了广泛而扎实的基础。

2. 以服务为核心的资源共享

面对日益壮大的自主项目、专项基金和合作项目，儿慈会的做法是提供以服务为核心的资源共享，包括共享公募资格，共享品牌，提供更多专业化的培训，提供与更多互联网募捐平台合作的可能性。儿慈会认为其自身更像是一个平台。在这个平台上，儿慈会把摸索出来的互联网筹款方法和成功案例分享给合作伙伴，并通过互联网筹款把大家联结起来。

（1）始于公募，做好服务

儿慈会认为公募资格只是和项目合作的基础，提供服务才是其真正优势。

分享公募资格现在已经是最底层的一个内容了，公募资格不像前些年那么宝贵，其实这可能并不是最初大家跟儿慈会合作的一个诉求，所以说这个并不是真正的优势。我觉得真正的优势就是服务这一块。听着"服务"这两个字很简单，但是公募基金会真的要把服务做到位、做得非常好，其实是很难的一件事情。①

儿慈会是如何为合作伙伴提供服务的呢？

第一，儿慈会的组织架构清晰，分工细致。如合作发展总部主管筹款和传播，项目管理总部主要对项目赋能和提供后台支持，合作伙伴可以便捷对接所需服务。

第二，提供陪伴式的成长，即儿慈会陪伴合作伙伴共同成长。比如双方会一起定目标，包括定合作伙伴每年要达到的筹款目标，更重要的是定救助目标，以及他们所需要的各地救助资源等。

案例 1. 星星雨专项基金

北京星星雨教育研究所（简称星星雨）在 2010 年儿慈会刚成立时，就成为儿慈会早期专项基金的合作伙伴。儿慈会主要帮星星雨做公众募款和公众救助。在互联网筹款方面，只要星星雨的项目稳定且优质，儿慈会会为之选择适合的募款渠道和募款平台，帮它完成上线，然后共同做传播，这类项目包括星星雨的淘宝公益宝贝项目、"99 公益日"上线项目等。当项目款筹满后，星星雨需要做的是把项目和善款使用执行好，儿慈会配合做好后台的财务监督，在网上做好项目的公示等。

从 2010 年至今，每年的 4 月 2 号（自闭症日），儿慈会都会支持星星雨举办慈善晚宴，比如双方一起做活动策划，儿慈会更多的是提供财务上的支持，包括善款的透明度以及对善款的监督，把相关信息反馈给星星雨的

---

① 摘自 2019 年 7 月 24 日对儿慈会副秘书长姜莹的访谈。

捐款人,包括星星雨常年的支持者、志愿者等。十年来,星星雨慈善晚宴的影响力越来越大,每年筹集的善款也越来越多,其捐款人不断增多是重要原因,儿慈会作为公募基金会的公信力和相应传播也有所贡献。

> 我觉得儿慈会的服务意识特别强,没把我们当外人,而是更多地从财务从项目等方面提供服务,所以让我们觉得找对了地方。儿慈会会给我们很多财务建议,我们的会计会特别去请教他们关于明星捐款记账、外汇管理等问题,他们都会不厌其烦地进行指导。就是我们有什么需要,他们就及时地提供。这种支持还包括我们每年的慈善晚宴,他们财务人员坐在外面都挺辛苦的,因为拍卖东西特耗时间,开十几个拍品都能拍到九点十点,甚至更晚,他们也在那等着捐款人出来刷卡。儿慈会的财务管理很规范,比如我们装修新校区,装修公司最后是跟儿慈会签合同。他们要审合同要审预算,要参与三方比价的整个过程,所以他们的工作量特别大,其实我们倒是安全了。而且他们会有一些特别好的建议,并想方设法通过公益组织的抵税资格帮我们省了 6 万块钱的税钱。①

在陪伴合作伙伴成长的过程中,儿慈会更多的是做好培训指引。比如儿慈会每年给合作伙伴提供至少五场各类培训和论坛,特别是关于互联网筹款的培训,儿慈会每年都要编《互联网筹资运营手册》并发给合作伙伴,汇集其总结出来的互联网筹款方法,包括各大互联网平台的操作指南、优势分析、案例分享等。儿慈会通过提供给合作伙伴更多培训,促进共同体的建立。

案例 2. 2018 年儿慈会 "99 公益日" 之伙伴培训

为充分备战 2018 年的 "99 公益日" 活动,儿慈会先后为合作伙伴提供了腾讯公益产品培训、财批培训、九九伙伴培训。

2018 年 4 月,儿慈会对所有合作伙伴进行了腾讯公益平台产品模块的培训。并且铺垫了财批培训及九九时间规划。

---

① 摘自 2019 年 10 月 23 日对星星雨执行主任孙忠凯的访谈。

2018 年一共进行了 3 场财批线下培训，分别在 5 月进行了第一次整体培训；6 月进行了两次财务披露培训，并成立了财批小组，专人一对一负责培训和指导伙伴的财批填写。

针对 2018 年九九规则的解读，儿慈会共举办了 3 场大型培训。分别是 7 月的第一次全员培训会、8 月的第一场重点政策解读会以及 8 月的第二场重点策略分析会。

> 我们从来没把自己当成老师。为什么"服务"这两个字非常重要，因为我们一直是合作伙伴关系，这是意识上的改变，从来不是上下级的关系，但可能就这一点并不是每家公募基金会都能做到。[①]

在日常工作中，儿慈会为合作伙伴做好助手，进行引领。比如首先让他们了解不同互联网平台的规则，以及其项目更适合哪些平台；然后，帮助他们完成上线，上线后进行推广和传播技巧的辅导，并帮助他们梳理资源，把资源盘活，引领他们用行之有效的方法筹到项目款。

> 我们唯一能去竞争的就是把项目服务好了。项目主动来找儿慈会合作，说明还是看好儿慈会的，所以服务至上吧，怎么着服务也要做第一。日常对项目也是一对一的服务，我们就是把自己当成一个服务行业。[②]

一些没有公募资质的公益组织跟多家大基金会都有过合作，最终选择与儿慈会长期合作，其原因就是"你们的服务好"。

儿慈会的服务不仅体现为培训和引领，还体现为服务效率和"时时为项目着想"。因为儿慈会机构本身具有民间性，在机构设置和制度规范方面强调去机关化、去行政化。虽然项目审批仍需要走相应流程，但部门之间互相配合的程度高，内部协调和反应更快，所以项目审批效率很高。

---

① 摘自 2019 年 7 月 24 日对儿慈会副秘书长姜莹的访谈。
② 摘自 2019 年 8 月 2 日对儿慈会平台运营总监马小艳的访谈。

很多平台邀我们过去，给的条件非常好，我们就是不离开，是因为儿慈会的平台跟别的平台有很大的不同，就是它不是金钱导向，它是能力导向。我们跟儿慈会在一起 5 年，共同来提升互联网分析能力、筹资能力。儿慈会给大家更多的是专业技术培训、规则培训和互联网筹资方面的系统性培训。而不是说：你过来，我给你募款的资格，你们自己玩，我不管。有很多稍微小一点的平台是这样的。但儿慈会不是，儿慈会就不断地在拉着你，甚至时时刻刻在拉着。体现在：第一，教你如何做互联网筹资的品牌宣传，如何做项目反馈和项目故事的呈现及项目传播；第二，对你机构所带领的这些企业，它们希望能够在互联网公益，比如在"99 公益日"或者在阿里巴巴支付宝上，获得企业露出，你到底该怎么样去给予它们，培养它们，给这些企业捐赠人以真正的露出，这些儿慈会都有一系列的培训、一系列的做法，而且它的支持是时时刻刻、全年性的，这跟很多机构就不一样了。我们有很多工作群，都是儿慈会的。比如公益宝贝联合劝募群，每天都有很多的培训和很多的信息即时传递，使得我们这些在儿慈会平台上的机构，优秀的就会更加优秀，大家会投入很大的专业学习力量来做这个事，所以大家的互联网公募能力，至少是了解互联网筹款的能力就特别强，就不再是很懵懂、很"小白"，一听互联网筹款还抓瞎呢，不是那样了。所以儿慈会这种平台的组织，它的能力建设和即时跟进非常重要。这就是为什么儿慈会永远是老大，它的服务在这儿，它在互联网筹资方面的服务能力可能是全中国最厉害的。还有儿慈会对各个筹资平台的了解，也是很强很深的。它呈现出来的整个的管理体系和服务体系，我认为是特别卓越的。[①]

另外，合作伙伴通常没有渠道直接与互联网平台接触，而公募基金会能更方便地接收到互联网平台的相关活动信息。每当收到这类信息，儿慈会都会替合作伙伴考虑是否有结合点，如果符合参加条件，会第一时间传达给合作伙伴，不让它们错过机会。同时，互联网平台也需要基金会主动

---

① 摘自 2019 年 12 月 12 日对北京慈弘慈善基金会秘书长庄伟的访谈。

告诉它们：基金会有什么项目资源，有什么热点新闻或话题适合平台策划活动。所以，基金会在互联网平台和合作项目之间起到桥梁作用。

> 儿慈会去开发不同的筹款平台，我们就随着它的节奏走，它开发的速度以及开发的深度也决定我们到底怎么样使用这些平台。儿慈会最大的功能是在这儿，它跟这些平台的合作比较深入，然后给你提供了一个比较好的支持，其实这就是它的优势。儿慈会也要不断建立这种核心优势，它跟这些筹款平台合作的深度有多深，人家对它的倾斜度有多大，然后它对底下的这些专项基金能给到什么样的服务，其实这个是决定它是不是能够胜出其他大基金会的根本点。①

案例 3. E 公益联盟

2018 年 5 月 30 日，儿慈会成立"E 公益联盟"，希望通过提供互联网公益平台、筹资培训、筹资产品和方案设计传播等系统性的支持，在全国范围内寻找最优质的儿童公益项目，全面打造互联网筹资 E 时代。

该联盟的发起原因是有一些纯草根组织没有在儿慈会立项，但是想参加"99 公益日"活动，于是就作为单次认领项目挂靠在儿慈会公募资质下面。这些项目除了参加"99 公益日"活动之外，还希望有机会和儿慈会合作一次单个平台的募款，所以儿慈会发起了 E 公益联盟。

E 公益联盟通过建立培训及签约机制，成功签约 25 家机构，上线项目共 43 个，总筹款额为 5006488.57 元。2018 年"99 公益日"活动结束后，该联盟成员中有 8 个机构成为儿慈会合作项目伙伴。

（2）共享共建品牌和平台

儿慈会作为连续五年的"99 公益日"活动筹款冠军，已具有品牌效应，吸引了不少机构和项目选择与儿慈会合作。它们在共享儿慈会品牌的同时，也一起把儿慈会建成一个共同品牌。

儿慈会认为共享平台效应还需要依靠诸多项目的互相支持。当儿慈会平台上积累的项目越来越多，且因为都是做儿童类型的项目，项目之间逐

---

① 摘自 2019 年 12 月 5 日对北京青爱教育基金会秘书长邢海燕的访谈。

步开始有很多的合作交流。比如儿童教育类型的项目可以和儿童医疗项目合作。因为儿童教育类型的项目只能做教育领域，但是在这个过程当中会发现患病的孩子，如果跟儿童医疗项目一起合作，儿童医疗项目就可以介入后期的救助。因此，促进类似的合作交流，也是儿慈会平台的重要工作。

如果要再提升的话，儿慈会可能应该更多地去组织优秀项目之间的相互学习和参访。如果儿慈会有所推动，可能就会使各家机构的能力提升得更快。

六　互联网筹款余思

对儿慈会的互联网筹款和平台搭建的了解，引发了对三个问题的思考：一是近年一些公募基金会同样在利用互联网进行筹款，但为什么儿慈会发展得更快呢？二是儿慈会是否过于依赖互联网筹款？如何开拓可持续的筹款渠道？三是反思9958筹款风波对儿慈会和其他慈善组织有何警示。

（一）儿慈会的"软件"建设

当前共有20家互联网募捐信息平台可为慈善组织提供募捐信息发布服务，对于公募基金会而言，这是进行互联网筹款的外在"硬件"；而内在"硬件"是其公募资质。在所有公募基金会都具备相同硬件水平的基础上，儿慈会之所以能够借助互联网插上腾飞的翅膀，该机构高层归功于其"软件"建设，主要包括以下三个方面。

第一，注重转变观念，加强服务意识。为捐款人、合作伙伴和救助对象提供全方位的服务，用服务赢得各方的支持与帮助。

我在2014年担任秘书长之后就提出：虽然儿慈会是一个全国性公募基金会，但我们必须转变观念，必须要牢牢树立为捐赠人服务、为合作伙伴服务、为救助对象服务的观念。观念的变革是一场悄悄的革命，有时候不显山不露水，但是给一个组织带来的影响是深远的。观念转变了，机构员工的态度和积极性就不一样。一切都是围绕着项目，很多活动我们都是亲力亲为、身体力行。比如今年"99公益日"活动，我们是全员动员，所有部门打破界限，包括我在内，全部上街劝募……合作伙伴绝对没有说在儿慈会报销是不容易的。只要有反映，我对员工的批评是非常严厉的。因为我们和合作伙伴都叫小慈家人，大家就跟一家人似的。因为都是做公益慈善，彼此之间没有什么利益诉求，目的都是帮助孩子。所以，我们更多地强调这种软性的东西。原来老理事长曾给我们讲武训办学的故事和精神，所以说我们也要放下架子，要谦卑，只要能拿到善款，帮助到孩子，我们的目的就达到了。这理念我觉得是最重要的，为捐赠人服务，为合作伙伴服务，为受助人服务，这看着简单，但是真正能做到这一点，是要刻到骨子里，成为机构的基因，这就是儿慈会最独特的东西。[1]

第二，要加强创新意识，在项目的设计、项目的活动、项目的筹款中创新，基金会给予创新者试错的机会和试错的空间。

我要求大家必须树立创新意识，无论是项目创新、筹款创新、活动创新，都要求所有的项目，哪怕是一个传统的项目，也要在里头玩出点新的样子。因为我说如果基金会没有创新，这就不是基金会。所以我在大会小会上讲：给大家试错的空间和试错的机会，错没有关系。我说只要我们坚持四个底线，这四个底线守住了，就没有问题。有任何问题我是能说得清楚的，是管理当中、是前进当中的问题。第一是道德底线，对于善款，不能往兜里揣一分钱；第二是法律底线，不能做违法的事情；第三是章程底线，凡是章程有约定的，必须要按章程做；第四是社会良知的底线。[2]

第三，要有效率和效益的意识，即使是做公益也要做有效公益。前面已介绍过儿慈会的目标责任制管理制度，在此不再赘述。据儿慈会高层透露，该机构 2019 年全年筹款将突破 6 亿元，这对于目前仅有 70 多名员工的机构而言是非常高效的。随着善款逐年大幅增长，儿慈会所能帮助到的受

---

[1] 摘自 2019 年 10 月 31 日对儿慈会理事长兼秘书长王林的访谈。
[2] 摘自 2019 年 10 月 31 日对儿慈会理事长兼秘书长王林的访谈。

助对象也会增加，其社会效益也将进一步扩大。

正是通过以上三个方面的"软件"建设，儿慈会形成了其独特的理念和风格，不仅吸引了更多机构与之合作，也同样吸引了更多公众为之捐款。

（二）互联网筹款的路径依赖

儿慈会借助互联网筹款得到了飞速发展，且该款项在其年度筹款收入中占到六七成，其中"99公益日"活动筹款额近年在筹款收入中的占比已超过四分之一。在肯定儿慈会在这方面取得巨大成绩的同时，也应冷静反思：儿慈会是否过于依赖互联网筹款？是否过于依赖"99公益日"活动？如果有一天"99公益日"活动不举办了，儿慈会会怎么办？如何走出对互联网筹款的路径依赖，其实儿慈会高层早在两年前就已有思考和规划。

> 其实我们去年就讨论过对互联网的过于依赖。我认为一定要去思考，并且行动，如何把这部分参与人，转化为所在公益组织的客户。我们的网站、我们的 App 是不是可以实现筹款？我们的线下活动是不是能够连接捐款人？这些都是我们努力的方向。而且，也有一些新的技术工具的运用，比如通过灵析的邮件系统，了解捐款人的捐款习惯，选择何时为他推送筹款项目，是需要我们研究的。而且，仍然需要挖掘筹款平台的潜力，也需要继续开展线下"传统"的公益活动，比如慈善晚宴。①
>
> 在去年的互联网大会上已经有专家提出，互联网的人口红利阶段已经基本结束了。虽然现在我们每年都能从互联网募捐平台募来大笔善款，但是万一互联网募捐平台本身出了问题，或者平台战略调整不做了，基金会的摊子已经铺这么大了，留下的资金空洞我们靠什么填补？未来是大数据、云计算的天下，我们需要居安思危、提前布局，利用互联网技术，建立一个相对稳定的募款渠道，形成一个庞大而具有较强价值认同感的捐赠者社群。这才是未来公益机构的核心竞争力。②

---

① 摘自儿慈会副秘书长姜莹在2017年某次培训上的分享发言。
② 摘自2017年5月3日新华网对儿慈会理事长兼秘书长王林的采访。

此外，儿慈会高层也在考虑做一些转型，尝试能否像香港的"东华三院"一样，通过运作一些实业或项目，创造出更多经济价值并反哺到公益事业中，实现自我造血。同时，建议儿慈会学习中国扶贫基金会和壹基金在公众参与方面的经验，在线下活动和月捐项目的开展与创新方面做更多努力。

（三）9958筹款风波引发的反思

2020年1月13日，贵州省铜仁市24岁女大学生吴花燕因病去世，并由此引发了9958儿童紧急救助中心（下称9958）的筹款风波。

1月16日下午，儿慈会理事长兼秘书长王林代表儿慈会向社会郑重致歉，承认存在操作上不规范、工作上不严谨的问题。同日晚间，民政部称已注意到社会各界对吴花燕募捐一事的质疑，并约谈了儿慈会，督促其向社会公布募捐和善款使用的情况。

上述情况引发了对9958筹款风波的一些反思。

第一，"超龄救助"问题。儿慈会的宗旨为"救助有特殊困难的少年儿童，帮助他们获得生存与成长的平等机会和基本条件，资助民间公益慈善组织为少年儿童服务"。9958在民政部"慈善中国"平台上备案的募捐方案显示，募捐款物用途为"用于0~18岁困境大病儿童的医疗资助、心理关怀及生活助困费用"。但吴花燕出生于1995年，2019年10月与9958接触时已满23周岁，显然不属于"少年儿童"。因此，儿慈会存在未按章程规定的宗旨和募捐方案的业务范围活动、擅自改变募捐款物用途等行为，这也是1月20日民政部送达的责令改正通知书中所指出的问题之一。

第二，是否超额募款问题。尽管9958西南团队负责人称，为吴花燕确定100万元的筹款预算是与其主治医生沟通病情后评估的结果，但忽略了学校和乡亲对吴花燕捐款的信息、其他机构为吴花燕举办的筹款活动以及吴花燕本人的"水滴筹"筹款，没有考虑当地政府的健康扶贫政策以及吴花燕应享有的三重医疗保障政策，因此，100万元的筹款预算并没有扣除报销比例，这至少属于筹款前期调查工作的不严谨。

第三，善款的募捐、使用和去向问题。这是最让公众质疑的问题，即9958为吴花燕筹款100万余元，然而直到吴花燕去世，拨付用于吴医疗康复的费用仅为2万元。尽管吴花燕事件发生后，儿慈会通过接受主流媒体采访等官方形式进行了相关澄清，表明吴花燕及其家属对 9958 为其筹款履行了正常的申请程序，是同意和知情的，并想把善款留到手术及康复时使用。但该事件所引发的舆论质疑，表明 9958 在执行募捐的过程中并没有与捐助人、媒体等利益相关方及时沟通，也没有通过有效渠道公布相应的救助历程，在筹款管理方面存在漏洞。

吴花燕去世后，9958 面临如何处理剩余善款的问题。根据吴花燕及其家人签署的 9958 患儿告知书中的事前声明条款，其剩余善款应由儿慈会支配，并转给其他受助患儿，无须再与家属商议。但儿慈会仍希望征得吴花燕家属的同意，后因故未联系上。在 1 月 20 日民政部送达责令改正通知书后，儿慈会即日发布 9958 对吴花燕善款处理情况的说明，表示百万善款全部原路退回给捐助人。

综上所述，显示出 9958 在专业化和职业化方面尚存不足，亟须建立更为理性而规范的工作机制，需要切实尊重受助人的利益，从真正满足其需求出发去做好规划，同时操作过程应公开透明，满足各利益相关方的知情权。

事实上，这不仅仅是 9958 的问题，不仅仅是儿慈会的问题，而是利用互联网筹款的慈善组织都可能存在的或将会面临的问题，而 9958 筹款风波所敲响的警钟或许可以让一些慈善组织在片面追求募捐数额的奔跑中慢下来，重新梳理和反思身为慈善组织的宗旨和使命。

七 回归"公募"的公募基金会

当前中国公募基金会参与互联网筹款的程度偏低，因其大多数具有官方背景，或是其筹款模式带有行政命令色彩，或是曾得到一定时期的公募资格垄断保护，仅靠企业捐款就能满足其资金需求，从而形成路径依赖，导致其对利用互联网募捐平台进行公众筹款缺乏动力，相应的是其公募资格没有得到充分利用。

相较之下，由民间发起的公募基金会没有官方背景，缺少企业捐款资源，"被迫"把筹款重点转向公众，通过追随互联网技术的发展进行公众筹款而得到快速成长，儿慈会就是这类积极拥抱互联网筹款的公募基金会的典型代表。该基金会勇于在互联网筹款道路上先行先试，改革和创新机构管理机制；与互联网募捐平台展开战略合作，制定相应策略和流程，最终赢得公众信任。同时，儿慈会注重转变观念，与民间公益组织真诚发展合作伙伴关系；强化服务理念，做好陪伴式培训指引；不吝共享其公募资格、品牌和平台，不断壮大共同体，并带领合作伙伴走向互联网筹款的"共同富裕"。回顾儿慈会筹款来源演变的历程，既看到其总结出的诸多宝贵经验，也从中折射出很多社会组织共同面临的一些问题：如何继续挖掘互联网筹款潜力而不过度依赖互联网？这两者如何平衡？如何构建可持续的筹款模式？如何能够不片面地追求募捐数额且不忘公益初心？

当前，随着《慈善法》进一步推进实施，将有越来越多的社会组织通过慈善组织认证而获得公募资格，公募基金会的公募资格垄断将被打破。此外，还有民政部已公布的 20 家互联网募捐平台。在此背景下，公募基金会要与时俱进，抓住互联网筹款的契机，改变企业捐款占比过大的筹款结构；加快"去行政化"进程，放低身段做好服务；充分利用公募资格，注重公众筹款，回归公募基金会的"公募"，这是公募基金会今后发展的题中应有之义。

第十二章　基于联合劝募理念的线上线下混合筹款

——以上海联劝网为例 [*]

一　联合劝募在中国

1873 年，英国利物浦的 20 余家慈善团体合办慈善劝募活动，从而成为世界上联合劝募之雏形。1887 年，英国利物浦的联合劝募活动被美国丹佛市的一位牧师知晓并学习，其联合丹佛市的基督教长老会和天主教的牧师及教友等发起了一项联合劝募活动，并在之后成立了第一个"联合之路"组织——慈善组织协会。1948 年，美国"联合之路"组织在此基础上成立，超过 1000 家社区团体加入"联合之路"。1974 年，"国际联合之路"宣告成立并在世界各地成立分支组织。2009 年，美国"联合之路"和"国际联合之路"合并成为"全球联合之路"，从而成为全球最大的非营利组织（毕素华、张萌，2015）。

联合劝募的理念和方式进入我国则是晚近的事情。尽管有学者认为早在民国时期，上海慈善组织联合和合作就曾经形成了慈善事业网络，即以上海慈善团为中心形成了一个规模巨大的慈善组织网络，它们共同筹集善款，在慈善活动中互帮互助，实现慈善资金的网络化（阮清华，2014）。

---

[*] 特别说明：除特别注释说明，本章的撰写主要参考以下文献资料：（1）2019 年 6 月 27 日对上海联劝网执行主任鲁梅花的访谈记录（访谈地点：上海联劝公益基金会总部）；（2）2019 年 6 月 28 日对上海联劝网执行主任鲁梅花的书面访谈记录；（3）2019 年 7 月 29 日上海联劝网执行主任鲁梅花提供的"上海联劝网数据一览"和"上海联劝网募捐导流方式创新及数据小结"等内部资料。

然而我们认为，真正意义上的联合劝募进入我国大陆，则始于 1990 年代之后。

1998 年，中华慈善总会正式加入"国际联合之路"，但此后在联合劝募的发展上一直处于非常滞后的状态。2007 年，被视为我国第一个联合劝募的平台——首都慈善公益组织联合会正式成立。该联合会由北京市民政局主办，共有 13 家公益组织加盟。首都慈善公益组织联合会将北京市范围内的捐款救助信息有效整合，同时将政府部门、社会公众和公益组织三个方面联合起来，共同制定相关的行业规范，为民间公益机构提供培训服务，监督公益救助项目的实施过程，协调整合各类资源，提高公益募款活动的成效与影响力，努力在避免重复救助、频繁募款等方面做出有益探索（张璐萌，2016）。2009 年，由恩派公益组织发展中心发起的上海公益事业发展基金会（后更名为上海联劝公益基金会）成立，从而宣告中国大陆第一家以民间力量为主导、旨在践行联合劝募理念的基金会正式诞生。

那么，到底何为"联合劝募"？对此，有研究者提出，联合劝募行为即由专业的联劝机构将社会上的闲置物资进行统一募集，然后按需分类分配给公益组织使用（李琴琴，2013）。此外，也有学者认为，联合劝募这一方式成功地将社会公益慈善资源的供给者和需求者进行有机联结，在这个公益需求与供给如此多元和个性化的时代背景下，联合劝募组织有效发挥了其协调、整合的中枢作用（毕素华，2015）。而上海联劝公益基金会则宣称："联劝在国内推动实践创新的募款机制——联合劝募，即以社会问题为导向，集结众多公益组织（公益项目），自下而上开展劝募活动，并通过高度问责的方式将募集到的慈善资源统筹分配给公益组织。"①

在上海联劝公益基金会等公益组织的主导和推动下，基于自下而上方式的联合劝募实践开始扎根中国大陆并获得逐步发展。不过，也就在联合劝募在我国获得发展的同时，互联网公益不断发展，伴随经济发展而崛起的互联网技术由于其便捷透明、连接社会信任的优势，激发了网民参与公益的热情，网络募款和场景公益等持续推出（徐家良，2018）。换言之，

---

① 参见上海联劝公益基金会官方网站，https://www.lianquan.org.cn/about.jsp，最后访问时间：2019 年 12 月 1 日。

互联网公益的出现和发展是我国公益领域的突变式创新，互联网公益参与主体通过把公益引入社交网络并把移动支付等技术运用其中，开辟了一种新的公益场景，改变了公众参与公益的方式（赵文聘，2019）。进而言之，"公益＋互联网"狂飙突进，通过移动互联在同一时间连接多地、多点、多项目和网上、网下的捐款正在进入公益主流，成为公益事业发展的重要途径（杨团，2016：19）。在这股时代浪潮的冲击下，上海联劝公益基金会主动改变获取资源的渠道和组织运营方式，积极地将"互联网公益"理念融入"联合劝募"实践，从而催生出其主导创设的"上海联劝网"这一新型互联网募款平台。

接下来，本章在介绍我国互联网募款发展历程的基础上，以"上海联劝网"为典型案例，以半结构式访谈为主要研究方法，深入考察和分析上海联劝网的创设过程、运作模式、公众募款及其方式以及面临的挑战及其未来走向等问题，以此回答"融合互联网技术的联合劝募实践如何开展公众募款"这一新问题。

二 中国互联网募款的兴起与发展

互联网技术在中国的迅猛发展，正深刻地影响着社会各行业的创新式变革。根据中国互联网络信息中心发布的第 39 次《中国互联网络发展状况统计报告》，截至 2016 年 12 月，中国网民规模达到 7.31 亿，互联网普及率达到 53.2%，超过全球平均水平 3.1 个百分点，超过亚洲平均水平 7.6 个百分点，其中手机网民规模达 6.95 亿，占比达 95.1%，增长率连续三年超过10%。可以说，互联网的快速发展，正在重塑中国的社会经济形态并给各类组织机构的行为模式和市民个体的日常生活带来翻天覆地的变化（公益筹款人联盟项目组，2017：4、10），其最显著的结果是极大地扩大了信息传递的范围和提高了其效率，为各行各业提供了新的发展模式——"互联网＋"，即各传统行业依托互联网平台和信息通信技术，与互联网有机结合，形成新的发展生态。

与其他行业一样，中国的公益慈善行业也深受互联网革命的影响并逐渐衍生出"互联网＋公益"的新型发展模式。时至今日，尽管"互联网＋

公益"发展模式的内涵和形态均出现多元化和多样化的发展趋势，但其核心主要体现在"互联网募款"（又称"互联网筹款"或"第三方线上公益平台"）。正如一份行业报告所观察到的："互联网，特别是互联网筹款，必将改变中国的慈善事业，丰富捐款途径，并提高捐款透明度。""从吸引多样化资金来源到更好地推广和赋能筹款、优化资金利用等，数字化技术都在快速改变中国慈善事业的运行方式。"（全球联合之路、贝恩公司，2018：2）根据公益筹款人联盟项目组以及全球联合之路和贝恩公司的观察和梳理，我们可将中国互联网募款的发展历程概括为以下三个阶段（公益筹款人联盟项目组，2017；全球联合之路、贝恩公司，2018）。

（一）互联网募款的萌芽阶段（2004～2005年）

2004年12月，尚处于测试阶段的第三方支付平台"易宝"为北京市红十字会专门开通网上捐款通道，从而开启了我国互联网募款之先河。翌年，两家公益机构在淘宝网络平台开设网店以筹集善款，紧接着中华义工联合会在互联网上宣告成立，同时通过创建"中华义工网"的形式搭建了一个全国性志愿服务交流平台，并据此开展志愿者招募和志愿服务活动。在这一阶段，互联网募款开始零星出现，但并未真正进入社会公众的视野，也未能促动中国公益慈善行业的创新变革。

（二）互联网募款的崛起阶段（2006～2014年）

在这一阶段，随着中国互联网行业的迅猛发展，互联网募款迎来突破性发展，主要体现在两个方面：其一，主流互联网募款平台的形成；其二，指尖公益和公益众筹的兴起。从而标志中国互联网募款崛起。

可以说，主流互联网募款平台的形成离不开阿里巴巴、腾讯、百度等网络公司做出的卓越贡献。2006年5月，阿里巴巴旗下的淘宝网联合中国红十字会发起"魔豆宝宝爱心工程"项目，旨在帮助困难母亲实现再就业。该项目在短短的4个月内获得3500万网友的募款支持，顺利募得超过49万元善款，成功帮助18位母亲开始网上创业。第二年，中国妇女发展基金会入驻阿里平台开设网店，成为最早开设网店的全国性公募基金会。同年，腾讯上线互联网捐款平台——腾讯公益。2008年汶川地震发生后，淘宝网、支付宝、腾讯和易宝等迅速响应，纷纷开通网上捐款通道，最后成功募得超过 6000 万元的善款。此外，除了阿里巴巴、腾讯和易宝这三大互联网募款平台，新浪借助新浪微博带来的巨大流量，于 2012 年 2 月推出"微公益"平台，尝试将求助者、爱心网友、公益机构等资源进行整合，致力于"打造中国第一个有影响力的社会化劝募平台"。

其后，随着智能手机的迅速普及，中国社会迎来移动互联网的新时代。2013 年，阿里巴巴公益、蚂蚁金服公益、腾讯公益、新浪微公益等平台陆续转移至手机客户端。同年，米公益、行善、小鸭爱漂流、爱心帮等一批主打"公益参与"的手机应用也纷纷创设并强势进入公众视野，从而掀起一股"指尖公益"风潮。与此同时，从 2013 年起，以众筹网、淘宝众筹、京东众筹、追梦网等为代表的众筹平台开始兴起，将在商业领域广泛使用的众筹模式引入公益慈善领域并迅速受到业内的欢迎和支持。

（三）互联网募款的规范发展阶段（2015年至今）

自 2015 年起，中国互联网募款的规模迅速扩张。据不完全统计（公益筹款人联盟项目组，2017），2015 年互联网募款金额达到 13 亿元，占社会捐款总量的 1.1%；2016 年互联网募款金额达到 20 亿元，占社会捐款总量的 1.4%；2017 年互联网募款金额达到 35 亿元，占社会捐款总量的 2.3%。同时，互联网捐款的参与人数也显著增长。

随着互联网募款规模的扩张，相关立法和监管开始逐渐建立和完善，孕育了一批具备资质的互联网公开募捐信息平台。2016 年 3 月，《慈善法》颁布，规范慈善组织互联网公募行为和互联网公募平台的资质。《慈善法》第 3 章第 23 条规定："慈善组织通过互联网开展公开募捐的，应当在国务院民政部门统一或者指定的慈善信息平台发布募捐信息，并可以同时在其网站发布募捐信息。"同年 8 月，民政部遴选出首批 13 家符合《慈善法》规定的互联网募捐信息平台。2018 年 5 月，民政部又批准了第二批 9 家互联网募捐信息平台。此外，民政部还叫停了一些违反《慈善法》规定的互联网募款活动，如"同一天生日"募款活动。

时至今日，中国互联网募款已走过 15 个年头，公众参与其中的方式也日趋丰富和多元。公益筹款人联盟项目组根据参与主体、行为模式及效果

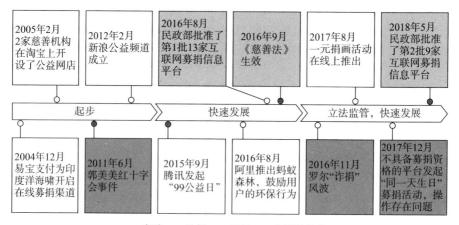

图 12 - 1　中国互联网募款发展的重要历史节点

资料来源：摘自全球联合之路、贝恩公司 2019 年 5 月所发布的《中国互联网慈善：激发个人捐赠热情》，第 14 页。

的不同，将中国互联网募款的公益参与行为分为直接捐款、为公益机构或项目筹款、购买善因产品、参与公益转播互动、公益投资以及志愿服务六大类型（公益筹款人联盟项目组，2017：10）。显而易见，庞大的网民数量、智能硬件的普及和移动支付占比的迅速提升，令中国公益行业有机会借助移动互联网实现低成本连接，撬动大规模公众参与，同时也吸引了社会资本投入"互联网 + 公益"市场。

　　据不完全统计（公益筹款人联盟项目组，2017），截至 2016 年底，各类提供公众公益参与的第三方线上平台超过 30 个。蚂蚁金服、阿里巴巴公益、腾讯公益、新浪微公益等大型第三方平台不仅继续基于商业优势，积极发挥影响力，还持续增加投入，不断探索创造更大价值。此外，还涌现了一批小型的公益领域专业垂直平台，锐意进取，开展公益（公益筹款人联盟项目组，2017：10）。而本章所关注的"上海联劝网"，即于 2014 ~ 2015 年涌现的具备现金捐款功能且融合"联合劝募"理念的公益垂直领域捐款平台。

三　上海联劝网的创设过程与运作模式

（一）上海联劝网的创设过程

2008 年，汶川地震开启了中国的公益元年，民间背景的社会组织开始迅速出现。然而，在数量增长的同时，民间社会组织普遍面临因能力不足与公信力缺失等引起的资金不足之困境。另外，随着中国经济的高速增长、公众的公益意识及企业社会责任意识的觉醒，中国公益慈善行业劝募市场的潜力开始凸显。不过遗憾的是，当时资源配置渠道的缺乏，严重阻碍了公益慈善资源快速流入公益慈善行业，进而成为公益慈善行业发展的主要阻力。

在这种社会背景之下，成立一个资助型的公募基金会，以打破民间社会组织与公益慈善资源之间的壁垒，显得必要而迫切。2009 年，以此为组织使命的上海公益事业发展基金会成立。2014 年，上海公益事业发展基金会正式更名为上海联劝公益基金会，并将其组织使命和组织愿景分别设定为"联合劝募，支持民间公益"、"让中国民间公益拥有互信、合作、可持续发展的环境"。截至 2014 年，经过 5 年的工作实践及探索，上海联劝公益基金会积累了一定的公众筹款经验，但是其公众筹款的主要场景体现为线下场景，例如一个鸡蛋的暴走、小小暴走、公众评审会等公众筹款项目。然而，随着互联网的蓬勃发展，中国的网民数量日趋庞大，越来越多的公众活跃在互联网平台并积极参与各类社交与社会舆论等活动，同时也开始越来越多地通过互联网平台参与公益慈善活动。

鉴于互联网在公益慈善筹款活动中日趋重要的角色，上海联劝公益基金会从 2014 年开始尝试寻找和接触互联网平台。然而遗憾的是，接触一段时间后，上海联劝公益基金会发现，无论是在理念上还是在价值取向上，能够理解和支持其搭建公众与公益组织深度连接的互联网平台并不存在。无奈之余，上海联劝公益基金会决定自己投入资源来搭建符合自身理念的互联网募款平台。2015 年 5 月，上海联劝网应运而生并正式对外发布上线。

在创设后的前 3 个月，上海联劝网的主要服务对象为上海联劝公益基金会及其支持的公益组织。之后，在平台开发的过程中，上海联劝网逐渐确立了一个平台原则——开放。这里所谓的"开放"，包括数据共享、接口开放、筹款策略共同探索等内容。进而言之，基于开放合作原则，上海联劝网在实际业务层面和技术支持层面均给予公益组织足够的支持。据此，联劝网平台明确将自身定位为一个行业平台，而非上海联劝公益基金会的专属筹款平台。2016 年，《慈善法》颁布实施并开始对互联网募款进行规范管理和引导。借此机会，上海联劝网基于自身一定的工作积累以及长远的规划和投入，积极申报了慈善组织互联网公开募款信息平台的遴选评审并成功入选，成为民政部首批指定的公募平台之一。

　　基于以上考察和分析我们不难发现，上海联劝网顺应了"互联网高速发展，公众通过网络积极参与公益"这一社会发展趋势，并通过"线下 + 线上"相串联的 O2O（Online to Offline）模式，开启了融合互联网技术的联合劝募之新探索。

表 12 - 1　上海联劝网创设前后的重要事件

时间	重要事件
2009 年 12 月	上海公益事业发展基金会成立，后更名为上海联劝公益基金会
2010 年 12 月	上海公益事业发展基金会联合 9 家一线助学机构，发起"一个鸡蛋"项目，开始"联合劝募"的工作探索
2011 年 11 月	上海公益事业发展基金会正式发起"一个鸡蛋的暴走"，旨在为儿童领域公益项目筹款
2012 年 6 月	上海公益事业发展基金会创设"公众评审会"，让公众捐款人决定资助项目，推动公众深度参与公益
2013 年 4 月	"一个鸡蛋的暴走"正式成为联合劝募平台
2015 年 5 月	"上海联劝网"正式上线，启动公益筹款 O2O 平台建设
2016 年 9 月	"上海联劝网"入选民政部首批慈善组织互联网募捐信息平台

资料来源：根据上海联劝网执行主任鲁梅花提供的材料整理而成。

（二）上海联劝网的运作模式

　　根据上海联劝网执行主任鲁梅花的介绍，上海联劝网平台是一个开放的互联网募款信息平台，面向所有具有公募资格的公益组织提供服务。依托信息技术与数据共享，上海联劝网不仅致力于为公益组织的各类线下筹款活动提供线上支持（包括活动报名、筹款工具、资金通道以及策划咨询等服务），也为公益组织提供非定向捐款平台（包括月捐、集体捐款等多种方式），以支持公益组织的可持续发展。作为公开、透明的慈善募款 O2O 平台，上海联劝网鼓励公益组织通过发起线下筹款活动与捐款人传递信任，建立核心理性捐款人群体，支持公益组织长期和稳定的发展。在确保个人信息安全的前提下，上海联劝网与公益组织共享捐款人信息与数据，推动互联网公益生态进一步迈向高效与透明。为了进一步剖析上海联劝网运作模式的具体内容，我们可从以下几个方面进行考察。

1. 上海联劝网的运营主体

如前所述，上海联劝网由上海联劝公益基金会发起成立，即其运营主体为上海联劝公益基金会。不过，上海联劝网的平台业务工作独立于上海联劝公益基金会，为此成立了专门的联劝网团队进行独立运营。换而言之，上海联劝网不具有法人身份，它是在上海联劝公益基金会的框架下运营，以上海联劝公益基金会的名义与其他机构发生民事关系。

在上述运营框架下，上海联劝网拥有自主决策权和组织人事权。不过，上海联劝网不掌握财务权，平台运营的经费主要由上海联劝公益基金会提供，团队工作人员的工资由上海联劝公益基金会按照标准发放。目前，上海联劝网工作团队共有 6 人，具体的分工如下：执行主任负责统筹平台管理、业务拓展、团队建设、组织决策讨论以及向民政局汇报工作；其他团队成员分别负责业务拓展（对外合作）、拜访交流、路演、培训、工作坊；整合资源，与有资源、有意愿的企业进行洽谈，帮助其对接慈善组织；与行业内外第三方平台进行共享；对公益组织的资格及其上线项目的文案、预算进行审核；客服工作。除了以上全职工作人员，上海联劝网还会不定期招募 1~2 名实习生。

此外，上海联劝网运营的资金主要来自上海联劝公益基金会。平台自身的收入仅限于收取筹款额 1.5% 的运营费，这一部分收入也用来支持平台的运营。收取 1.5% 的运营费用意在向公众和公益组织传递信号，即公益并不是没有成本，同时将公益组织纳入联劝网平台建设中。不过，实际上收取的运营费对支持平台的运营而言具有一定的挑战性。这种挑战主要来自两方面：其一是收取的运营费完全不够平台的支出；其二是公众和部分公益组织对收取运营费提出质疑，即他们质疑为什么其他的平台（如腾讯）不收费？对此，上海联劝网计划在未来探索"自我造血"功能。例如在O2O的部分，越来越多的公益组织开始认识到线下场景对筹款活动的重要性。然而，许多公益组织缺乏相关经验和人员。为此，上海联劝网会与这些机构展开深度合作，为其线下活动提供方案和指导并收取一定的费用。另外值得一提的是，上海联劝网的技术支持方为杭州映派科技有限公司。该公司虽然属于独立的第三方组织，但受到上海联劝公益基金会的控股。显然，上海联劝公益基金会试图以此确保上海联劝网的公益属性。

基于上述组织架构，上海联劝网构建了一整套"自助自主、透明可控，让机构的筹款经得住各方问责"的机构管理系统（详见图12 - 2）。

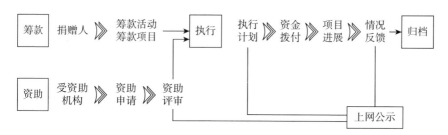

图12 - 2　上海联劝网的机构管理系统

资料来源：引自上海联劝网执行主任鲁梅花提供的内部资料《让公益不至于单纯的指尖公益：新时代下的公益参与》。

2. 上海联劝网的定位及其特色

上海联劝网的核心工作在于"依托于信息技术和数据共享，为公益组织提供线上支持"。此外，其自我定位是"公益行业O2O平台的先行者"。根据上海联劝网执行主任鲁梅花的介绍，上海联劝网的主要特色体现在以下三点。

（1）O2O筹款，即将线下场景的公众参与和发动与互联网端的捐款进行结合。上海联劝网的O2O体系包含了硬件（技术）和软件（服务）两部分。其中，硬件（技术）是指"公募平台支持、活动管理系统、义卖商品管理系统以及开放支付接口"。而软件（服务）是指"共享筹款数据、活动咨询及策划、线上线下的培训网络"。

（2）捐款人服务，即推动和激励捐款人成长和持续参与。具体而言，一方面，公益行业的发展离不开公众的认可和参与，只有公众长期关注、持续参与和支持公益，公益行业才能发展；另一方面，公益组织的核心能力（如筹款能力）是公益组织可持续发展的基石。公众参与在这两方面均必不可少。公益组织培育一批属于自己机构的核心支持者，是其获得可持续发展的关键所在。鉴于此，上海联劝网希望帮助公益组织打造属于它们自己的核心捐款群体。

（3）筹款赋能，即提升公益组织的筹款能力，主要形式包括线上课程、线下沙龙、工作坊以及课程培训（详见图 12 – 3）。

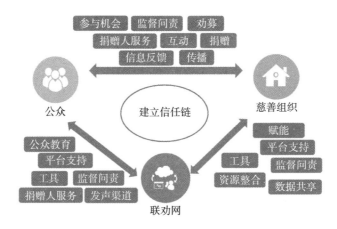

图 12 – 3　上海联劝网的运作特色

资料来源：引自上海联劝网执行主任鲁梅花提供的内部资料《让公益不至于单纯的指尖公益：新时代下的公益参与》。

3. 上海联劝网的工作理念与运作方式

概括而言，上海联劝网的工作理念与运作方式包括以下五个方面。

（1）线下场景的筹款活动。上海联劝网始终认为，公益组织要实现可持续发展，必须要培养一批核心的支持群体。为此，公益组织只有通过线下场景才能面对面接触公众并与之建立信任。

（2）SCRM 系统。建立互信后，公益组织要与公众进行互动以夯实互信基础。为此，上海联劝网独立开发了一套捐款人关系维护系统（SCRM 系统）。该系统拥有一系列工具，例如短信、邮件、公众号、调查问卷表、捐款人数据库等，以有效帮助机构与捐款人建立常规和长期的互动。

（3）定捐长捐产品。定捐和长捐等捐款产品的供给，旨在为公众提供多样化的公益参与机会。在线上，上海联劝网尝试提供各类定捐和长捐产品。虽然目前上海联劝网仅提供了月捐产品，但今后将尝试提供日捐产品。随着公众参与公益捐款的深入推进，公众与公益组织的关系更加紧密，公众对公益的理解和认知也会不断深化。

（4）透明高效的管理系统。公益组织建立和维护社会信任，需要一套透明高效的管理系统，包括业务和信息披露系统。在这方面，上海联劝网为公益组织提供技术支持，帮助其做好信息化建设，以更好回应社会各界的问责和监督需求。

（5）业界前沿的策略理念。不同的议题（生态、环保、教育、乡村振兴等）需要不同的筹款策略、工作方式以及合作模式。如果利益各方需要实现合作以共同推动募款，则需要建立一套灵活的、各方均愿意参与的合作模式。在这方面，上海联劝网主张开放式、民主协商式的合作模式。这种模式契合上海联劝网所提倡的"去中心化"理念，即不以上海联劝网为中心，而是以公益慈善行业获得更好发展为目标。

四 上海联劝网的公众募款支持方式及其成效

（一）上海联劝网平台捐款人画像

对上海联劝网平台而言，活动管理系统和筹款活动的专业支持，是其整体工作最为关键和重要的一环。捐款人如何能与自己贡献过爱心的公益项目产生更深层次的连接，上海联劝网在2015年建立之初就已在思考和寻找破局之道。基于上海联劝公益基金会的筹款实操以及自身的行业内视角，上海联劝网确定了自身的O2O定位，鼓励并支持公益组织基于公众熟悉的场景开展各类筹款活动，赋予筹款新的动能，激发筹款活动创新，帮助公益组织培育持续和稳定的捐款人群体。而对公益组织而言，其筹款活动可以"丰俭由人"，鼓励其结合自身已有的资源和活动形式开展。

截至2019年2月，上海联劝网平台的捐款人达到60万人，其中26万人为实名捐款人。从平均单笔捐款额来说，上海联劝网平台远高于其他互联网募款平台，可以说捐款人含金量很高。目前，上海联动网平台上有"项目""活动""月捐"这三大核心捐款去向，88%的捐款进入活动这一板块（见图12－4）。我们可以认为，平台的捐款人更乐于亲身参与到活动中。当然，活动报名费有可能用来覆盖活动的运营成本，也有可能一部分用于运营成本，一部分作为善款支持具体项目。捐款项目分为次捐和月捐。月捐以个人捐款为主，捐款人可以决定月捐额度。月捐习惯的养成一般是基于捐款人对公益组织或公益活动的认可。同时，上海联动网鼓励非定向（一揽子）的捐款，因为公益组织往往面临项目资金充裕但行政经费缺乏之困境。

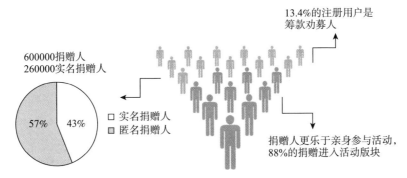

平台单笔筹款额：2017年度为131.7元；2018年度为123.8元

图12－4　上海联动网平台捐款人画像

资料来源：图片引自上海联动网执行主任鲁梅花提供的资料《让公益不至于单纯的指尖公益：新时代下的公益参与》，数据截至2019年2月。

（二）上海联动网的公众募款支持方式

概括而言，上海联动网为公益机构提供的公众募款支持方式包括以下几个方面。

（1）互联网募款场景的多元化。这种募款场景的多元化，可集中概括为一句话，即"以线下驱动线上，以线上带动线下"。

（2）互联网募款种类的多样化。其募款种类主要包括项目、活动、月捐、一众基金、DAF（捐赠人建议基金：donor-advised-fund）等。

（3）互联网募款导流方式的创新化。这里所谓的"导流方式的创新化"，是指互联网募款平台借助平台的定位、优势、触角以及业务模式，积极引导公众善款更公平、合理、多元、高效地分配到有需求的公益组织。

表 12 - 2　上海联劝网开发的募款导流方式

募款导流方式	具体做法（例）
（1）平台用户激活、直邮	上海联劝网于 2018 年第三季度开展了线上线下相结合的捐款人维护探索——用户激活及直邮。具体而言，在线上，选取了平台一部分捐款金额大于 10 元的用户作为样本，用户人数 15227 人，打开人数为 1798 人，阅读率为 11.8%。这部分用户当中的 228 人提交了礼品申请，包括女性 98 人，男性 130 人；在线下，平台为 228 位捐款人寄送一份包含劝募单页的鼠标垫礼品，引导收到礼品的捐款人为单页上的公益项目和公益活动筹款。后续根据平台的追踪，单页上的公益项目和公益活动在此次推广期内获得了较好的点击量，也相应地带动了筹款金额的增长。
（2）平台首页 banner 及开屏广告位	上海联劝网结合不同时间节点、社会热点，定期推送相关议题领域的活动、项目、月捐，引导平台用户的更多元化捐款、理性捐款。
（3）平台季刊推送中的推荐项目/活动	每季度面向平台用户推送不同议题领域的活动、项目、月捐，引导平台用户的更多元化捐款、理性捐款。
（4）议题筹款与线上联动	上海联劝网在自有传播渠道"阿联劝募"微信公众号，与网站一起，结合一年当中不同的时间节点与纪念日，开展线上主题活动，整合平台上的公开募款项目及活动，进行策划和传播，助推慈善组织筹款与公众的公益参与。例如，2019 年 4~5 月，上海联劝网结合社会热点——"520 社会责任日"，聚焦社区可持续发展议题，开展了 O2O 主题活动"520 让爱扑满行动"，通过联动爱心企业、公益伙伴及热心社会公众，在全国各地区开展不同形式的 O2O 公益活动，为公众提供更多身体力行实践社会责任的机会，同时聚合社会关注，解决问题，延续美好发声，最后累计募款金额超过 117 万元。又如，同年 4 月 17 日，上海联劝网通过平台专题页面加首页轮播图的方式上线主题活动，共计嵌入 6 个活动。此外，上海联劝网也为参与主题活动的公益组织提供了一系列支持，包括 O2O 活动筹款培训、活动方案咨询、整合多方资源等，最大限度地助力公益组织开展互联网募款。在此期间，共有 6 家公益组织联合发声并在上海、广州、扬中、靖州等城市发起公益活动，为主题活动制造影响力。截至 2019 年 6 月 25 日，该活动共有 9 个微信公众号（6 家伙伴机构）参与主题活动传播。

募款导流方式	具体做法（例）
（5）外部资源的连接	例如，2019 年 5 月，上海联劝网发挥平台枢纽作用，为公益组织对接爱心企业和公募方，通过员工参与"城市寻宝"O2O 活动，为上海互济公益基金会落地云南普洱的"未来希望幼儿班"项目开展募款，上海联劝公益基金会作为公募方接收善款。上海联劝网通过连接、整合各方，提供了 O2O 活动的策划、执行，也作为咨询方为企业提供了持续参与公益的路径规划。本次活动共有近 120 位参与者，慈善募款总金额近 12 万元。此外，企业也承诺持续资助该项目 3 年，资助总额合计 334873 元。

资料来源：根据上海联劝网执行主任鲁梅花提供的材料整理而成。

（4）鼓励和支持公众由捐款人成为劝募人。为了实现这一目标，上海联劝网技术团队开发了新型筹款工具——"爱扑满"[①]。通过这款集募款、传播、分享功能于一体的筹款工具，大力倡导捐款人领取爱扑满，定制个性化筹款页面并分享给亲友们，进而带动周围人共同捐款，最终达到"将大家的爱心汇聚起来"的目的。

（5）为公众提供丰富且多样化的公益活动体验机会。公众可轻松便捷地通过 PC 端、手机等移动端随时随地访问上海联劝网，浏览和搜索自己感兴趣的公益活动并方便快捷地完成报名或组队。今后，上海联劝网平台将尝试智能化的推送（Local based service），以实现用户可以浏览和报名参与所在地区的公益活动。

（6）便于用户对公益组织和募款行使监督问责。为了让捐款人实现对公益组织和募款的监督问责，上海联劝网开发了"用户评价系统"。该系统除了具备捐款、参与活动、传播等功能之外，还允许用户（捐款人）打分、留言以及投诉。需要说明的是，上海联劝网的用户评分规则使用了贝叶斯平均计分算法，与经典的统计归纳推理方法相比，更好地确保了准确性和客观性，力争给公益组织全方位的支持，给社会公众营造良好的捐款环境。根据上海联劝网的观察发现，公众通过在上海联劝网平台的公益参与，不管是在意识层面，还是在知识层面，抑或在行动层面，均发生了令人欣喜

---

① "扑满"为我国古代人民储钱的一种陶制瓦器，顶端开一条狭口，类似于现代人使用的储蓄罐。

的变化（见图 12－5）。

越多参与，越多改变

观望→关注
关注→参与
随机捐赠→定期捐赠
小额→大额
议题/领域偏好的改变
自身→周边
捐赠人→劝募人
支持者→支持者&监督者
……
超过250场次的公益活动
超过40000人次的身体力行的参与

图 12－5　公众参与上海联劝网平台之后的变化

资料来源：引自上海联劝网执行主任鲁梅花提供的资料《让公益不至于单纯的指尖公益：新时代下的公益参与》。

（三）上海联劝网公众募款的主要成效

关于上海联劝网公众募款的主要成效，我们可以从机构数量、筹款产品数量及金额、重复捐款人数、领取爱扑满的人数、实名捐款人等几个维度进行说明（见表 12－3 至表 12－7）。

表 12－3　在上海联劝网平台发起活动、项目及月捐的机构数量

机构数量（含公募与非公募）	2017 年	2018 年	2019 年 （上半年）	2015 年 1 月至 2019 年上半年累计
发起活动的机构数量	34	53	37	118
发起项目的机构数量*	126	51	21	298
发起月捐的机构数量	10	37	20	78
平台入驻机构总数	127	155	80	531

注：存在一个机构既发起项目，又发起活动、月捐的情况。因此，平台入驻机构总数并不是三者的累加。数据由上海联劝网执行主任鲁梅花提供。

* 2017 年至 2019 年，发起项目的机构数量有较大波动的原因在于：2018 年上半年，上海联劝网按照民政部两个规范的要求对网站进行全面改版。通过一次大型升级改造，全面支持多公募基金会筹款模式，并修正了与规范不符的项目，导致相应的机构数量下降。另外，一部分机构由发起项目转向发起月捐或者活动，因为月捐或活动更容易吸引他们的社群或者潜在捐款人参与。

表 12 - 4　上海联动网平台的筹款产品数量及金额

筹款产品数量及金额（元）	2017 年		2018 年		2019 年（上半年）		2015 年 1 月至 2019 年上半年累计	
1. 活动总产品数及占比	97	68.31%	99	34.26%	60	23.72%	313	37.80%
活动的募款总额及占比	18874882.02	95.27%	22531106.80	85.70%	17169801.71	74.79%	82726494.17	87.34%
活动的捐款总笔数及占比	143319	95.15%	165413	77.87%	121423	62.80%	601708	81.98%
活动的捐款人总数及占比	119027	95.84%	148827	82.57%	109943	67.71%	507835	84.75%
活动的平均单笔捐款额	131.70		136.21		141.40		137.49	
2. 项目总数及占比	33	23.24%	153	52.94%	173	68.38%	431	52.05%
项目的募款总额及占比	652142.54	3.29%	2267448.94	8.62%	4313980.15	18.79%	8677451.90	9.16%
项目的捐款总笔数及占比	3594	2.39%	25690	12.09%	45331	23.45%	80367	10.95%
项目的捐款人总数及占比	3417	2.75%	25267	14.02%	44029	27.11%	77853	12.99%
项目的平均单笔捐款额	181.45		88.26		95.17		107.97	
3. 月捐总数及占比	12	8.45%	37	12.80%	20	7.91%	84	10.14%
月捐的募款总额及占比	284677.13	1.44%	1491782.58	5.67%	1472765.30	6.42%	3309824.20	3.49%
月捐的捐款总笔数及占比	3704	2.46%	21314	10.03%	26592	13.75%	51894	7.07%
月捐的捐款人总数及占比	1755	1.41%	6149	3.41%	8412	5.18%	13560	2.26%
月捐的平均单笔捐款额	76.86		69.99		55.38		63.78	

续表

筹款产品数量及金额（元）	2017 年	2018 年	2019 年（上半年）	2015 年 1 月至 2019 年上半年累计
平台总产品数（活动＋项目＋月捐）	142	289	253	828
平台募款总额	198117011.69	26290338.32	22956547.16	947137701.27
平台捐款总笔数	150617	212417	193346	733969
平台捐款人总数	124199	180243	162384	599248
平台平均单笔捐款额	131.5	123.8	118.7	129.0

注："占比"指的是占平台总量的百分比。数据由上海联劝网执行主任鲁梅花提供。

表 12 - 5　上海联劝网平台领取"爱扑满"的人数

筹款工具 - 爱扑满	2017 年	2018 年	2019 年 （上半年）	2015 年 1 月至 2019 年上半年
领取爱扑满的人数	3021	10980	10415	15548
占比（领取人数：累计注册用户）	2.45%	7.34%	6.30%	9.40%

资料来源：上海联劝网执行主任鲁梅花提供。

表 12 - 6　上海联劝网平台的重复捐款人数

重复捐款	2017 年	2018 年	2019 年 （上半年）	2015 年 1 月至 2019 年上半年
重复捐款人数	3631	4694	6106	15878
复捐率	2.94%	3.14%	3.69%	9.60%

注：对同一个项目/活动/月捐进行过大于 1 次以上的捐款，即为重复捐款；复捐率 = 重复捐款人数：累计注册用户数。

资料来源：上海联劝网执行主任鲁梅花提供。

表 12 - 7　上海联劝网平台的实名捐款人数

实名捐款人	2017 年		2018 年		2019 年 （上半年）		2015 年 1 月至 2019 年上半年	
活动 - 人数及 占比	78816	42.18%	71815	33.91%	49998	23.35%	230462	62.43%
项目 - 人数及 占比	1198	0.64%	4857	2.29%	4569	2.13%	12702	3.44%
月捐 - 人数及 占比	1525	0.82%	4570	2.16%	6780	3.17%	10001	2.71%
当年度新增 注册用户	28266	—	26311	—	15807	—	165439	—
平台总量	186869	—	211785	—	214148	—	369169	—

数据来源：上海联劝网执行主任鲁梅花提供。

基于对前述各表数据的分析，我们可以得出以下几点结论。

第一，"活动"成为上海联劝网平台的核心，也是平台用户参与公益的主要途径。自上海联劝网上线至 2019 年 6 月，上海联劝网平台 87% 的善款都捐入公益活动。换言之，上海联劝网平台的用户更多为活动捐款，绝大多数捐款人愿意以真实身份通过活动参与公益慈善。这说明了筹款活动更能吸引人，或者说上海联劝网平台上的捐款人更愿意身体力行接触和参与公益，而非只停留于指尖的捐款。

第二，越来越多的公益组织逐渐意识到线下场景的重要性，也越来越多地结合自身机构工作与实际情况，在上海联劝网平台上积极地发布公益活动并开展募款。

第三，上海联劝网鼓励和支持公益组织为自身机构的可持续发展募集非定向资金。因此，从数据上看，越来越多的公益组织积极主动地发起月捐项目。从 2017 年的十几个月捐项目，发展到 2019 年 6 月的 84 个月捐项目，上海联劝网为公益组织的可持续发展努力募集资金。令人可喜的是，上海联劝网平台的月捐项目募款总额也在近三年稳步提升。需要补充说明的是，月捐项目之所以增长较快，主要是因为公益行业更加注重专业筹款，公益组织也更看重月捐这类能够为机构带来持续和稳定善款的筹资方式，并开始组建筹资团队或者设立专门的筹资岗位。同时，考虑到互联网筹款能够带来大量的捐款人，公益组织（筹款机构）开始积极开展捐款人维护。此外，在平台支持层面，上海联劝网平台提供了更加便捷的月捐工具和捐款人服务工具，也提供了相应的培训和软性支持，这也让更多的机构愿意尝试月捐。而关于捐款群体的特征，由于上海联劝网平台特有的"捐款人信息收集"模块，且该模块的权限完全开放给机构，每家机构做月捐收集的捐款人信息各不相同。囿于此，上海联劝网平台捐款人的信息也正在收集过程中，迄今仍未能形成清晰的捐款人画像。

第四，上海联劝网平台近 1/10 的注册用户除了自己进行捐款，还是筹款劝募人，支持公益组织并为公益组织进行传播、倡导以及呼吁，积极联动自己的社会资本，关注公益并提供捐款。

第五，数据显示，超过六成的实名用户参与公益活动（或对活动做出捐款），用户更愿意为自己亲身体验过（或者是身边的熟人体验过）的公益活动以及接触过的公益组织提供捐款。基于这种信任，用户更愿意留下自己的真实信息以及联系方式，从而后续与公益组织保持紧密联系与长久互动。

第六，根据 2016 年初至 2019 年 6 月的不完全统计，上海联劝网的平台用户分布排名前 5 的地区依次是上海、江苏、湖南、广东、河北。

五　上海联劝网面临的挑战及其未来走向

作为以联合劝募为理念的公益垂直领域捐款平台的典型代表，上海联劝网通过自身的不懈努力和创新式探索，业已取得令人瞩目的成绩。当然，上海联劝网在过去四年多的运营过程中也遭遇诸多挑战。在上海联劝网执行主任鲁梅花看来，这种挑战主要来自三个层面。

第一，在上海联劝网平台层面所面临的挑战。首先，平台对普通公众的触及面仍存在较大不足，能够嵌入网络募款的线下场景仍显不足，未来需要进行更多的探索和创新；其次，平台捐款人群有待细分，同时需要加紧开发能够满足及适合不同细分捐款人群需求及偏好的募款产品；最后，平台需要与时俱进地更新及定位自身业务范围，同时加强与其他互联网募款平台的协同和合作。

第二，在参与平台募款的公益组织层面所面临的挑战。未来需要进一步推动公益组织在意识、理念、能力以及行动力等方面做出积极转变。同时，需要进一步拓展对理性捐款人培育工作给予支持的外部资源。

第三，在社会层面所面临的挑战。来自社会层面的挑战更为艰巨，因为这些挑战涉及政策环境、媒体舆论、公众意识以及捐款文化等方面。

然而，不管面临多大的挑战，民间力量主导的上海联劝网始终坚守其运营主体（上海联劝公益基金会）的价值取向和社会使命，始终坚持“只有发动公众长期参与和持续支持公益，才能奠定公益组织的未来发展基石”之原则，始终秉持“公益组织只有关注和发展自己的核心能力（包括筹款能力），才能打造未来可持续的基础”之理念，致力于将平台打造成为中国理性捐款人聚集的平台。而我们知道，理性捐款人的培育工作无疑是中国理性捐款文化建设不可或缺的一部分。

根据 2016 年颁布实施的《慈善法》的相关规定，在慈善法公布前已经登记的基金会、社会团体及社会服务机构，满足一定法定条件的可去原登记注册的民政部门申请认定为慈善组织。登记满两年后，如果内部治理结构健全并运作规范，可进一步申请公开募捐资格。因此，在可预见的 3～5 年，获得公开募捐资格的慈善组织将会明显增加。而这些具有公募资格的慈善组织，迫切需要诸如上海联劝网的平台为其提供持续、稳定的智力支撑和组织赋能。

第十三章　互联网募款及其规范治理

——以轻松、水滴两平台为例*

一　互联网募款：机遇与挑战并存

随着移动互联网的蓬勃发展，公益慈善也迈入了新的阶段，朝着人人慈善、广覆盖、精细化的趋势进军。各类"互联网＋公益慈善"形式通过社交媒体形成的强关系性，为需要帮助的人提供高效便捷的筹款渠道，也对传统慈善模式进行了有益更新。

2016年3月16日，《慈善法》由十二届全国人大四次会议通过，这不仅标志着公益慈善领域第一部法律层级基础性、综合性、规范性文件的诞生，而且该法还正式将互联网募捐的方式列入公开募捐的法定范围，突破了传统公募的地域性限制，有人称"互联网公益时代真的来了"（柳森，2017）。随后，民政部依据《慈善法》先后分两批指定了22家"慈善组织互联网公开募捐信息平台"（以下简称"互联网公募平台"，后有两家退出，现共有20家），成为开展互联网公募活动的合法且必要的渠道。

据统计，2018年20家互联网公募平台共为全国1400余家公募慈善组织发布募款信息2.1万条，网民点击、关注和参与超过84.6亿人次，募集善款总额近32亿元。慈善组织通过腾讯公益募款17.25亿元，通过蚂蚁金服公益（现已更名为"支付宝公益"）募款6.7亿元，通过阿里巴巴公益募款4.4亿

---

* 本章数据（包括项目、产品、数据、图表、资讯等等）均来源于各互联网公募平台、微信公众号的公开资料，以及获得轻松公司与水滴公司授权的调研数据与访谈记录，采集日期为2019年7月初至12月末。

281

元,三家占比约九成,① 而通过新浪微公益、京东公益、公益宝、新华公益、轻松公益、联劝网、广益联募、美团公益、水滴公益等平台,募款金额均达千万元级。据民政部公布的数据,2019 年上半年,有 52.6 亿人次网民点击 20 家互联网公募平台的 1.7 万余条募款信息,累计捐款超过 18 亿元,② 据支付宝公益的统计,其中"80 后"与"90 后"成为捐款主力。

但由于互联网慈善门槛低、手续少、效率高等特点,加之《慈善法》施行之后相关配套制度的不足,随之而来的就是募集资金虚高、善款支配不透明甚至出现骗捐、诈捐现象引发公众与舆论关注,"罗尔"事件、"一元购画"、"同一天生日"、"99 公益日"机器刷单事件、"冰花男孩"事件以及"水滴筹接连引发舆论争议"相继入选 2016~2019 年度慈善行业十大热点事件,严重影响了互联网慈善事业的公信力。根据民政部 2018 年度对互联网公募平台的督查情况统计,民政部当年共约谈平台 18 次,在年中和年末全面巡检 2 次,主要内容包括舆情监测、线上巡检、投诉举报处理等,要求平台提交书面说明和整改材料 7 次、发出责令整改通知书 7 份、改进建议书 9 份(郑浵心、石浩天,2019)。

本章综合法学和社会学研究方法,采用从实证到规范、从事实到理论、从实然到应然的逻辑,以民政部指定的 20 家互联网公募平台为主要调研对象,并对轻松、水滴两家平台进行深入访谈,在充分了解目前互联网募款领域的项目、数据、资讯等信息的基础上,结合我国现行法律规范与法治理论,剖析互联网募款的运作与问题,并为互联网慈善事业的科学、理性与依法发展提出规范性的建议。

二 互联网募款与互联网公募平台

(一)互联网募款的概念、演变与规制

1. 互联网募款相关概念

无论是学界,还是业界,对"公益""慈善"及"捐赠""募款"等相

---

① 数据参见《中国〈慈善法〉2018 年实施报告(2019)》,北京师范大学中国公益研究院官网,http://www.bnu1.org/show_1409.html,最后访问时间:2019 年 12 月 12 日。
② 《上半年互联网募款总额超过 18 亿元》,《公益时报》2019 年 8 月 27 日,第 4 版。

关概念的使用一直纷杂不明，即使相关法律已经对此界定得非常明确，但应然之法与实然之行为之间仍然有很大的落差，本章在此处从我国法律规范与理论研究两方面尝试对其进行一定的梳理。

（1）公益与慈善

2016 年《慈善法》施行之前，公益慈善活动尤其是慈善募捐活动的相关规范散见于《公益事业捐赠法》《信托法》《基金会管理条例》等中央立法文本以及各省市相继颁布的以促进慈善事业或规范募捐行为等为目标的地方立法文本之中，但这些法律文件均未对"慈善""公益"做出概念界定，只强调公共利益与非营利性，行文中将两者模糊、混用。

《公益事业捐赠法》与《信托法》中的"公益信托"专章，对"公益"都进行了开放性列举式的界定模式，用"符合公共利益目的"、"非营利"且"促进社会发展和进步的"……"社会公共和福利事业"的措辞进行"同义反复"。[①]《公益广告促进和管理暂行办法》用"传播社会主义核心价值观，倡导良好道德风尚，促进公民文明素质和社会文明程度提高，维护国家和社会公共利益的非营利性（广告）"的措辞来界定"公益"。

2006 年《甘肃省慈善捐助管理办法》以地方政府规章的形式界定"慈善（捐助）"为"自愿无偿地为救助灾害、救济贫困、扶助残疾人等困难社会群体和个人捐赠款物的行为"；2011 年《宁波市慈善事业促进条例》界定"慈善活动"为"以捐赠财产或者提供慈善服务等方式，自愿、无偿开展的扶老、助残、救孤、济困、助医、助学、赈灾和其他公益事业等活动"，这些地方立法将《慈善法》之前的小慈善观念以法律的语言表达出来；小慈善观念最集中的表达就是 2014 年国务院发布的《关于促进慈善事业健康发展的指导意见》，其中的表述为"灾害救助、贫困救济、医疗救助、教育救助、扶老助残和其他公益事业"。虽然这些文件对小慈善观念的表达都具有"开放性"，即用"等""其他公益事业"等措辞兜底，但与"公益"的法律表达之间仍有不少距离。2013 年《北京市促进慈善事业若干规定》中对

---

① 当然，《公益事业捐赠法》出台之前，"捐赠"一词主要指代海外华侨对境内公益事业的捐赠，各个地方都出台了有关华侨捐赠的地方性法律规范，而且该"公益事业"往往还包括"工农业生产"，指代有些模糊与混乱。《公益事业捐赠法》1999 年出台之后，这些地方的华侨捐赠法规也将公益事业的范围调整为与《公益事业捐赠法》一致。

"慈善"的界定是大慈善的观念，已经与《公益事业捐赠法》中的"公益"范围、《慈善法》中的"慈善"范围基本等同。[①]

2016 年《慈善法》界定"慈善"的方式没有变化，依旧是开放式列举，但与小慈善观念的表达相比，在明确列举方面多了"（四）促进教育、科学、文化、卫生、体育等事业的发展"与"（五）防治污染和其他公害，保护和改善生态环境"，并丰富了小慈善观念的表述"（一）扶贫、济困；（二）扶老、救孤、恤病、助残、优抚；（三）救助自然灾害、事故灾难和公共卫生事件等突发事件造成的损害"，兜底项更为简洁"（六）符合本法规定的其他公益活动"。这被很多人解读为"（大）慈善"等于"公益"（马剑银，2016a）。《慈善法》之后的故事实际上并未真正厘清"慈善"与"公益"的概念纠葛，但有一点可以确定，至少在范围或者外延上，"慈善"与"公益"的区别基本可以忽略。

在学术界，"慈善"与"公益"之间的关系就更为纷繁复杂。绝大多数学者将"公益"和"慈善"直接并列混合使用（朱英，1999；李芳，2008；刘继同，2010；王振耀、童潇，2013），但也有学者对二者的概念进行专门区分。例如王名（2016a）主张两者无须刻意区隔，他认为慈善和公益有密切关系，可以说慈善就是公益，但公益更关注结果，慈善更强调动机；[②] 他（王名，2014）还将《慈善法》中的"慈善"等同于具有非营利性和公共性的民间公益，但主张在伦理上不对两者做出明确界分。[③] 主张"公益"和

---

① 《北京市促进慈善事业若干规定》第 2 条规定："慈善组织接受自然人、法人、其他组织捐赠财产或者以提供服务等方式，在本市行政区域内开展下列慈善活动适用本规定：（一）救助灾害、救济贫困、扶助困难的社会群体和个人；（二）支持教育、科学、文化、卫生、体育事业；（三）支持环境保护、社会公共设施建设；（四）支持促进社会发展和进步的其他社会公共和福利事业。"

② 王名（2016a）还认为，公益是指让不特定多数的社会成员普遍受益的社会活动，通常包括直接让公众受益的社会活动如空气质量改善，以及通过改善弱势群体的状况间接让公众受益的社会活动如扶贫济困、助学助老等。

③ 王名（2014）认为，"公益"与"慈善"的关系应从两个方面来理解，在法律层面，由于政府为主体的称为"公益"而非慈善，民间开展的既可以称"公益"也可以称"慈善"，故《慈善法》中的"慈善"等同于具有非营利性和公共性的民间公益；而在伦理层面，"公益"与"慈善"的词源不同，使用情境也有习惯性区别，但两者在很大程度上是相互支撑、相互转化的，没必要对"公益"和"慈善"做出泾渭分明的区分，也参见陈鲁南（2016）。

"慈善"应区分对待的学者，如李芳（2015）认为"公益"具有"公共利益"的含义，《慈善法》的调整范围应当是"公共慈善活动"即"大慈善"，针对特定人利益的慈善活动属于私人慈善，应交由社会自治；玉苗（2014）和曾桂林（2018）也分别从历史和语义发展的角度分析了现代公益和传统慈善，但前者认为两者应界分开来，后者在结论中并未持此观点。另外，金锦萍等学者也关注界定"慈善"尤其是法律意义上的"慈善"（金锦萍，2011；[1] 王名，2014；[2] 王名，2016b；吕鑫，2016[3]），其中王名（2016b）还提到，与传统的小慈善相对应[4]，《慈善法》结合中国特殊国情使用了"大慈善"理念，但并未否定小慈善，而是将其分成两个层次，即特别关注扶危济困的（小）慈善和一般意义上的（大）慈善。

我们认为，2016 年的《慈善法》致力于采用"大慈善"的观念将其范围扩大至与"公益"基本相等，但未对其标准做出明确界定，于是在"公（共）"的传统与现代、中国与西方的多重文化背景中陷入困境，存在一些认知和评价矛盾（马剑银，2016a），例如出现个人求助、直接捐赠与慈善的关系的认知困惑。法律应当具有精确性，而慈善或公益都与文化、道德层面有着无法割裂的联系（马剑银，2016b），当前对法律意义上的公益慈善及其相关概念做出界定和逻辑梳理尤为迫切。

本章使用的"慈善"概念采用"大慈善"理念，行文过程中对"慈善"和"公益"不进行特别区分。

（2）捐赠、募捐与互联网募款

2016 年的《慈善法》界定，慈善捐赠是指"自然人、法人和其他组织

---

① 金锦萍（2011）认为内在为"慈"，外在为"善"，慈善即"以慈行善"，慈善立法就是要为内在的慈转化为外在的善提供通道。

② 王名（2014）从心理和行动两个层面来理解慈善，慈是心理、道德性质的，是指慈心、仁慈、慈念，强调精神层面的东西；善，是指给予、帮助，属于行动层面。并且在中英文语境对应上，charity 是指施舍，强调一方相对于另一方地位上的优势，带有轻视和怜悯意味，倾向于传统慈善概念；而 philanthropy，含义比 charity 要宽泛，核心是利他、公益。利他就是帮助我以外的人，无论强弱，倾向于现代慈善的概念。

③ 吕鑫（2016）在文中强调了要界定法律意义上的慈善，并且详细阐述了慈善法上"公益"概念和原则的建构、识别问题，值得思索。

④ 小慈善即传统慈善，主要针对对极端贫困的弱势群体的扶危济困，主要行为主体是少数的富人，主要表现形式是捐赠（王名，2016b）。

基于慈善目的，自愿、无偿赠与财产的活动"，此处的"慈善目的"应该解读为等同公益目的，也就是《公益事业捐赠法》中的"公益"；但与《公益事业捐赠法》或者之前的有关华侨捐赠的地方立法相比，《慈善法》有关捐赠的界定还是有所改变的。例如《公益事业捐赠法》中，受赠人是"依法成立的公益性社会团体和公益性非营利的事业单位"以及"发生自然灾害时或者境外捐赠人要求"的"县级以上人民政府及其部门"；而《慈善法》中受赠人除了有"慈善组织"还可以直接是"受益人"，并且，这个规定并未替代"排除"《公益事业捐赠法》的相关规定，也就是说，实际上《慈善法》并未禁止向"慈善组织"之外的"公益性社会团体与公益性非营利的事业单位"进行捐赠，向这些组织捐赠自然也可以基于"慈善/公益"目的。"直接捐赠"的概念，也是后来引发"个人求助"与"慈善"关系问题的导火索之一。一个"直接捐赠"行为，如果从捐赠人视角，属于慈善活动，但若这一"直接捐赠"行为是由受益人主动求助而引发，则主流观点认为不受《慈善法》管辖，这是如何的一种认知分裂？[①]

如果说捐赠针对的是慈善款物的输出方，那么募捐就是针对作为受赠人的慈善组织（当然还包括其他法律认可的组织），基于慈善目的主动劝服捐赠人进行捐赠从而募集款物的行为，我国台湾地区将之称为"劝募"[②]。

《慈善法》将"慈善募捐"分为面向社会公众的公开募捐和面向特定对象的定向募捐。这种区分源自 2004 年《基金会管理条例》对基金会的分类。《基金会管理条例》将基金会区分为"公募基金会"和"非公募基金会"；该条例还根据募捐的地域范围，将公募基金会区分为全国性公募基金会和地方性公募基金会，而这一分类也因为互联网募捐的产生而在事实上被突破。《慈善法》中规定，只有"在公共场所设置募捐箱"和"举办面向社会公众的义演、义赛、义卖、义展、义拍、慈善晚会等"，才需要在慈善组织登记的民政部门管辖区域内进行，而即使这一点也已经被突破，"确有必要在其登记的民政部门管辖区域外进行的，应当报其开展募捐活动所在

---

① 《慈善法》第 35 条规定"捐赠人可以通过慈善组织捐赠，也可以直接向受益人捐赠"，这到底是该条自身的立法疏漏，还是其他法律条文未与该条立法精神配套，有所争议，这其实是值得继续深思讨论的问题，有关讨论也可参见马剑银（2016b）。
② 例如 2016 年台湾地区的"公益劝募条例"。

地的县级以上人民政府民政部门备案"。

但与"捐赠"概念一样，《慈善法》也没有解决"募捐"概念的所有问题，比如，同样为了特定他人的利益"募集款物"，如果由有公开募捐资格的慈善组织（以下简称"公募组织"）发起，则可以转化为法律上的慈善，纳入慈善募捐范畴，而由其他组织或者个人发起的则被划归为区分于慈善的"个人求助"，但个人求助明明是为自己或近亲属发起呀？这也是目前像"轻松筹""水滴筹"这些为个人求助提供帮助的平台面临的困境之一。

本章讨论的互联网募款，无论从捐赠的视角还是从募捐的视角，都是广义的。也就是说不仅限于《慈善法》中的慈善募捐，即需要在互联网募捐信息发布平台①上发起的慈善募捐活动，同样也包括由非慈善组织或个人发起的网络募集款物活动，其目的在于进行个人求助、网络互助等。从捐赠视角，《慈善法》第35条下通过互联网直接向受益人捐赠的活动也需要被考虑在内。所以，本章在关注水滴公司和轻松公司时，同时关注它们作为互联网公开募捐平台的资格，研究由公募组织在其平台发起的募捐活动②，同时也关注它们运营其他非公募性质的项目内容，将轻松筹、水滴筹③作为研究互联网募捐和捐赠的内容。至于其他具体用语，均采纳《慈善法》及其配套法律规范中的官方表述。

2. 互联网募款的渊源与发展

互联网募款从广义上可理解为个人、组织出于公共利益或救助私人的目的，借助互联网平台，面向特定或不特定对象发布的筹款项目及其过程。从其根源上讲是传统公益慈善在网络时代下发生的嬗变。类比互联网发展阶段，我国互联网募款经历了三个发展阶段（陈一丹等，2019），社交媒介、电子商务、互联网支付在其间发挥着关键助力作用（黄嵩，2015）。

---

① 鉴于规模、影响力、代表性等因素的考量，本章主要考察民政部已指定的20家具备公募信息发布资格的平台。

② 根据现行法律，此处的"互联网募捐"包括由具有公开募捐资格的组织通过互联网渠道发起的募捐活动，包括为不特定他人利益的募捐，也包括为特定他人利益的募捐。

③ 报告第四部分将详述，轻松公司、水滴公司运营的平台项目既包括慈善募捐项目（公益平台），也包括个人求助项目（求助平台），这是该类公司的特色和亮点。

（1）互联网募款 1.0 时期：传播

通过门户网站、电子邮件、论坛等传播公益信息是互联网募捐 1.0 时期的主要形式。最早可回溯到 1995 年，即互联网商用当年，杨晓霞、朱令借助电子邮件、论坛发布信息并获得救助，可被认为是互联网公益的启蒙性事件。随后，门户网站崛起，如 2002 年 5 月千龙网开通了中国网络媒体第一个综合性公益频道，2005 年 5 月中国互联网协会启动"互联网公益日"，2006 年搜狐公益频道成为首个商业网站的专题性公益频道，等等。凭借其强大的内容组织和信息发布能力，公益信息实现了"1 to N 广播"。而同时期的"网络论坛 + 公益"不仅开启了个人"自曝式"发帖求助的先河（可以被认为是互联网个人求助的前身），其交互性也成为"社交网络 + 公益"的先行者。

（2）互联网募款 2.0 时期：传播 + 捐赠

Web 2.0 从两方面突破了传统公益信息单向传播和筹款渠道狭窄的局限性，促成互联网募款 2.0 的成型：一是社交平台的新兴和成熟，从论坛到QQ 到微博再到微信，公益信息传播从"一对多"扩展到"一对一"甚至"多对多"；二是网络支付特别是移动支付的普及，比如 2004 年易宝支付为北京市红十字会专门开通网上募款通道，① 之后财付通、支付宝等均为用户提供了低门槛、高便利的捐款渠道。在此情况下，全民公益成为可能，如汶川地震时的全民网络赈灾被视为互联网公益的里程碑事件，并促成了以2011 年"免费午餐"② 为开端、以淘宝"公益宝贝"为代表的公益电商的兴起。

（3）互联网募款 3.0 时期：传播 + 捐款 + 泛行动

数据爆炸的 Web 3.0 推动互联网公益慈善的革新，"泛公益"生态的形成势在必行。一方面，公益数据可与用户其他业务数据打通结合，使公益项目融入用户日常业务行为场景，比如捐步、冰桶挑战、蚂蚁森林、小朋

---

① 参见《"环球趋势"责任践行奖候选案例——易宝支付》，环球网，https://tech.huanqiu.com/article/9CaKrnKg3Uf，最后访问时间：2019 年 11 月 25 日。

② "免费午餐"在《财经文摘》联合共识网、网识网进行的"2011 年微博十大事件评选"活动中脱颖而出，成为十大事件之一。参见《140 字的中国——2011 微博十大事件》，《财经文摘》封面文章，2011 年第 12 期。

友画廊、"99 公益日"（隋福毅，2019）等；另一方面海量数据使用户获取需求信息的难度增大，要致力于以用户为中心，发挥机器智能的作用，为用户设计推送个性化的公益信息。

3. 互联网募款法律规制现状

2016 年 9 月 1 日起正式施行的《慈善法》第 23 条在公开募捐方式中明文写入"互联网"，正式将互联网募捐作为公开募捐的法定渠道，规定慈善组织通过互联网公开募捐，应当在民政部统一①或者指定的慈善信息平台发布募捐信息，并可以同时在其网站发布募捐信息。随后，民政部联合有关部委出台了一系列与《慈善法》配套的政策，从慈善组织认定登记、公开募捐管理、志愿服务，到慈善信托、慈善活动支出、慈善信息公开、慈善财产保值增值等都做出规范，涉及互联网慈善事业的法律规制体系也逐步建立健全。

作为《慈善法》的配套措施，同时于 2016 年 9 月 1 日起施行的《公开募捐平台服务管理办法》，规定了募捐平台在信息查验、信息保存、协助调查、信息透明、风险提示、信息报告等方面细化的义务。

2016 年 8 月 31 日，《民政部关于指定首批慈善组织互联网募捐信息平台的公告》发布，首批被指定的"慈善组织互联网公开募捐信息平台（online fundraising platform）"包括腾讯公益、支付宝公益、轻松公益等在内，共 13 家平台正式亮相，该名单系初申报材料的 47 家互联网平台经过形式审查后，由包括公益慈善专家、互联网专家、慈善组织代表、"两会"代表、新闻传媒代表、捐赠人代表等方面人员且无利益关联的专家团队进行评审，择优遴选。这个公告开启了通过互联网公募平台开展互联网慈善募捐活动的新时代，对发布慈善公募信息的互联网公募平台设定了资格门槛，解决了互联网公募平台庞乱、公开募捐信息与其他信息混杂的问题。

2017 年 7 月 20 日，民政部发布《慈善组织互联网公开募捐信息平台基本技术规范》和《慈善组织互联网公开募捐信息平台基本管理规范》两项专门针对经过指定的互联网公募平台的推荐性行业标准，对互联网公募平

①　即"慈善中国（http://cishan. chinanpo. gov. cn/platform/login. html）"，通过网络对慈善组织开展的公开募捐活动进行备案，持续动态公开慈善募捐和慈善活动的进展情况。

台的技术性标准以及指定、运行、服务、监管等方面进行了规范，要求平台有序引导相关组织与个人与公募组织对接，同时加强审查甄别，设置求助上限，强化信息公开和使用反馈，做好风险防范提示和责任追溯。

2017 年以来，慈善信息的数据化亦取得进展，提升了慈善信息统计和慈善活动管理效率，并有利于发挥公众监督作用。如 2017 年 9 月，"慈善中国"正式运行，统合慈善组织基本信息及年报、慈善项目、公开募捐方案备案、慈善信托等信息。2018 年，"慈善中国"、中国社会组织公共服务平台均上线大数据模块，逐步实现组织与项目信息可视化。[①]

2018 年 4 月，民政部按照"统筹规划、循序渐进，公开透明、自愿申请，依法依规、优中选优"原则，组织了第二批互联网公募平台遴选工作，最终指定了美团公益、滴滴公益、水滴公益等 9 家平台。后来，中国慈善信息平台、基金会中心网两家平台退出[②]，民政部于 2018 年 6 月发布了互联网公募平台名录，共有 20 家，如表 13 - 1 所示。

表 13 - 1   民政部指定 20 家互联网公开募捐信息平台

序号	平台名称	运营主体
1	腾讯公益	腾讯公益慈善基金会
2	淘宝公益	浙江淘宝网络有限公司
3	蚂蚁金服公益	浙江蚂蚁小微金融服务集团有限公司
4	新浪微公益	北京微梦创科网络技术有限公司
5	京东公益	网银在线（北京）科技有限公司
6	百度公益	百度在线网络技术（北京）有限公司

---

① 2019 年 9 月 1 日北京师范大学中国公益研究院发布《慈善法》实施三周年十大进展，参见《〈慈善法〉实施三周年十大进展》，载公众号"中国公益研究院"，2019 年 9 月 5 日。

② 2017 年 7 月 26 日，中慈联致函民政部社会组织管理局，申请将其运营的中国慈善信息平台退出"慈善组织互联网公开募捐信息平台"，表示"慈善组织互联网公开募捐信息平台"的主要功能是开展网络慈善募捐，信息披露只是辅助功能，运营公开募捐平台，不尽符合中慈联章程规定的宗旨定位和业务范围，也非自身优势所在，该申请经部领导审议批示获得通过（源自中慈联官网，http：//www.charityalliance.org.cn/notice/20170821/9628.html，最后访问时间：2020 年 2 月 21 日）。而基金会中心网的退出缘由主要是机构的"发展战略调整"（源自 2020 年 2 月 21 日对基金会中心网负责人的访谈）。

续表

序号	平台名称	运营主体
7	公益宝	北京厚普聚益科技有限公司
8	新华公益	新华网股份有限公司
9	轻松公益	北京轻松筹网络科技有限公司
10	联劝网	上海联劝公益基金会
11	广益联募	广州市广益联合募捐发展中心
12	美团公益	北京三快云计算有限公司
13	滴滴公益	北京小桔科技有限公司
14	善源公益	北京善源公益基金会（中国银行发起成立）
15	融e购公益	中国工商银行股份有限公司
16	水滴公益	北京水滴互保科技有限公司
17	苏宁公益	江苏苏宁易购电子商务有限公司
18	帮帮公益	中华思源工程扶贫基金会
19	易宝公益	易宝支付有限公司
20	中国社会扶贫网	社会扶贫网科技有限公司（国务院扶贫办指导）

2018年底，经党中央、国务院批准，中共中央办公厅、国务院办公厅印发了《民政部职能配置、内设机构和人员编制规定》，民政部新成立了慈善事业促进和社会工作司，其职能是推动《慈善法》及其配套政策的落实，推进全国慈善信息平台建设，加强对互联网募款的监管，指导督促互联网个人大病求助平台加强自律。

此外，我国还有现存和新颁布的一些与互联网募款相关的非专门性法律规范，例如《网络安全法》《社会团体登记管理条例》《基金会管理条例》《民办非企业单位管理暂行条例》《互联网信息服务管理办法》《互联网用户账号名称管理规定》《非金融机构支付管理办法》《慈善组织信息公开办法》《慈善组织认定办法》《公开募捐违法案件管辖规定（试行）》《关于对慈善捐赠领域相关主体实施守信联合激励和失信联合惩戒的合作备忘录》等，这些法律法规和规范性文件从不同的角度规制着互联网募捐行为。

（二）我国互联网公募平台的发展现状与特点

1. 20 家互联网公募平台的总体发展现状

由于涉及公众捐款的互联网平台较多较杂，本章暂对民政部指定的 20 家互联网公募平台做出梳理和研究，这些平台发展规模较大、内容较丰富、模式较成熟、影响范围也较广。

根据民政部年度考核数据，2018 年，20 家互联网公募平台共为全国 1400 余家公募慈善组织发布募款信息 2.1 万条，网民点击、关注和参与超过 84.6 亿人次，募集善款总额超过 31.7 亿元，同比 2017 年增长 26.8%。慈善组织通过腾讯公益、支付宝公益、阿里巴巴公益分别募款 17.25 亿元、6.7 亿元、4.4 亿元，通过新浪微公益、京东公益、公益宝、新华公益、轻松公益、联劝网、广益联募、美团公益、水滴公益等平台，募款金额均达千万元级（李洋、马昕，2019）。2019 年上半年，网民累计捐款超过 18 亿元，累计获得 52.6 亿人次的点击、关注和参与，其中"80 后""90 后"成为捐款主力（郑淯心、石浩天，2019）。

民政部依据两项行业标准，兼顾日常巡检、投诉举报受理情况，组织专家对 20 家平台 2018 年度的工作及运营情况进行了评审和质询，分为三个梯度。（1）肯定了腾讯公益、阿里巴巴公益、支付宝公益、新华公益、联劝网的工作，认为这 5 家平台结合自身特色，积极为慈善组织提供募捐信息发布与传播服务，成效显著，发挥了领头雁作用。（2）肯定了新浪微公益、京东公益、公益宝、轻松公益、广益联募、美团公益、滴滴公益、善源公益、水滴公益、苏宁公益、易宝公益的工作，认为这 11 家平台运营规范，主动服务，效果较好。（3）要求帮帮公益进一步找准定位，服务更多的慈善组织，扩大成效作用；要求中国社会扶贫网进一步加强重视、认清职责、找准定位，主动为慈善组织做好服务；要求融 e 购公益进一步加强高层重视、明确职责定位、开放内部资源，发挥与公众预期相称的平台作用；要求百度公益进一步找准定位、理顺关系、整合资源、提高效能，发挥与公众预期相称的平台作用（王勇，2019）。

表 13 - 2　2018 年中国互联网公募信息平台新锐 TOP20[①]

排名	平台	用户量	创新性	传播度	成长性	总分
1	蚂蚁金服公益	2.7	1.8	2.1	1.6	8.2
2	腾讯公益	2.25	1.6	2.4	1.6	7.85
3	轻松公益	2.4	1.4	2.4	1.6	7.8
4	淘宝公益	1.95	1.6	1.8	1.8	7.15
5	京东公益	1.95	1.6	2.1	1.4	7.05
6	美团公益	1.95	1.4	1.8	1.6	6.75
7	苏宁公益	2.1	1.5	1.5	1.4	6.5
8	新浪微公益	1.8	1	2.1	1	5.9
9	滴滴公益	2.1	1	1.5	1.2	5.8
10	百度公益	1.95	0.8	1.5	1	5.25
11	融 e 购公益	1.5	1.1	1.2	1.1	4.9
12	帮帮公益	1.2	1.2	1.2	1.2	4.8
13	易宝公益	1.2	1.1	1.2	1.2	4.7
14	公益宝	0.9	1.2	1.5	0.9	4.5
15	善源公益	1.2	0.8	1.2	1	4.2
16	水滴公益	1.2	0.8	1.2	0.8	4
17	新华公益	0.9	0.6	1.8	0.6	3.9
18	联劝网	0.9	0.6	1.2	1	3.7
19	广益联募	0.9	0.6	1.2	1	3.7
20	中国社会扶贫网	1.2	0.8	0.9	0.8	3.7

从募款金额来看，互联网公募平台的"头部效应"明显（见图 13 - 1）。据 2018 年各互联网公募平台公布的运营情况报告，以各平台在 2018 年度的筹款金额为衡量标准，排名前十位的互联网公募平台为：腾讯公益、支付宝公益、阿里巴巴公益、水滴公益、广益联募、公益宝、联劝网、京东公益、新浪微公益、新华公益。2018 年十大互联网平台募款总金额约为 30.6 亿元，

① 此表源自一篇互联网文章：《9.8 亿善款、36 亿人次关注，互联网公开募捐平台综合实力 TOP20 榜单发布》，载搜狐网"搜狐财经"频道 2018 - 10 - 25，http://business.sohu.com/20181025/n553346446.shtml，最后访问时间：2020 年 2 月 15 日。不过该处并非此文章原始出处，目前互联网中已经找不到该文章原始出处。数据仅供参考。

占全部 20 家互联网公募平台募款总金额（31.7 亿元）的 96.5%。十大互联网公募平台中，排名前三位的腾讯公益、支付宝公益、阿里巴巴公益凭借其平台优势在 2018 年获得募款总额 28.35 亿元，占全部平台募款总额的 89.4%。腾讯公益 2018 年度募款金额是新华公益的 126 倍。

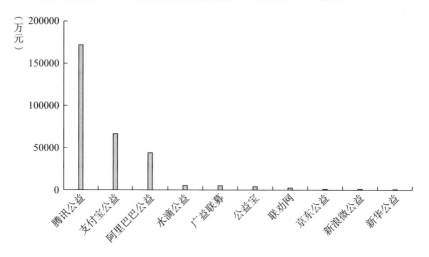

图 13 - 1　十大互联网公募平台 2018 年募款总额

资料来源：本图引自周晋三（2019）。图 13 - 2、图 13 - 3 数据也引自此文。

从参与捐款的人次来看，十大互联网公募平台 2018 年累计有 10.8 亿人次参与捐款，各平台募款参与人次差异亦较大。从平均捐款金额来看（见图 13 - 2），排名前三位的分别为：联劝网平均捐款金额为每人次 175.3 元、新华公益平均捐款金额为每人次 71.8 元、公益宝平均捐款金额为每人次 44.4 元。平均捐款金额排后三位的分别为京东公益、阿里巴巴公益、支付宝公益，分别为每人次 0.5 元、1 元和 1.2 元。不难看出，电商平台以其活跃用户多、用户黏性强的优势吸引了大量社会公众参与到募款活动中，虽然平均每人次捐款金额较低，但通过垂直类的内容设计，将公益慈善活动嵌入其主流的商业产品中，实现了商业和公益的有效连接。

从各平台的公益项目数量来看（见图 13 - 3），最多的腾讯公益（15743 个）与最少的广益联募（188 个）相差数十倍，这是因为各募款平台的核心产品差异较大。腾讯公益所服务的公益项目数量显著高于其他平台，主要是因为其"99 公益日"的品牌化产品每年都吸引了众多公募组织以及与

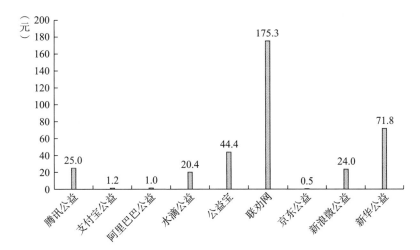

图 13 - 2 十大互联网公募平台平均捐款金额分布

其具有合作关系的非公募组织，借助腾讯的优势平台，对接企业资源和公益慈善项目，因此撬动了大量的社会资源。

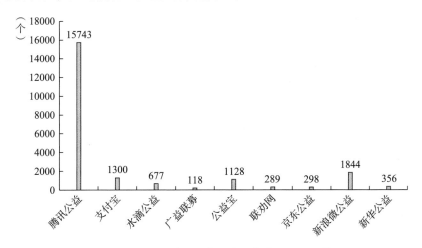

图 13 - 3 十大互联网公募平台服务的公益项目情况

2. 各平台类型与特点

经过对 20 家互联网公募平台的现有数据资料进行分析，发现我国各大互联网公募平台在项目内容、合作组织、聚焦领域、品牌优势诸方面各具特色、各有千秋。

（1）项目内容：公益与私益并存。从平台的募款项目内容来看，按目前接受度较高的理论观点，可分为公益募捐和私益募款两类。前者如标有"慈善募捐"字样的项目，涉及疾病、扶贫、教育、环保等多种类型，其帮扶对象是不特定的多数人即公共利益。后者是针对特定对象的特定事项的募款项目。其中，根据信息发布者的不同，分为两种模式，一是由公募慈善组织发起，或个人或非公募组织联合公募慈善组织发起，二是个人作为信息发布者的个人求助项目，典型如"轻松筹""水滴筹"平台的项目，虽然这些平台会公开宣称自己经营的是两个完全不同的平台，但仍然无法在公众认知上截然分开轻松公益与轻松筹、水滴公益与水滴筹。

（2）合作组织：倾向大中型公募组织。从各平台选择合作组织的偏好来看，既有偏向于与省级及以下具有公开募捐资格的组织合作的平台，也有主要同大型、全国性公募组织合作的平台。例如，截至 2018 年底，在腾讯公益平台累计注册的 362 家公募组织中，有 50 家为全国性公募组织，占比 13.81%，省级及以下公募组织有 312 家，占比 86.19%。2018 年京东公益合作了 42 家具备公募资格的慈善基金会，其中省级以下注册的基金会为 24 个，占比超过 57%。

（3）倾向领域：聚焦扶贫。从整体来看，扶贫已成为互联网公募平台的主要募款领域之一。2018 年腾讯公益超 90% 的项目涉及扶贫，涵盖了教育扶贫、健康扶贫、生态扶贫、救灾扶贫等多个领域，为扶贫类公益项目筹款约 15.5 亿元。2018 年支付宝公益平台慈善募捐总额 6.7 亿元，其中平台 97% 的项目均为扶贫类项目，累计获得慈善募捐金额 6.5 亿元。京东公益平台 2018 年扶贫项目类型占比超过 67%。

（4）品牌定位：借助自身优势。各平台结合自身优势形成品牌定位的差异化。以十大互联网公募平台为例，诸如腾讯、阿里巴巴、支付宝、京东、新浪依托其互联网公司在大量活跃用户资源与大数据手段上的既有优势，创新平台的产品，形成品牌优势。例如，阿里巴巴公益的"公益宝贝"是高度融合商业模式的产品，新浪微公益凭借其新浪微博在明星、"大V"资源方面的集结优势赢取互联网募捐产品的"指数级"传播效应。另外如联劝网、广益联募等以慈善组织为主要运营主体的平台，其在整合资源方面同样结合平台的特点与专业性，形成了差异化的产品特色。例如，广益联募连接政府资源、企业资源，让线下活动为线上项目的筹款和影响力提供支撑；水滴公益开拓了包括微信公众号、朋友圈、小程序、微博在内的传播矩阵，线上线下联动；联劝网则通过搭建自有传播渠道服务于其产品，提升品牌影响力（周晋三，2019）。

（三）互联网募款的争议与问题

1. 互联网募款公共事件引发争议

与无偿性、自愿性、公益性等传统慈善的基本属性相比，由于互联网覆盖面广、传播速度快和操作便捷，互联网募款还凸显出成本低与效率高、全民性与广域性、虚拟性与隐蔽性的特点。因此在互联网公募平台发展如火如荼的同时，虽然相关法律体系在逐步建立完善，但接连爆发的公共事件引人关注。

如 2016 年，深圳媒体人罗尔为自己患有白血病的女儿发文《罗一笑，你给我站住》进行筹款，刷爆朋友圈，最后却曝出罗尔本人名下有 3 套房产。同年，多名网络主播被指在四川凉山彝族自治州某农村做"伪慈善"，直播结束后就收回捐款，甚至还为增加效果往孩子脸上抹泥。2017 年 12 月，名为"同一天生日"的网络募捐活动在微信朋友圈中广泛传播，使用者可在"分贝筹"中查找与自己同一天生日的贫困孩子，为其捐出一元钱，然而让网友发现可疑之处，例如同一个孩子的照片，对应了两个不同的生日。又如 2019 年 5 月，水滴筹爆出德云社吴鹤臣有房有车筹款百万的质疑浪潮，以及 11 月发生的隐瞒财产状况并未将筹集善款用于患者治疗的"互联网个人大病求助第一案"莫春怡事件。此类"骗捐""诈捐"事件，消耗着公众对互联网募捐的信任，更成为整个慈善事业发展中会被放大的污点和阻碍。

截至 2017 年上半年，腾讯公益就收到 10 次举报，主要举报内容包括"公益组织不及时主动地发布项目进展、月度反馈报告"、"公益组织在项目页面提供的联系电话失效，无法联系"等。蚂蚁金服公益平台 2017 年上半年也被举报 7 次，"项目设计是否能真正解决受助群体长期问题、材料是否详尽真实"、"慈善组织是否能第一时间详尽地提交项目执行进展"等成为该平台备受关注的争议点（唐孜孜，2018）。此外，还有报道称部分电商平台存在制作虚假材料的产业链。为骗取医保社保和捐款，一批制作虚假病历、票据材料的黑色产业滋生。门诊全套病例、住院全套病例甚至病情严重程度都可根据个人定制，还配有专业写手撰写筹款文案、商家负责推广，以便获得更多网友的关注和捐款（何欣禹，2019）。2018 年，民政部依据《慈善组织互联网公开募捐信息平台基本管理规范》《慈善组织互联网公开募捐信息平台基本技术规范》（以下分别简称《基本管理规范》《基本技术规范》）两项行业标准约谈平台 18 次，全面巡检 2 次，发出责令整改通知书 7 份、改进建议书 9 份，要求提交书面说明和整改材料 7 次（李昌禹等，2019）。以上反映了在互联网蓬勃发展的同时，其背后的问题不容忽视。

2. 互联网募款问题凸显

从以上互联网募款领域的争议事件可见，其背后隐藏的问题集中于个人求助的法律界定及与《慈善法》的关系、互联网公募平台的准入与监管（其中包括慈善组织和平台的责任），在莫春怡案件审判后，从北京市朝阳区人民法院向民政部提交的司法建议书中也可窥见一斑（张蕾，2019）。在互联网募款领域，主要问题有如下几点。

（1）个人求助的法律界定及与《慈善法》的关系不明

《慈善法》否认了个人开展公开募捐活动的权利，但对于不依赖慈善组织、为了特定个人利益的个人求助采取了回避态度，没有禁止，但也没有给出规制。但多起骗捐诈捐事件将个人求助项目及其发布平台推向风口浪尖，个人求助的法律定性可谓公众最为敏感和关注的问题。

第一，个人求助与公开募捐的法律界限不明。《慈善法》规定不具有公开募捐资格的组织或者个人如果与公募组织合作，也可以进行公募活动，只是应由该慈善组织执行并管理善款。据此，个人若不借助公募组织的力量进行公开募捐活动即为违法。但是"公开"如何界定？和公募项目一样，个人求助虽然主要是通过微信群、微信朋友圈、微博转发等面向熟人社会关系的形式，但网络具有传播力极强、受众范围广的特点，随着过程的推进可以逐渐接近不特定公众，这是否在实质上相当于公开募捐？

第二，个人求助信息真实性的法律责任归属不合理。《公共募捐平台服务管理办法》第 10 条规定，个人为解决自己或家庭困难发起网络求助，平台应向公众进行风险防范提示，告知公众该信息不属于慈善公募信息，由发布者个人对信息的真实性负责。推荐性行业标准《基本管理规范》也对此做出了相同的规定。实践中平台亦据此发表免责声明。而平台虽是求助者与潜在的公众捐赠人之间达成捐助关系的渠道，但法律是否可以仅凭个人求助不属于公开募捐就排除平台对于信息真实性的责任还有待商榷，这明显加大了捐助人进行慈善活动的风险，需要通过完善平台责任加以平衡。

第三，个人求助骗捐诈捐的责任及救济缺乏法律依据。由于《慈善法》已经将个人求助排除出其规制范围，有学者主张个人求助需要依靠民事（违反赠与契约约定）、刑事（对诈骗、非法集资等行为处以刑罚）等其他部门法律来规制（安树彬，2016：142）。但在《合同法》中，赠与合同属于民事合同的一类，而个人求助所建立起来的多对一之间的捐赠关系，属于公益资源的聚集和再分配过程，超越了传统民事领域的意思自治（金锦萍，2017），显然不能完全归属于民事赠与合同的范畴。另外，如果个人求助出现了骗捐诈捐现象，或者没有按照求助时约定的用途使用，需要怎样的情节或者善款数额才能达到入罪标准？这些在目前的法律规范里尚属空白。

（2）互联网公募平台的准入与监管不规范

第一，互联网公募平台的准入缺乏法律规制。根据《慈善法》及《公开募捐平台服务管理办法》的规定，互联网公募平台应当符合《广播电视管理条例》《出版管理条例》《电信条例》《互联网信息服务管理办法》等法规和规范性文件规定的条件，并且根据优中选优的原则，由民政部分批次指定。此处存在两个问题：其一，以上条件只是对网络运营商的一般性资格准入的规定，而不是专门针对互联网公募平台的标准，换言之，其准入门槛和主体资格没有明确的法定刚性标准；其二，民政部门对互联网公募平台的"指定"行为缺乏行政法律依据，并不符合行政许可的要件，需要进一步明确。在此情形下，互联网公募平台圈子容易发生固化，已具备资格的平台缺乏退出机制的倒逼，而未获得资格的平台又缺乏准入的渠道，从而致使互联网公募领域的"垄断"，不利于互联网慈善事业的长远、持续、健康发展。

第二，互联网公募平台的监管不完善。慈善组织和平台都在整个互联网募款流程中发挥着举足轻重的作用，但目前互联网公募平台的权利、义务及责任在法律规定上尚不完善。譬如《慈善法》规定了平台对利用其开展公开募捐活动的慈善组织的登记证书、公开募捐资格证书等具有审查验证的义务及责任，但是对于其他各类衍生责任，例如出现虚假信息等情况的责任并未提及。又如《公开募捐平台服务管理办法》亦要求平台进行信息审核，但关于个人求助规定平台应当在显著位置向公众进行风险防范提示，告知其信息不属于慈善公开募捐信息，真实性由信息发布者个人负责，如此对个人求助和慈善划清界限，免除平台的信息真实性保证责任，其合理性有待考量。此外，不具有公募资格的组织与个人以及不具有公募信息发布资格的平台，对于其进行互联网募款活动的权利、义务与法律责任，更是缺乏相关法律规制。

在法律规范存在空白的情况下，通过监管手段促使互联网募款活动的规范化则尤为必要。从外部监管来看，包括部门监管与社会监督。互联网慈善是一项复杂的系统性活动，涉及慈善组织、募捐信息平台、第三方支付等多方主体。民政部门是我国慈善事业的法定主管单位，但各部门之间的协同机制还停留在原则性规定的层面，部门之间协调不到位，信息共享、联合查办、联合惩戒等协同机制尚未得到落实，职责不明、权责不对等的问题依旧存在，不可避免地存在监管的碎片化倾向（邱习强，2017）。此外，《慈善法》规定了单位和个人的投诉举报权和民政部门相应的调查处理职责，且鼓励公众媒体发挥对慈善不法行为的监督和曝光作用，但以上两条对于社会公众知情权和监督权的保障较为粗疏，与公众对慈善事业的公共利益不相称。

内部监督则主要体现为行业自律和慈善组织、互联网募捐信息发布平台的内部控制。虽然慈善法要求慈善行业组织建立健全行业规范、加强行业自律，如2018年10月，"爱心筹""轻松筹""水滴筹"3家平台联合签署发布《个人大病求助互联网服务平台自律倡议书》及《个人大病求助互联网服务平台自律公约》，但没有强制效力，且范围只波及成员组织，影响力有限。同时，从源头上讲，慈善组织和平台严格自律，充分承担公益事业主力军的责任，完善内部控制制度建设，对于改善矛盾突出的信息披露、信息真实、善款使用等问题是尤为关键的。

三　互联网募款的平台运营及争议

——以轻松、水滴为例

在当前互联网募捐信息平台中，分别由北京轻松筹网络科技有限公司（以下简称"轻松公司"）和北京纵情向前科技有限公司（以下简称"水滴公司"）运营的两家平台（分别简称"轻松平台""水滴平台"）独具特色和代表性。

两家公司分别成立于 2014 年、2013 年，最初的定位都是社交众筹平台，主打产品分别于 2014 年和 2016 年推出，即在社交领域广为传播的、公众最为熟知的"轻松筹"和"水滴筹"，发布个人求助项目信息，在目前主流的法律观念中不属于慈善活动。"轻松公益"和"水滴公益"分别是这两家公司于 2016 年和 2018 年推出的新业务，主要发布慈善组织的公开募捐项目信息，属于"慈善募捐"，后相继于 2016 年和 2018 年入选民政部指定的互联网公募平台。除此之外，两家公司的主要盈利来源于其互联网保险业务即"轻松保"和"水滴保"，该板块还下设网络互助计划性质的"轻松互助"和"水滴互助"。

目前，各家互联网公募平台的运营内容虽然都有多样化、融合化的趋势，但轻松公司和水滴公司两家的定位、内容、模式、性质之间具有极大的相似性与独特性；并且，两者均呈现社交场景加流量融合的商业模式，具体而言，即个人求助项目借助社交媒体拥有巨大的体量、传播度和影响力，从而为其保险业务和公益项目吸纳流量。此外，由于两者的项目在社交媒体上广为传播，其公众事件也有较高的关注度和较大的影响力，故本章选取此两家平台作为切入点，力求呈现并分析互联网募捐信息平台的一种代表性类型。由于本章的内容不局限于目前法律体系所规定的"慈善募捐"，还涉及目前理论界和实务界争议颇多的个人求助和网络互助计划，且两家平台的各类产品之间都互设链接入口，难以绝对隔分，故本次调研内容也不仅仅局限于"轻松公益"和"水滴公益"板块，将囊括以上类型内容的平台统称为"轻松平台""水滴平台"，特在此说明。

（一）两平台概况

轻松公司和水滴公司自成立以来，搭乘互联网和社交媒介两驾马车发展迅猛，其产品在用户量、传播度、创新性、社会责任等方面都有较大影响力。

表 13－3　轻松公司（平台）大事记

时间	事件
2014 年 9 月	北京轻松筹网络科技有限公司成立；"轻松筹"正式上线
2016 年 4 月	轻松互助上线
2016 年 2 月	"中国红十字基金会－轻松筹微基金"成立
2016 年 9 月	轻松公益入选民政部指定的首批慈善组织互联网公募平台
2017 年 7 月	轻松筹 3.0 版本上线，引入"阳光链"
2018 年 7 月	更新"阳光链 2.0"，从原有的私有链向高性能公有基础链转变
2019 年 7 月	轻松筹累计筹款 360 亿元，用户数突破 6 亿，用户遍布 183 个国家*

　*数据源自《轻松筹 360 亿成功登顶全球互联网筹款行业：一边下沉，一边上升》，载公众号"财经国家周刊"，2019 年 7 月 22 日。

表 13－4　水滴公司（平台）大事记

时间	事件
2013 年 8 月	北京纵情向前科技有限公司成立
2016 年 5 月	水滴互助上线
2016 年 7 月	水滴爱心筹上线
2017 年 1 月	水滴爱心筹升级为水滴筹
2018 年 6 月	水滴公益入选民政部指定的第二批互联网公募平台
2019 年 6 月	水滴筹累计筹款超过 160 亿元，爱心用户赠与次数超过 5 亿次；水滴公益累计筹款超过 1 亿元（申商，2019）

1. 平台定位和业务范围

轻松公司和水滴公司在成立时均将目标聚焦在公众健康保障领域，但是两者的发展路径略有不同。轻松公司成立之初就上线了"轻松筹"，后相继推出"轻松互助"和"轻松公益"，而水滴公司最初的产品是"水滴互助"，旨在"用互联网科技助推广大人民群众有保可医，保障亿万家庭"，随后"水滴筹"和"水滴公益"上线。从本质上来说，两家公司都是借助互联网保险"轻松保"和"水滴保"营利的商业性质公司，但采用商业模式运营互联网公益，同时利用其占据的下沉市场的大体量用户，为其商业产品带来巨大的流量，实现了企业利益与社会公益的双赢。

2. 管理费与信息公开

公众参与互联网慈善会密切关注的问题，一是平台是否打着"公益慈善"的旗号收取管理费或服务费营利，二是善款是否得到了合理的使用。据线上观察，轻松公益和水滴公益两个平台本身均不收取管理费或服务费，但平台中的"慈善募捐"项目在项目预算表中大多存在"管理费"一项，由发起项目的慈善组织收取，用于项目运营行政费用，包括通信费、电费、办公用品、打印复印、耗材等；项目财务管理费用，包括财务收支托管、财务规范及透明披露等；公募项目上线 1 对 1 文案专业编辑及线上线下培训支持；公募项目评估评价体系，包括项目评估、跟进、管理、反馈、审核、回访等。以轻松公益上的"助推三湾蜂蜜树品牌"扶贫公益项目为例，发起机构和善款接收方均为南昌市青少年发展基金会，执行机构为永新县志愿者协会，公示的项目预算总计 482383 元，其中管理费占 7.24%，约 34903 元，作为基金会的执行费用。但注意到，项目预算中另外存在一项"项目执行费"，注明用于员工工资、差旅费、人员培训费、办公耗材等（见表 13 - 5）。[①] 项目执行费和机构管理费之间的关系，也是当前慈善组织运行成本管理与研究的一个难题。

表 13 - 5 "助推三湾蜂蜜树品牌"扶贫公益项目预算

序号	内容	标准	数量	金额（万元）	说明
1	生产场地建设	1650 元/平米	200 平米	6.6	约按照 20% 奖补
2	生产设备购置	30 万元	一套	6	约按照 20% 奖补
3	生产许可证办理			1	最高奖补 1 万元
4	产品外包装生产	8 元/斤	5 万斤	8	精包装，按照 20% 奖补
5	产品广告宣传			9.5	包括投放广告，举办产品宣传活动等

---

① 参见《助推三湾蜂蜜树品牌》，轻松公益网站，https://qsgy.qschou.com/detail？ChannelId = ncsqsnfzjjh&id = 201909040000000059717126，最后访问时间：2019 年 10 月 26 日。

续表

序号	内容	标准	数量	金额（万元）	说明
6	销售团队培育			8.5	包括销售人员培训、基本工资补助费用
7	项目执行费	13%		5.148	专职人员工资、差旅费、人员培训费用
	小计			44.748	
8	管理费	7.80%		3.4903	基金会执行费用
	总计			48.2383	
	特别备注			由于生产场地建设、生产设备购置、产品外包装生产以及生产许可证办理等，都是以三湾蜂业专业合作社名义进行，实际所投入资金合作社也可以根据自己的生产规模调整，故而难以确定。本项目仅以奖励形式，对合作社生产场地建设、生产设备购置、产品外包装生产以及生产许可证办理给予一定的金额补助	

注：表格中的项目执行费和管理费标准是上限，实际分别为 10.67% 和 7.24%。

从轻松筹和水滴筹两个平台来看，均声明"0 管理费"或"0 服务费"，意味着捐赠人捐赠的财产全额进入求助人的账户。对此，在对轻松公司负责人的访谈中，对方表示，个人求助项目的确是零服务费，至于实际花费的执行费，全部来自轻松筹的盈利业务即轻松保。[①] 另根据新闻报道，水滴筹亦表示从未收取过手续费，一直由平台进行补贴，从 2019 年 10 月中旬起还加大了对特别困难人群、积极自救人群的补贴力度。[②] 这一点可看作轻松筹和水滴筹两个平台积极承担社会责任的表现。轻松筹和水滴筹，利用个人求助项目的流量来助推商业保险业务，同时也用商业利润反哺公益慈善

[①] 源自 2019 年 9 月 3 日对轻松公司工作人员的访谈。

[②] 水滴筹在 2019 年 5 月和 10 月两次辟谣过有关收取服务费和手续费的事。参见"水滴筹沈鹏" 2019 年 5 月 7 日的微博，https://weibo.com/1696340717/Ht8E84Nsn? from = page_1005051696340717_profile&wvr = 6&mod = weibotime#!/1696340717/Ht8E84Nsn? from = page_1005051696340717_profile&wvr = 6&mod = weibotime&type = comment#_rnd1582204351781；"水滴筹" 2019 年 10 月 14 日的微博，https://weibo.com/5984979307/IbtHoA2Wr? from = page_1006065984979307_profile&wvr = 6&mod = weibotime#!/5984979307/IbtHoA2Wr? from = page_1006065984979307_profile&wvr = 6&mod = weibotime&type = comment，最后访问时间：2019 年 12 月 31 日。

事业，形成公益与商业的良性循环。

在信息公开方面，轻松平台与水滴平台也各有特色，各类项目均展示项目内容、项目发起人（机构）和执行人（机构）信息、项目预算、项目进度、留言互动等及相应佐证材料。此外，笔者注意到两家平台比较有特色的是，水滴筹页面上设置了"个人大病救助信息公示系统"和"失信筹款人黑名单"。前者除了公示求助人的疾病治疗证明资料外，还在"增信补充"一栏详细展示了求助人的房产和车产的数量、价值及状态；有无医保、商业重疾保险；家庭年收入、金融资产情况等。后者对有编造或夸大求助信息、隐瞒个人财产信息、制造假病历、不当挪用医疗款等行为的恶意筹款人予以公示，信息包括失信人的手机号、身份证号、昵称、筹款项目标题、失信时间等，其中，手机号和身份证号采取模糊化处理。此外，轻松公益引入区块链技术打造"阳光链"，展示实时交易状态（包括交易数量、账号数量、智能合约、最新区块、区块时间、区块速度、最新交易等）、共识节点；项目公示、进展追溯、捐款明细；等等。根据轻松公司负责人的介绍，虽然此类数据全部以代码的形式呈现，不易被公众所直观理解，但阳光链正是利用区块链技术的不可篡改性，避免了在形象化公开过程中的"再包装"，保障了每一笔捐赠都有据可循，从而倒逼整个公益慈善流程在阳光下运行。①

3. 合作组织及其募款状况

截止到2020年3月12日的数据，轻松公益平台"目前已有110个公募基金会加入"。但笔者发现，各慈善组织募款效果两极分化现象明显。例如，中华少年儿童慈善救助基金会总筹款34987748.27元、总支持1444213人次，高居榜首，深圳壹基金公益基金会总筹款23807707.41元、总支持765126人次，中国红十字基金会总筹款21151489.08元、总支持924366人次，另有中国社会福利基金会、中国华侨公益基金会、中华慈善总会、中国发展研究基金会、河南省慈善总会、深圳市慈善会、湖南省慈善总会等

---

① 源自2019年9月3日对轻松公司工作人员的访谈。

均有高额筹款数和支持人次数。① 再如，表 13－6 为水滴公司（水滴公益平台）提供的募款效果较佳的 9 家合作公募慈善组织的信息。不过在轻松公益平台上观察得到，有相当数量的公募组织筹款量较低，也有如河北省新联合公益基金会、河南省学生安全救助基金会、贵州省红十字会、重庆市慈善总会等机构的总筹款数和总支持数均为 0，此类组织占据数十家，而且有的合作慈善组织未能在轻松公益平台筹到善款就不再与平台合作了。水滴平台的情况也类似。

表 13－6　水滴公益平台入驻基金会及其发起项目数、筹款金额、捐款次数

水滴公益入驻的慈善组织	申请发起项目数	筹款金额	捐款次数
中华少年儿童慈善救助基金会	1175	129000000	6000000
中国社会福利基金会	703	39000000	1900000
深圳壹基金公益基金会	15	5000000	230000
北京天使妈妈慈善基金会	161	4000000	210000
四川省红十字基金会	11	3400000	120000
新疆红石慈善基金会	47	1700000	77000
中国妇女发展基金会	12	1450000	53000
泰安市泰山慈善基金会	49	1300000	72000
河南省慈善总会	40	1000000	48000

资料来源：2019 年 9 月 9 日由水滴公司提供。

关于入驻平台的慈善组织募款效果两极分化的原因，轻松公司负责人解释，一方面是一些慈善组织是为了完成与互联网平台对接的任务而入驻，募款动力不足；另一方面是互联网捐款具有小额、单笔、多次、分散的特点，一些慈善组织为减少捐款源混杂性导致的财务负累，倾向于在入驻平台上不发或少发项目。目前来看，两家平台仅存在慈善组织的入驻机制，且仅限于审批报告、评估报告等形式审核，流程简单，尚不存在慈善组织的考核和退出机制。②

① 参见"轻松公益"官网，https://qsgy.qschou.com/foundation，最后访问时间：2020 年 3 月 12 日。
② 源自 2019 年 9 月 3 日对轻松公司工作人员的访谈。

（二）公益与私益项目对比

虽然笔者认为对"公益"和"私益"的界定标准还有待商榷，但本章在调研过程中和类型化分析的过程中，暂且按照目前学术界和实务界对"公益"募捐和"私益"募款的通识看法：轻松（水滴）公司运营的轻松（水滴）公益即标注"慈善募捐"字样的项目属于公益项目，系由具有公开募捐资格的组织发起和执行；而轻松（水滴）筹项目属于私益项目中的个人求助，即为特定个人的利益募款；轻松（水滴）保项目属于私益项目中的网络互助计划，不属于慈善也不属于保险。公益类项目和私益类项目在性质和内容上是存在相当差别的，由于实践中对公开募捐和个人求助两种类型项目的争议较大，本章暂着重对此两者进行比较。

首先，轻松（水滴）公益和轻松（水滴）筹两类项目的数量和筹款额差距较大。例如2018年一年，轻松公益筹款约1亿元，轻松筹筹款约70亿~80亿元，轻松保筹款约30亿元。截至2019年6月30日，水滴公益发起项目数2400个，筹款金额为1.9亿元，而水滴筹共发起项目140万个，共筹款200亿元。关于发起项目数量差异的原因，推测跟项目发起主体有关，公益项目由慈善组织发起，项目规模、周密性、调动人员数量均高于个人求助项目，而由于我国庞大的人口基数，个人求助项目亦成众多不堪重负家庭的自救方式。关于项目筹款金额差异的原因，据水滴公司负责人的说法，一是捐款渠道是否直接影响到捐款人心理，二是捐款对象的亲疏关系影响到捐款动力。个人求助项目大约70%以上的赠与人与求助人之间是熟人关系，比如亲属、朋友、同事、同学等维度的熟人关系，或者是亲友的亲友，而且关系不会超过太多层；赠与人与求助人之间完全属于陌生人关系或者亲友关系层数很多的比例非常小。[1]

关于慈善募捐项目和个人求助项目之间的用户重合度，轻松公司和水滴公司均表示，其公益项目用户主要依靠个人求助项目的流量吸纳。也就

---

[1]　源自2019年9月9日对水滴公司工作人员的访谈。经笔者要求，水滴公司后来通过随机抽取一定时间段的个人项目数据进行了大数据分析，基本可以支持这个结论，熟人比例在70%~90%，当然，不同求助人、不同赠与金额、不同赠与人数的求助项目，熟人占比有所不同。

是说，绝大多数轻松（水滴）公益的用户同时是轻松（水滴）筹的用户，其他有少量轻松（水滴）公益的非重合部分用户来自与其他平台的合作、基金会传播、平台传播等渠道（见表 13－7）。[①] 如水滴公司提供数据如下：截止到 2019 年 6 月 30 日，累计水滴筹用户 25000 万人，水滴公益用户 600 万人，两者交叉用户 500 万人。且水滴筹复捐率为 50%，水滴公益复捐率为 20%，水滴公司备注可能由于水滴公益上线时间远晚于水滴筹，故复捐率较低。[②]

表 13－7　仅在水滴公益捐款的用户来源渠道

渠道	占比
合作渠道	27%
基金会传播渠道	24%
水滴筹传播渠道	15%
水滴公益传播渠道	10%
其他	24%

资料来源：2019 年 9 月 9 日由水滴公司提供数据。

其次，本章的调研还对平台中慈善募捐项目和个人求助项目的用户画像作了一定描摹。轻松公司和水滴公司均表示，两个平台能得到的捐赠人数据仅限于腾讯授权获取的数据，包括头像、昵称、性别、地域、年龄等。[③] 因此，根据水滴公司提供的数据（见表 13－8、表 13－9），水滴公益和水滴筹受益人（求助人）的性别、年龄段画像，男女比例大致相当，但各年龄阶段对应数量呈现显著相反的特征，原因暂不明晰，不过其中的一个原因是慈善组织的救助人群偏好，通过慈善组织发起的救助儿童少年受助人群的项目比较多，救助比较容易，而关怀老年人群体的公益项目较少，救助也比较困难。

[①] 源自 2019 年 9 月 3 日对轻松公司工作人员的访谈和 2019 年 9 月 9 日对水滴公司工作人员的访谈。

[②] 2019 年 9 月 9 日由水滴公司提供数据。

[③] 源自 2019 年 9 月 3 日对轻松公司工作人员的访谈和 2019 年 9 月 9 日对水滴公司工作人员的访谈。

表 13 – 8 水滴筹求助人用户画像

画像指标		占比（%）
患者性别	男	60
	女	40
年龄段（岁）	0 ~ 10	6
	11 ~ 20	4
	21 ~ 30	8
	31 ~ 40	14
	41 ~ 50	24
	50 +	44
	总计	100

资料来源：2019 年 9 月 9 日水滴公司提供的数据。

表 13 – 9 水滴公益受益人用户画像

画像指标		占比（%）
患者性别	男	58
	女	42
年龄段（岁）	0 ~ 10	54
	11 ~ 20	20
	21 ~ 30	8
	31 ~ 40	9
	41 ~ 50	6
	50 +	3
	总计	100

注：此处的水滴公益受益人，主要指在平台上发起大病救助项目的受益人；资料来源同表 13 – 8。

其中，在"慈善募捐"项目中，根据对轻松公益平台的线上观察，其各项目主页下展示了民政部备案编号、目标金额、已筹金额、捐款次数、转发次数、项目内容、项目预算、筹款进度等。另有项目相关主体，即发起机构、执行机构、发起人信息和善款接收方的信息。在留言互动版块有捐款人的头像、昵称、留言、金额、时间以及配捐额。值得注意的是，捐款人在捐款时可以勾选匿名，这为捐款人的个人信息保护提供了自主选择空间。另外，公开募捐项目根据平台所设的分类标签，包括扶贫救灾、疾病健康、教育社区、环境保护等领域，从中可以大致推测慈善行业对不同类型项目的关注度，以及社会爱心人士对不同类型项目的捐款倾向。从水滴公司提供的数据可得，热门度从高到低依次为大病救助、教育助学、扶贫、救灾，这与官方公开的数据以及本书定量团队的问卷调查结果一致。

表 13-10　水滴公益项目类型

类别标签	申请发起项目数	捐款人数	筹款金额（元）
大病救助	2200	8500000	188000000
教育助学	45	260000	5800000
扶贫	30	80000	2150000
救灾	20	400000	9600000
社会自然	7	115000	3300000
动物保护	5	6600	130000
环境保护	3	13000	280000

注：一个项目可能有多个类别标签，也可能没有标签。
资料来源：2019 年 9 月 9 日由水滴公司提供。

此外，在轻松筹和水滴筹的个人求助类项目上，以轻松筹为例，在"爱心救助"版块，声明"所有个人项目均已经过视频审核"，在项目右上角标注"个人求助"，并注明"不属于慈善公开募捐信息，真实性由信息发布者个人负责"。项目显示目标金额、已筹金额和帮助次数，"帮他证实"的证明人需要实名认证，需要发布身份关系、姓名、身份证号和证书内容（大多数属于亲人、同事、同学等熟人圈关系）。且附有详细的"资料证明"，显示已经审核过的患者身份证明、诊断证明、诊断医院、收款人的身份证明和关系证明；家庭经济收入状况、房屋财产状况、车辆财产状况、保险状况。筹款动态由善款接收者发布，形式内容自由，多为照片和感谢、劝捐用语，缺乏资金使用的证明和明细。另外，笔者观察到项目设置了"爱心贡献榜"，已完成捐款的捐款人按捐款额由高到低排列，可见头像、昵称和留言。而且在捐款人输入捐助金额时，会显示该金额超越的用户比例，从心理上或具有一定的刺激捐款的作用。

（三）项目执行与善款处理

在对轻松公司和水滴公司负责人的访谈过程中，也发掘出一些之前理论研究未关注之处，尤其是体现在项目执行与善款处理过程中的问题点。

第一，关于个人求助项目所筹善款的流向。根据轻松公司负责人的说法，个人救助项目的善款除了一般理解的直接进入求助人账户外，还有两个渠道，一是由某基金会代管，二是由治疗医院代管和执行。轻松公司表示，轻松筹平台更倾向于后者，即征得求助人同意后将善款交付医院，因为跟医院对接更有利于了解求助人的患病情况、所需金额和治疗动态，加之医院具有一定的公信力，在资金保管和使用上也有助于提升捐助人的信赖感。[1] 关于此点，基金会和医院对善款的代管权限和性质，还需要学理上进一步探讨。

第二，围绕善款的使用，常见于个人求助，在实践中会发生退款纠纷。在退款事项上，一种情形是主动退款，即受助人由于康复、死亡，或者发生争议不堪压力，自愿放弃善款，进行原渠道返还，此类并无争议。另一种情形则是被动退款：其一，捐款人出于意思表示瑕疵要求退款，但善款已经交付管理方或执行方；其二，捐款人当时意思表示真实，但事后反悔要求退款；其三，由于受助方过错，捐款人质疑并要求退款。在以上三种情况下，捐款人的退款请求分别应当如何处理？这还需要司法实践和政策跟进。

第三，余款争议事项。如在个人求助项目中，发生受助人死亡或康复的情况，此时按照规定应当将余款进行其他相同目的的使用，但受助人或者其继承人也主张余款的所有权，如何处理？在此种情况下，我国法律和相关案例已经明晰，余款应当由相关平台和组织进行其他相同目的的使用，受助人或其继承人无法主张所有权。同时针对此种争议，轻松公司负责人表示轻松筹平台采取的预防措施是，将大额的善款分批给付。[2] 关于个人求

---

[1] 源自 2019 年 9 月 3 日对轻松公司工作人员的访谈。之后轻松筹也有相应举措，参见《轻松筹联合上海市儿童医院开通互联网个人大病求助绿色通道》，《中国社会组织》2019 年第 22 期，第 43 页。

[2] 源自 2019 年 9 月 3 日对轻松公司工作人员的访谈。

助项目目标筹款金额设置，鉴于目前卫健委、医保局、社保机构等相关部门都未出台规范性的分类、标准或者范围（网络互助计划中的大病种类的确定、年龄阶段的划分、不予救助事项等也存在相同的问题），水滴筹方面的流程是，根据医院历史上相关类型疾病的治疗金额等数据记录，加强与医院的线下沟通，来与求助人协商确定合理的筹款金额和方案。[①]

四　未来互联网募款的规范性设想

在如今物质技术和信息数据高频更迭的时代，公益慈善的价值不止于捐款，不限于项目，也体现在制度、技术、流程。正如 2019 年互联网公益峰会上各路公益人士达成的共识，我国互联网公益慈善应面向科技向善与理性公益，真正成为一种由善心善念出发，而又在理性精神统摄之下的价值观念、思考方式和生活方式。[②] 在此基础上，笔者认为，互联网募款还应当走法治的道路，在合法合规的框架内运行，方能走得更稳更远。

对于互联网募款发展的整体思路，如前文所提到的，应当从内外两个方面进行协同治理，从外部来看包括法律规范的框架、主管部门的监管、公众媒体的督促；从内部而言则包括慈善组织和互联网公募平台的内部治理及行业自律，亦与公众的良性捐款意识和行为的培养分割不开。当然，协调公益慈善法律与公益慈善伦理之间的关系也是应当着重考虑的问题。本章从以下四个方面提出法律与政策建议。

（一）明确互联网个人求助的法律性质及监管模式

针对法律监管的灰色区域互联网个人求助，笔者认为首先有必要从法律上对"个人求助"行为进行界定和区分，其次再考虑将个人求助纳入何种监管体系之下。

关于法律概念的界定，可采取主客观标准相结合的方式。"个人求助"

---

① 源自 2019 年 9 月 9 日对水滴公司工作人员的访谈。
② 《中国互联网公益峰会召开：再倡导"理性公益、科技向善"》，"澎湃新闻"，https://baijia-hao.baidu.com/s？id＝1633692672293357846&wfr＝spider&for＝pc，最后访问时间：2020 年 1 月 1 日。

与慈善法上的"个人慈善募捐"两者的信息发布主体都是个人，但性质大相径庭，其关键区别在于面向的对象特定与否。此处面向的对象有两个层面，首先是受助人是否特定？其次是筹款对象是否特定？

首先，如果受助人不特定，那么肯定属于现行《慈善法》有关公益慈善的界定范畴，个人没有公开募捐资格，无法以公开募集款物的方式来进行慈善活动，这是《慈善法》明确规定的。如果受助人特定，且与自身有一定的亲友关系，这就属于个人求助范畴，如果受助人是自己或者近亲属，那么就是典型的个人求助；而如果受助人是其他亲友甚至是陌生人，那么通过"代理"制度，获得受助人的授权，就可以开展个人求助行为，说到底，轻松筹和水滴筹作为平台，就是一种个人求助的"代理"。那么陌生人，尤其是明星等公众人物通过自己的流量为特定的他人进行募款时，如果仅仅是转发，依然是属于个人求助的范畴。只有为特定他人进行募款，但又无法证明这是一种"代理行为"，例如无法证明是由受助人的账户来接收款物等，这就不属于"个人求助"的范畴，需要法律特别的介入。

其次，筹款对象是否特定，如果筹款对象不特定，那么这种行为具有面向不特定公众筹款的"公开"性质。如果个人为自己或者亲友仅仅是在家人、亲戚以及同学、同事等熟人关系范围内进行款物筹集，仍属于面向特定对象的范畴，即肯定不属于公开募捐；而一旦突破了特定的关系网络延伸至陌生人，可能转变为面向对象为不特定公众的"以公开募捐方式的个人求助"（不同于《慈善法》上的"个人慈善募捐"），具有了特定的公益性质。[①]

但是同时应注意到，由同一求助人发起的同一求助信息，由于网络传播的迅捷性与不受空间限制的特点，在信息转发、善款筹集的过程中，客观效果易发生转化，并且此种转化往往突破发起人主观动机和目的的主导。比如一则个人求助信息，经过亲友的层层转发，已经扩及求助人本人的能力远不可及的范围，那么就已经达到了公开募捐的客观效果，无法用简单的"个人求助"来认定，然而在主观上，该发起人具有个人求助或者公开

---

① 此处借用费孝通先生的措辞（费孝通，2012）。其中提到中国人社会关系的"差序格局"理论，每个人都以自己为中心结成网络，从内到外形成自近至远的亲疏关系格局：第一层是家人、亲戚，遵循血脉法则即长幼、血缘连带；第二层是熟人，遵循人情法则，即回报或人情交换、人情账与情感关系；第三层是陌生人，遵循社会公平法则，即法律与公序良俗。

募捐的主观意愿都是有可能的。正如线上调研时，从对公益互联网募捐和私益互联网募款的爱心人士的比较来看，私益性质的募款项目除了最初由亲友、同学、邻里等熟人圈捐款外，很快便扩散到与公益募捐一样的陌生爱心人士。

因此，或可采取主客观相结合的标准来区分"一般个人求助"与"以公开募捐方式进行的个人求助"，不能仅仅依客观层面的波及范围和实际效果就断定该行为属于何种性质，还应当考察行为人的主观方面，即出于何种动机、具有何种目的。如果行为人出于向不特定公众筹集善款的主观意愿，又达到了实际效果，则主客观一致，属于"以公开募捐方式进行的个人求助"。但是如果行为人最初仅仅是出于向亲友求助的目的，由于网络的不可控而达至了公开募款的实际效果，则不应当按照"以公开募捐方式"来定性，而应当界定该行为本身属"一般的个人求助"，按照《慈善法》以外的民法手段来处理，进行善款的退还等。

通过互联网平台进行"个人求助"，实际上就是"以公开募捐方式进行的个人求助"，既不同于一般的个人求助，也不同于《慈善法》上的个人募捐，因此需要特别的法律规定，目前这个规定是缺失的。建议参考《慈善法》上的募捐行为，对"以公开募捐方式进行的个人求助"作特别规制。将为个人求助提供信息发布功能的平台和互联网公募平台一体分类监管。

因此，关于个人求助的监管，包括监管的法律体系、主管部门、监管手段，笔者认为一刀切地把个人求助排除出慈善法归在民法体系下，或者把个人求助完全纳入慈善法框架下，都是不合理的。个人求助处于私法和公法的边缘地带，应该对其进行更精细的划分，进行分类监管。此外，如个人求助发生余款争议，有关部门可以参照慈善募捐财产的处理方式，另作相似目的使用，当然，如果捐款人要求返还的，应该予以返还。

（二）推进互联网公募平台规范化

1. 建设与改进互联网公募信息平台的准入机制

目前 20 家互联网公募平台系民政部分两批指定，采取的是自主申报—形式审核—实质评审的遴选机制，按民政部的说法这种"指定"不属于行政许可，实质上也缺乏行政法上的依据。民政部发布的互联网公募信息平台《基本技术规范》和《基本管理规范》两项推荐性行业标准虽然起到了一定的指导作用，但是缺乏强制性，不构成申报遴选互联网公募信息平台的门槛限制。在此情况下，互联网公募平台就缺乏法定的遴选标准，有可能根据每批申报平台在技术、业绩、管理方面评分的高低进行排序和择优，如此，很有可能由于各批申报的平台水平的整体情况不同，结果也出现浮动，实质上使得遴选出的平台质量参差不齐。再者，平台遴选通过后亦缺乏资格复核与整改淘汰机制，目前仅仅由民政部门采取约谈的形式来规制，长此以往，容易形成互联网公募平台圈子固化的问题，已经占据一席之地的平台缺乏竞争意识，而尚未获得公募资格的平台又缺乏进入的渠道，或将形成"垄断"。建议按照行政许可的程序对互联网公募平台进行市场化准入和退出机制的设计，完善竞争机制和政府监管机制。

2. 完善互联网募款相关利益链的治理

在推动社会信用体系建设的大背景下，有关部门加紧了对慈善事业的信用体制治理。2018年，发展改革委、人民银行、民政部等40个部门和单位联合签署了《关于对慈善捐赠领域相关主体实施守信联合激励和失信联合惩戒的合作备忘录》，建立涵盖慈善组织及其负责人、募捐项目发起人、求助人、项目执行人等多方主体的信用数据库，加强信用信息共享互通，联合惩戒诈捐、骗捐等失信行为。在行业内部，各平台也加强自律自控，如2018年10月，"爱心筹""轻松筹""水滴筹"3家平台联合签署发布《个人大病求助互联网服务平台自律倡议书》和《个人大病求助互联网服务平台自律公约》。这两者在很大程度上助推了互联网募款的信用建设和规范发展。

但应注意的是，互联网公募平台仅仅是利益链条中的一环，比如部分电商平台存在制作假病历、假票据、代写文案等虚假材料的黑色产业链，从上游污染了互联网公益慈善这条河流。故想要正本清源，不能局限于局部，而要从整体和全局观念出发，对整个互联网公益慈善流程进行规范治理。且行业自律约定仅出于自发自控，不具有强制性，未来我国法律仍应着手进一步明确平台权利、义务与责任，不仅是公募平台，不具有公募资格但事实上存在募捐行为的互联网平台（尤其是个人求助信息发布平台）也应当被纳入法律的框架之下，建议与互联网公募平台进行统一分类监管。

（三）加强慈善组织的规范化建设

在信息公开、善款使用等敏感点上，往往易将目光停留在互联网公募平台的问题及其解决上，比如通过"慈善中国"平台打通与互联网公募信息平台的数据对接、汇总、统一与公开；利用区块链技术在捐赠与查询等各环节构建权威性、透明度与公信力；等等。但是忽视了互联网募捐的另一个关键主体——慈善组织的规范化建设的重要性。

根据最新"慈善中国"的数据统计，截至2020年5月27日，全国登记认定慈善组织数量已经达到8056家，约占全国社会组织总量的9‰，其中有公募资格的慈善组织2954家，共备案慈善募捐项目17372个。由此观之，我国登记认定的慈善组织数量增长速度很快，其中基金会占据主体地位，具备公募资格的组织数量也稳定增长。但是据前文所述，慈善募捐中组织的头部效应明显，在发起项目数量与筹款金额上存在显著的两极分化现象。因此：第一，在"互联网＋公益慈善"时代，并不能仅仅在形式上使公募组织全面"触网"，更要切实加强组织自身互联网公募能力的培养，吸纳相关优秀人才，在项目设计、平台对接、募捐开展、执行反馈、争议处理等各环节同步提升；第二，在信息公开、信息真实性、善款使用等敏感问题上，对于"慈善募捐"项目来说，慈善组织位于互联网募捐信息平台的上游，因此，慈善组织应当首先严格自律与加强内部治理，在帮扶对象信息审核、完善信息收集与公开、保障善款合理使用等方面，应发挥首要作用，与平台相互配合。

（四）培养捐款人的理性公益理念

对于爱心人士而言，热心公益是一种态度，而理性公益应当成为一种方式。目前在我国慈善领域，公众观念与法律概念存在较大的脱节，比如对于"公开募捐""个人求助""网络互助"等，在普通大众朴素的观念里，是没有慈善与非慈善的辨别意识与认知可能性的。因此对于例如个人求助项目，目前法律规定不属于慈善活动，平台也声明不对信息真实性负责，这就导致出于善心做出善举的捐款人却处于弱势地位。

针对此种情况，首先是我国在法律上还有待完善。其次是各平台及其运营者应当注意保护捐款人的权利，比如腾讯的"冷静器"所宣扬的理性公益理念就是一个较好的范例。再次，对于公众而言，第一，应注意信息的甄别、筛选，分清由慈善组织发起的公开募款项目和个人求助项目、互联网互助计划和互联网商业保险。了解《个人求助信息发布条款》、《用户协议》和《隐私政策》等相关条款和声明，在理性分析、判断后决定是否捐款、资助。第二，增强维权意识。现大多数平台都提供实时流水记录和发票，捐款人可关注后期财务、项目执行等信息披露，自主索要并保留捐款凭证。第三，加强责任观念。部分平台的个人求助项目提供知情者的证明版块，以增强信息的可信度，爱心人士应当在确实了解相关情况时方进行证明，而非基于人情和感性。

余论 从公众捐款看慈善在中国的
面向与走向

一

本次研究关注的焦点在于"公众捐款",也就是作为"普通人",公众何以拿出属于自己的财产去帮助他人。在当代中国语境中研究这个话题,其实是有些话语困境的。或者说"慈善"在当代中国语境中存在观念多元性,导致公众并不完全理解现行法律(主要是《慈善法》)给慈善下的定义,多种具有不同文化意义的慈善观念相互碰撞,造成了"异质时空的同在性",甚至在公益慈善行业内部,都很难达成共识。

1949年之后,"慈善"为我们的社会主义国家社会保障体系所吸纳,失去了独立存在的基础,甚至在"文革"期间,慈善被"视为洪水猛兽,当作资产阶级'人性论'、资产阶级的'糖衣炮弹'、腐蚀和瓦解人民群众革命斗志的毒药和砒霜,'狠批猛斗',以致使人们避之犹恐不及,谈'慈善'而色变"(孙月沐,1994)。20世纪70年代末80年代初,随着社会重建运动在中国改革开放的过程中逐步展开,慈善事业也开始回归。首先是海外华侨与港澳台同胞对境内的公益慈善捐赠(以下简称"华侨捐赠")蓬勃发展,尤其是历次自然灾害都有华侨捐赠的身影,此外,华侨捐赠还重点关注教育事业。20世纪80~90年代有关公益慈善捐赠的制度规范、法律与政策文本所针对的目标主要就是华侨捐赠,不少地方出台了专门的地方性法规或地方政府规章,而1999年《公益事业捐赠法》的立法目的中非常重要的一点就是针对华侨捐赠,甚至该法的起草机构就是全国人大常委会法制工作委员会会同华侨委员会。① 华侨捐赠接续了 1949 年以前近现代中国的慈善发展传统，体现了国家与文化认同以及中华民族的凝聚力，也为境内人民进行慈善捐赠树立了榜样与范例，可以说华侨捐赠是当代中国公众捐赠发展的重要起点。

20 世纪 80 年代末，中国本土的慈善捐赠事业也开始起步，关注的焦点除了救灾之外，主要是扶贫与教育，例如 1989 年，中国青少年发展基金会"希望工程"和中国儿童少年基金会的"春蕾计划"是两个典型的教育类慈善项目，前者的目标是"救助贫困地区失学少年儿童"，后者的目标是"致力于改善贫困家庭女童受教育状况"。20 世纪 80 年代初开始成立的许多具有官方背景的基金会，尤其是"国字头"的一些基金会，成为公众捐赠的重要接收力量。2004 年《基金会管理条例》施行之前，我国并不存在不具有官方色彩的基金会。而即使是 2004 年以后很长一段时间，不具有官方背景的基金会也不具有向社会公开募捐的资格。②

20 世纪 90 年代，随着华侨捐赠对国内慈善的带动，中华慈善总会和各个地方的慈善会系统作为建制化的慈善组织纷纷成立，成为当代中国慈善事业重要的组织化系统。虽然慈善会系统的官方色彩过于浓重，主要体现着政府对于社会保障补充的民间捐赠款物的需求与监管的意志，但是慈善会也成为慈善领域进行民众动员的重要力量，在很长一段时间内，包括慈善会系统和各大官方基金会动员民众进行捐赠，其中很大一部分民众捐赠是通过单位内部组织动员，然后以单位的名义进行捐赠的方式进行，实际上这同样是特殊年代的"公众捐赠"的一种特殊方式。

20 世纪 90 年代中期，除了慈善会系统的出现，自下而上的民间慈善话语也开始出现。尤其是 1995 年第四次世界妇女大会在北京召开之后，为中国带来了公民参与、政策倡导、非营利、志愿服务与 NGO 等话语，"捐赠"

---

① 参见时任全国人大常委会法制工作委员会副主任张春生所作的报告：《关于〈中华人民共和国公益事业捐赠法（草案）〉的说明——1999 年 4 月 26 日在第九届全国人民代表大会常务委员会第九次会议上》。

② 我国第一家具有公开募捐资格的民间基金会是 2010 年 12 月 3 日成立的深圳壹基金公益基金会。而之前，非官方的慈善公益组织想要向社会公开募捐，则采取在公募基金会或其他具有公开募捐资格的组织进行"挂靠"，设立"专项基金"或"专项计划"的方式进行，例如 2007 年李连杰在中国红十字总会设立"中国红十字会李连杰壹基金计划"。

理念不再仅限于狭义的慈善救助，而是与国际接轨，具有了公益倡导与美好社会追求的理念。越来越多的国际上流行的公益慈善观念，包括本书各章节提到的"月捐""联合劝募"等观念开始进入中国，对于慈善的传统与现代差异的讨论也越来越多，逐步形成了一个以基金会为主体，包括若干社会团体和社会服务机构（民办非企业单位）在内的公益慈善行业。

2011 年，"郭美美事件"的发生打击了公益慈善行业的公信力。据民政部统计，郭美美事件之后全国社会捐款一度锐减一半，某些地方红十字会系统甚至没有收到任何捐款。一时间，有关公益慈善组织（尤其是具有官方色彩的公益慈善组织）的负面消息充斥公共舆论，引发"蝴蝶效应"（马剑银，2012）。但另一方面，社会公众开始尝试绕开公益慈善组织直接给需要帮助的人捐助，不仅有陈光标式的"直接撒钱"，某些明星公众人物的所谓"零成本承诺"（这两者都引发了整个行业的争议，均被认为不符合公益慈善发展的趋势，具有迷惑性）；而且随着互联网技术的发展，以个人大病求助为主要内容的个人互联网求助也风起云涌，社会公众纷纷通过轻松筹、水滴筹等互联网平台直接给需要帮助的人以款物支持。虽然在 2016 年的《慈善法》制定过程中，有关官员与学者认为"个人求助"行为不属于《慈善法》意义上的慈善活动，但互联网个人求助的资金体量依然十分惊人。据统计，2016 ~ 2019 年，由民政部指定的全国互联网公募平台募款总计不到百亿；而水滴筹、轻松筹、无忧筹、爱心筹 4 家个人求助平台，三年为个人大病求助募捐超过 500 亿元（徐永光，2019）。

因此，从 70 年的中国当代慈善史中，我们可以看到中国公众捐款的一些片段，要讨论中国公众出钱帮助他人（最广义的慈善），必然需要充分观察这 70 年积累下来的公众捐款的面向，破除因为慈善、公益等概念争论而造成的话语困惑，透过现象直击本质。这也是本项研究的目标之一。

二

无论"慈善"的文化意义如何，有一点是所有文明中慈善观念的共通之处，就是"利他"，用自己的财物或能力去帮助他人。也就是说，带有对他者的好意，可以用"爱"的广泛含义来表达。但是不同文明有关此种

"对他人之爱"的表达是不一样的，不同文明之下，公众在表达与实践"爱他人"，用自己的财物和能力帮助他人时，具有不同的文化意义，而就当代中国的语境而言，公众在进行捐款时，同样存在多元的文化观念。

虽然无论是《慈善法》，还是当前"公益""慈善"的主流话语，都不是源自中国传统的本土产物，但不能说传统中国文化缺乏慈善意识与慈善实践。先秦以降诸子百家的思想中具有丰富的慈善思想，历朝历代也出现了大量的慈善行为与机构，这些思想、行为与机构，用中国文化自身的话语表述着、实践着，直到近代中西文化碰撞交融时，它们或者被转述，或者被曲解，或者被隐藏，但也有很多因素依然活跃在当代中国人的行为、话语与思想之中。

"慈善"作为一种文化传统，源于"天下为公"的社会理想，《礼记·礼运》中有"故人不独亲其亲，不独子其子，使老有所终，壮有所用，幼有所长，矜寡孤独废疾者皆有所养"，而这一理想集中体现在儒家的"仁爱"思想中。孔子云"仁者爱人"，此种爱以己身为原点，推己及人，是利他之心和助人为善的精神，即人之本性与责任，因此有"己所不欲，勿施于人""君子成人之美，不成人之恶""己欲立而立人，己欲达而达人"等话语，将他人作为像自己一样的人来看待，即"同情"。当然这种以己身为原点的爱人，"爱有差等"，费孝通将此观念命名为"差序格局"，即爱有亲疏远近之分（费孝通，1998）。荀子认为，仁爱以自爱为起点，必先自爱，才能爱人（《荀子·子道》），孟子同样认为"老吾老，以及人之老；幼吾幼，以及人之幼"（《孟子·梁惠王上》），作为儒家思想的两个典范，孟子更关注不仅要爱己，而且要爱他人，而荀子更关注爱他人从爱自己开始。

儒家之爱，在"自爱"与"天下大同"之间取一中道。因此才有以己身为原点的修齐治平，对于君主以及作为君主代理人的官吏而言，接受的儒家士大夫教育，就是这种由己身出发，推己及人，直到天下的观念。以天下为己任，以己身为本，将天下之事变成自身之事。无论是君主还是官吏，都有父母之视野，将天下以"家"事之，所谓家国天下。"仁爱"的推己及人表现为一种父母对子女的慈爱。

此种慈爱主义之下，各朝各代出现了各种以"仁政"为基础的慈善活动，历史上记载的慈善实践基本都源于国家责任的承担，是"帝国家长主义通过自上而下的方式惠及人民"，而"慈善机构的民间特征和控制是不能过度宣扬的"（朱友渔，2016：12～13、16～17）。所有民间发起的慈善都被纳入官方的体系中，由官方机构承担民间慈善的批准和保护（例如财政补助）。

即使是当代中国，公众在帮助他人时，同样有这种痕迹。在中国人的慈善观念中，基于血缘、地缘、业缘甚至学缘的互助观念从来就是其中的一部分，家国天下的理念，是共同体建构的主要基础。帮助他人，以利他为标准，并不在意此"他"是否是不特定之个体，也就是说，传统中国的公共性观念与源自西方的公共性并不相同。在互联网的个人大病求助中，捐款人很大比例其实并不是陌生人，而是具有"爱有等差"性质的熟人共同体。在广东存心善堂的案例中，也有相应的观念。本项研究之所以用"捐款"而不是行业中专用的"捐赠"概念，同样是基于中国语境中，公众对用自己的财物帮助他人的理解与西方的"捐赠"并不完全一致，尤其是与《慈善法》意义上的"慈善捐赠"概念，具有很大的差异性。

当然，与儒家相对，墨家提出了"兼爱"的观念，这种观念几乎是将"天下大同"的理念给绝对化，后世佛家也有"众生平等"的观念，但对于中国人的影响，都没有推己及人的"仁爱"与"慈爱"来得大。

而在两希文明影响下的西方世界，则是另一番图景。源于希伯来的基督教文化中，慈善文化的核心就是"爱他人"，用拉丁文 Caritas 来表述。《旧约》中写满了向穷人施舍和帮助他人的训诫，因为这种行为会获得上帝的赐福，按照上帝意旨"施舍钱财、周济贫穷，其公义永存，其角必被高举（声名远播），无上荣耀"（《诗篇》103：9；112：8）；《新约》中更是主张要倾尽所有，爱他人就像爱自己一样，帮助那些需要帮助的人，而且要求帮助他人不要有选择性，要低调不要显摆等，当然，基督教文明将做慈善与永生目标联系在一起，成为教徒慈善的最大内在动力。正是因为基督教对慈善独特的观念，在基督教化了的罗马帝国，将救济穷人的义务赋予了教会，这是后世西方基督教会与慈善事业不解之缘的开端（刘军洲，2016）。基督徒都认为，慈善是一种宗教义务。对于帮助他人的优先性问题，基督教慈善观念会选择"最需要帮助的人"，圣·奥古斯丁和圣·瓦西里对此有详细的论述，这是基督教慈善最核心的特征之一（伯姆纳，2017：14～15）。

但希腊文明的爱并不相同，虽然与基督教之爱一样，古希腊的爱（philanthropos）也是"爱人"，但更多表达的是"爱（非神之）人"，而基督教之爱主要是"爱（非自己之）人"。"philanthropos"源于普罗米修斯为人类带来火种而遭受宙斯的处罚，理由就是做了爱非神之人的行为。当时古希腊的观念中流行对穷人或者乞丐的排斥行为，这种排斥行为与神话中神对待人的态度是一致的。古希腊神与人之间的关系是互惠的，人类祭祀神，神保护人，每一个城邦都有各自的保护神，人神关系是希腊公共生活的基础，如果失去了这种交互性，就无法维持人神关系。而人类自身也有"爱那些爱你的人，帮助那些帮助你的人，给那些给你的人，不要给那些没有给过你的人"（语出赫西俄德，见伯姆纳，2017：5）。古罗马也继承了古希腊这种观念，认为爱他人不应让自己有损失，爱有阶层并且应互惠。古希腊和古罗马的慈善观念恰好与正义观念相悖，因为正义是"得其所应得""物归其主"，救济穷人并不符合分配正义（亚里士多德，1994：221）。当然古希腊和古罗马的慈善观念是丰富的，在不损害自己利益的同时帮助他人的观念逐渐从互惠之爱的观念中发展出来，而后世则将两希文明的爱人观念，融合成帮助值得帮助的人的西方现代慈善观念。

三

随着现代社会的兴起，慈善观念与两希文明的原初慈善观念也有了差异，典型的资本主义国家英国与美国，各自从 charity 和 philanthropy 话语中发展出两种不同的慈善文化。

英国的慈善文化与法律紧密联系，新教革命之后，虽然教会依然是从事慈善活动的重要主体，但英国通过历代制定的成文法与通过司法活动的判例法，将慈善活动牢牢地控制在法治的观念之中，不仅以法条列举的方式界定慈善的目的与范围，而且还用公益性审查原则和四种禁止规则（公共性、非营利性、非政府性、非政治性）有序发展慈善法治。虽然慈善与宗教在英国在制度上进行了分离，但基督教教义依然为英国人从事慈善活动提供了精神指导。最基本的慈善观念依然是"同情穷人以及他人之不幸"，并"伸出援手，予以救助"。当然，从最新的英国慈善法来看，慈善目的已经远远超出这个范围，在潜移默化中实现了慈善观念的现代化。

与英国不同，美国慈善观念的现代化更为直白与直接。因为最初来到北美的英国清教徒更为强调社区内的合作，对有需要的人群进行帮助时会通过一种叫"穷人核查员"的地方官员了解具体的个人需求，但这项制度的开展，逐渐让这些清教徒产生了一种疑惑，即对穷人的慷慨救助是否会鼓励依赖性与懒惰。而传统天主教的时代，富人开展慈善本身就是为了赎罪，而不是为了消灭贫穷。以卡耐基为代表的新教徒甚至认为富人滥施还不如将钱扔进大海（Carnegie，1889）。美国人从古希腊和古罗马的观念中汲取了养分，认为捐给不可矫正的穷人是很糟糕的事，应该帮助穷人找到自助、自救之路，慈善更应该救助那些值得救助的人。

之后的美国，出现了"科学慈善/公益"（Scientific Philanthropy），强调"授人以渔"，科学慈善分为两派，其中一派强调贫穷源自懒惰，在扶贫过程中特别敦促受助者"自立/自助"，通过培养其能力助其脱贫，通过智慧与勤劳致富，警惕过分慷慨培养懒汉；而另一派则在不同程度上认为贫穷的根源在于不公平的社会机制，慈善的目的在于改变造成不公平的根源，强调要从制度上普及教育，解决种族问题以及敦促政府改善社会福利政策等（资中筠，2015）。科学慈善观念催生了现代组织化的慈善，出现了公益性社团和现代基金会。

随着资本主义的发展，慈善的现代化几乎同步展开，因此，西方的慈善观念，带有个人主义与自由主义的基础观念，与传统基督教的爱他人、无保留救助穷人的慈善文化相比，出现了一些新的面向。

第一种面向是作为个人激励方式的慈善。这是传统慈善观念在资本主义时代的映射，无论是古希腊和古罗马的互惠慈善观，还是希伯来基督教原始的永生慈善观，对于慈善主体的激励机制是做慈善的最大动力。对于个人而言，做慈善的同时获得名誉与利益的激励。现代法律对个人捐赠的税收优惠政策就是其中一种激励手段。企业社会责任机制（CSR）同样是建立在这个理念基础上的。企业履行社会责任的目标是获取更大的利益，类似的还有公益营销、慈善广告等，"一个人被给予越多，他就越被期待做得越多"，富人的社会责任的履行在自由主义意识形态下，存在做慈善总比给政府交税强的基本态度。

第二种面向可被称为资本主义慈善，也就是用资本主义的基本理念来透视慈善，因为资本的基本特征就是自我增值，也就是说只有能产生钱生钱效果的钱才是资本，同样的道理，只有能将慈善持续下去的慈善才是符合资本主义理念的慈善。从传统的慈善观中衍生出来的救助那些值得救助的人的理念就是资本主义慈善的最初形象，而在之后的两百年，这种形象在不断加强，所谓受助人"值得救助"，是因为救助他们更加能够有可能创造社会价值，会有回馈社会的可能，资本主义慈善选择的受助人并不需要为捐赠人回馈什么，这个有别于两希文明原始的慈善观念。

第三种面向被称为慈善资本主义，也就是说将慈善作为资本主义的一种实现方式，这种观念将捐赠本身视为可以创造出一种解决社会问题的盈利方式，这就会吸引更多的资本，更快获得资本，产生更大更持久的影响（毕索普、格林，2011）。也就是说，作为资本的钱能够在慈善领域发挥杠杆作用，撬动商业世界中更多的资本，这就是"社会创新"，这就是"新公益"，这就是"慈善新领域的革命"。慈善资本主义也被称为"无咖啡因的资本主义"（吴强，2018）。甚至还有学者认为慈善资本家"只是世界严重不平等积患的征兆，而不是药方，被吹得天花乱坠的慈善资本主义，未必有能力产生切实的影响；采取商业理念进行运作可能会伤害公民社会，进而危及民主政治和社会转型"（Edwards，2008：8）。

四

自明清以降，中西文明碰撞冲突，中西慈善观念相互交融，促进了近代中国的慈善事业发展。遇到灾害荒年，救济的方式也发生了很多改变，形成了以传统国家力量为基础的"官赈"、以新兴商人参与改良的"义赈"（"商赈"），还有以西方来华传教士组织的"教赈"三股力量合流的局面，这也是中国近代慈善的典型特征（杨剑利，2000；谢忠强，2010）。

在近代中国慈善的文化交融格局之下出现了一些慈善家，例如熊希龄、张謇等，晚清民国时代的慈善文化已经出现了文化多元与文化交融的格局。虽然 1949 年之后，整个慈善实践和制度随着新政权的新制度与新观念的实施而停滞，但 20 世纪 70 年代末之后这种局面有所改变，重新接续近代以降断裂的慈善叙事，如前文所述，尤其是海外的华侨捐赠，使当代中国的慈善事业发展重新起步。但是，无论是慈善实践，还是慈善制度建设，实际上还是体现着文化多元的色彩。就公众捐款而言，何以捐出自己的财物去帮助他人的行为，就会有不同的原因与心态，甚至影响了对"慈善"概念的界定。同时，对个人求助和城乡社区互助性质的争议、对月捐与联合劝募的态度，以及本书中没有涉及的宗教慈善等，都有文化的因素。从调研的数据来看，超过半数的公众捐款至医疗健康领域，其次捐给救灾、扶贫与教育领域，这也说明传统慈善文化，无论是传统中国的慈善观念还是西方基督教的慈善观念，对当代中国的慈善实践影响颇大，而所谓慈善新前沿、新公益等国际上的一些新观念与实践，在中国语境中可能还局限于行业领域内部的自娱自乐，而与公众的距离还相当遥远，公益慈善领域中有所谓"捐赠人教育"等概念，说到底，是如何进行不同慈善文化的融合与趋同的命题。

本项研究发现，公众捐款者认为公益事业的主体应该是政府，这个结论与现代公益慈善理念存在较大分歧，但是恰恰体现着传统家国天下体系的慈善观念的影响。1970 年代末以来，官办慈善一直在中国当代慈善体系中占据优势地位，2004 年的《基金会管理条例》创造了非公募基金会的表述与制度设计，这促进了民间力量以创办组织的方式从事公益慈善活动的实践。但是就公众而言，捐款至不具有官方背景的公益慈善机构的比例依然很低，即使郭美美事件打击了整个官办公益慈善体系，但取而代之的并非民间的公益慈善组织，而是个人求助和直接捐赠，尤其是网络个人求助平台与互助平台。

虽然晚清以降，西方的慈善观念就已经开始传入，但是这一百多年来——或者从 20 世纪 70 年代后期开始的 40 多年来，中国语境的慈善观念并未完全朝着西方慈善发展的路径与目标迈进，而是充满着文化的多样性。2016 年的《慈善法》，虽然立法过程相当的民主公开，但是几年来施行中所遇到的困难同样表明社会公众对于慈善的认知，尤其是法律意义上的慈善认知缺乏一些必要的共识。

法律的理想模式是基于社会生活事实而生的调整规则，进而由规则集合成制度，由制度建构成秩序，并在以规则、制度、秩序三位一体的系统

中产生价值体系与意义体系，即法律文化（马剑银，2008）。但《慈善法》
的制定与其他领域的法律移植一样，期望用一种成熟的法律文本去催生相
应的法律事实，但这就面临着倒因为果与水土不服。从本项研究的过程来
看，有关中国语境中的公众捐款的研究，几乎才刚刚起步，无论是样本选
择还是研究结论，都有很多不足之处。随着互联网、大数据、区块链等信
息技术的发展，公益慈善领域的文化多样性不仅没有消弭，而是更加固化，
使我们不得不正视这个现实，抛却单线思维，例如在现代公益与传统慈善
的二元对立中非此即彼；在绝对的国家与社会二分的框架中分析慈善的定
位。当代中国语境是多样文化冲突与交融的实战处，也是各种思想观念与
制度规则竞争的试验场。公众捐款与公民意识培育、公共生活参与观念密
切相关。理性捐赠、合格志愿者、组织化慈善的成本认知等问题依然考验
着中国公众的慈善意识。

　　慈善的文化与观念依然在竞争，这些竞争同样形塑着中国的慈善法治
与慈善治理模式，我们依然需要回顾历史，比较文化，聚焦现实。未来始
于当下，当下就是我们每个人的努力——人人慈善，这并非只是一句口号，
而是一步一个脚印的实践。

　　这项研究，就是一个起点处的脚印……

附录 公众日常捐款行为调研问卷

被访者住址：___省___市___区（县）

_____街道（乡镇）_____居委会（村）【下拉选择】

公众日常捐款行为调研

×××您好！

我们是零点公司的访问员，正在进行关于"公众日常捐款行为"调研，旨在帮助公益慈善行业进一步了解中国公众的日常捐赠情况，答案没有好坏之分，您只需按照您的实际情况填写即可。您的信息将会绝对保密，敬请放心。问卷需要几分钟时间，非常感谢您的支持！

（本研究中的捐款行为是指个人基于慈善目的赠与钱款的行为，不包括捐赠物品和志愿服务。钱款主要指现金和转账或第三方支付的货币）

G. 过滤题部分

G1. 请问是否是本地户口？【单选】

是	1	【跳答 G3】
不是	2	【作答 G2】

G2. 请问您在本地连续居住多久了？【单选】

6 个月及以上	1	【作答 G3】
不足 6 个月	2	【结束访问】

G3. 请问您的年龄是？【单选】_____周岁【填具体周岁年龄，范围与所选选项一致】

14 周岁及以下	1	【结束访问】
15 - 24 周岁	2	
25 - 59 周岁	3	【作答 G4】
60 - 69 周岁	4	
70 周岁及以上	5	【结束访问】

G4. 受访者性别？【单选】

男	1	女	2

一、捐款行为

A1. 请问过去三年内，您是否捐过款？【单选】

从来没有过	1	【跳答 B1 题】
捐过	2	【继续作答 A1.1】

A1.1 您过去三年平均每年捐款_____次？【填数字】

A2. 过去 12 个月内，您一共捐款过_____次【填整数，如填 0 次，请跳转至 B1 题】

A2.1 过去 12 个月里，您捐款是否是有规律的？【单选】

没有什么规律	1	每月都捐	3
每周都捐	2	每季度都捐	4

A2.2 过去 12 个月，您的捐款金额加起来大概是_____元？【填数字】

A3. 请问在过去 12 个月内，您主要捐款给哪个领域？（可出示 Pad）
【可多选】【选项 11 与其他互斥】

艺术文化（如历史文化遗产保护、博物馆等）	1
医疗健康（如患者及家属、疾病预防与治疗等）	2
灾害救援（如地震、洪灾等灾害救援和重建等）	3
生态环境（如自然环境保护、动植物保护）	4
宗教组织与活动（如寺庙、基督教堂、清真寺等）	5
扶贫与社区发展（如贫困地区修路盖房、生计与社区发展等）	6
公众倡导（如性别意识倡导、维权与社会行动等）	7
教育助学（如乡村小学、初中或大学等）	8
体育活动（如体育赛事和活动等）	9
科学研究（如自然科学研究项目与实验等）	10
不特定领域	11
其他（请注明）_____	12

A3.1 过去 12 个月内，您是否向国际援助和发展项目捐过款？【单选】

是	1
否	2
不清楚	3

A4. 过去 12 个月内，您捐款资助的主要受益对象是？请根据捐赠额度
进行选择并排序。【选择排序】

捐助额度第一多的对象：_____；

捐助额度第二多的对象：_____；

捐助额度第三多的对象：_____。

儿童青少年	1	残障人士	5
老年人	2	流浪无着人员；	6
妇女	3	不知道	7
外来务工人员	4	其他（请注明）_____	8

A5. 过去 12 个月内，您捐款资助的主要受益对象是？请根据捐赠额度多少进行排序【选择排序】

捐助额度第一多的对象：_____；

捐助额度第二多的对象：_____；

捐助额度第三多的对象：_____。

亲戚	1	不认识的人	5
同事	2	不知道【与其他互斥】	6
朋友	3	其他，请注明_____.	7
邻居	4		

A6. 过去 12 个月内，您主要是通过哪些渠道获得求助募款的信息？【可多选】【可出示 Pad】

纸质媒体（报纸、杂志、公告栏、海报等）	1	社交媒体（如微博、微信转发或朋友圈分享信息）	5
大众媒体（广播、电视）	2	直接电话或街头劝募	6
慈善组织网站、网络文章或视频；	3	公益慈善活动（如义卖、义演或徒步活动等）	7
慈善组织的劝募邮件或短信；	4	家人或熟人口头介绍	8
		其他，请注明_____	9

A6.1 您是否会主动搜寻各类求助或募款信息？【单选】

经常会	1
偶尔会	2
从不	3

A7. 过去 12 个月内，您的捐款方式主要是？【可多选】【可出示 Pad】

直接捐给受益人（不通过其他机构）	1
直接捐给社会组织（例如基金会、社会服务机构、社会团体）	2
通过民政部公布的公募平台（例如腾讯公益、新浪微公益等）捐款	3
通过水滴筹、轻松筹等个人求助和互助平台进行捐款	4

通过民间个人求助和互助团体（例如互助会、老乡会等）	5
通过单位或集体组织捐款（例如单位、社区、学校等组织的募捐）	6
通过宗教团体或宗教场所捐赠（寺庙、基督教堂、清真寺、犹太教堂等）	7
其他（请注明）_____	8

A7.1 过去 12 个月内，您主要通过什么支付方式进行捐款？【可多选】

信用卡或储蓄卡支付	1	现金（包括募捐箱）	4
第三方支付（微信、支付宝等）	2	其他，请注明_____	5
银行柜台转账或邮局汇款	3		

A7.2 过去 12 个月里，您是否选择通过工资账户、银行卡以及第三方平台以每月定期扣除或自动过账（每月定期自动从其银行账户中扣除一定金额）的方式进行过捐款？【单选】

是	1	否	2

A8. 您在捐款之后是否会特别关注以下信息？【可多选，选项 6 与其他互斥】

关注所捐款项是否得到合理使用	1
关注受益人的状况是否得到改善	2
关注受赠组织的运行情况	3
是否收到受赠组织或受益人的感谢	4
其他，请注明_____	5
从不关注	6

A9. 过去 12 个月内，您在捐款后是否会分享相关信息？【可多选，选项 4 与其他互斥】

分享给自己的家人	1
分享给自己的朋友	2
分享了陌生人	3

续表

分享给自己的家人	1
没有分享	4
其他，请注明＿＿＿＿	5

A10. 过去 12 个月内，您在捐款后是否获得了税收的减免？【单选】

是	1	【跳答 A11 题】
否	2	【继续作答 A10.1 题】
不清楚	3	

A10.1 未获得税收减免的主要原因是？【可多选】【可出示 Pad】

我不知道税收减免的政策	1
我不了解具体申请税收减免的程序	2
申报程序太复杂，我觉得麻烦	3
我觉得献爱心没必要申请税收减免	4
不是捐给有免税资格的组织，我无法申请免税	5
其他（请注明）＿＿＿＿	6

A11. 过去 12 个月内，您进行捐款的主要原因有哪些，请根据重要程度进行排序。【排序，可出示 Pad】【作答后跳至第 13 题】

第一重要：＿＿＿＿；

第二重要：＿＿＿＿；

第三重要：＿＿＿＿。

有余力者应该帮助别人	1	捐款可以获得税收的减免	8
被求助或募捐信息所感动	2	捐款是做功德和信仰	9
希望以后需要帮助时别人也可以帮我	3	求助对象是自己熟悉/相信的人	10
信任组织捐款的慈善组织/募捐机构	4	其他（请注明）＿＿＿＿	11
单位组织动员或要求捐款	5		12
有灵活方便的捐助途径与平台	6		
捐款体现了公民责任	7		

B1. 请问您家人过去 12 个月内是否进行过捐款？【单选】

是	1
否	2
不清楚	3

B2. 请问过去 12 个月内您所在工作单位是否组织过捐款？【单选】

是	1
否	2
不清楚	3

B3. 过去 12 个月内您是否看到过其他求助捐款信息（如网上求助、公开募捐等）？【单选】

是	1
否	2
记不清	3

B4. 您对捐款行为怎么看？【可多选，随机勾】【可出示 Pad】

是否捐款是个人的自由	1	没什么钱也可以捐款	5
捐款是有道德的行为	2	捐款是为了追求名声	6
有钱人才会经常捐款	3	不能随意捐款，应该仔细判断	7
捐款不应该追求回报	4	其他，请注明_____	8

B5. 您认为捐款与慈善是什么关系？【单选】

慈善就是捐款	1
慈善除了捐款还有其他方式	2
捐款不一定是慈善	3

A12. 【A1 题选 1 的受访者与 A2 填 0 的受访者】您几乎不进行捐款的原因有哪些？【选择排序】

第一重要：_____；

第二重要：_____；

第三重要：_____。

捐款解决不了多大问题	1	不能辨别求助者信息的真假	8
捐款又不能给我带来什么好处	2	没有方便可靠的捐助途径和平台	9
周围的人很少有捐款的	3	希望是捐赠物资或其他方式而不是金钱	10
没有足够的钱去进行捐助	4	担心所捐款项不能得到合理使用	11
没有相关的求助/募款信息来源	5	其他（请注明）_____	12
不相信组织捐款的慈善组织/募捐机构	6	没什么原因	13
求助/募捐信息不能引起我的共鸣	7		

二、捐款意愿

A13. 未来如果您要捐款，您更愿意捐款给哪个领域？【可多选，选项 11、13 与其他互斥】【可出示 Pad】

艺术文化（如历史文化遗产保护、博物馆等）	1
医疗健康（如患者及家属、疾病预防与治疗等）	2
灾害救援（如地震、洪灾等灾害救援和重建等）	3
生态环境（如自然环境保护、动植物保护）	4
宗教组织与活动（如寺庙、基督教堂、清真寺等）	5
扶贫与社区发展（如贫困地区修路盖房、生计与社区发展等）	6
公众倡导（如性别意识倡导、维权与社会行动等）	7
教育助学（如乡村小学、初中或大学等）	8
体育活动（如体育赛事和活动等）	9
科学研究（如自然科学研究项目与实验等）	10
不特定领域	11
其他（请注明）_____	12
我不愿意捐款【跳答 A18 题】	13

A14. 未来如果您要捐款，您更愿意捐款给哪些对象？【可多选】

儿童青少年	1	残障人士	5
青年人	2	流浪无着人员	6

老年人	3	不知道【与其他选项互斥】	7
妇女	4	其他人（请注明）_____	8
外来务工人员	5		

A15. 未来如果您要捐款，您是否愿意捐给国际援助和发展项目？【单选】【"不清楚"选项不读出】

很愿意	1
比较愿意	2
不清楚	3
不太愿意	4
不愿意	5

A16. 未来如果您要捐款，您更希望从哪些渠道获得求助和募款信息？【可多选】【可出示 Pad】

纸质媒体（报纸、杂志、公告栏、海报等）	1	社交媒体（如微博、微信转发或朋友圈分享信息）	5
大众媒体（广播、电视）	2	线下募款及慈善活动	6
慈善组织网站、网络文章或视频	3	家人或朋友的介绍	7
慈善组织的劝募邮件或短信	4	其他，请注明_____	8

A17. 未来如果您要捐款，您会优先选择捐款的方式是？请根据意愿大小进行排序。【选择排序】

第一：_____；

第二：_____；

第三：_____。

直接捐给受益人（不通过其他机构）	1
直接捐给社会组织（例如基金会、社会服务机构、社会团体）	2
通过民政公布的公募平台（例如腾讯公益、新浪微公益等）捐款	3
捐给水滴筹、轻松筹等个人求助和互助平台	4

通过民间个人求助和互助团体（例如互助会、老乡会等）	5
通过单位或集体组织捐款（例如单位、社区、学校等组织的募捐）	6
通过宗教团体或宗教场所捐赠（寺庙、基督教堂、清真寺、犹太教堂等）	7
其他（请注明）_____	8

A17.1 如果您要捐款，您最愿意选择何种渠道或方式进行捐款？【单选】

信用卡或储蓄卡支付	1	现金（包括募捐箱）	4
第三方支付（微信、支付宝等）	2	其他，请注明_____	5
银行柜台转账或邮局汇款	3		

A17.2. 您是否愿意采用通过工资账户、银行卡以及第三方平台以每月定期扣除的方式进行捐款？【单选】

是	1
否	2
不确定	3

A18. 您对慈善组织发布的募捐信息的总体信任程度可以打多少分？（1~10分，分数越高表示越信任）【A18~A22题均为单选】

1	2	3	4	5	6	7	8	9	10

A19. 您对慈善组织能够恰当使用捐款的总体信任程度可以打多少分？（1~10分，分数越高表示越信任）

1	2	3	4	5	6	7	8	9	10

A20. 您对目前国内捐赠环境的满意度可以打多少分？（1~10分，分数越高表示越满意）

1	2	3	4	5	6	7	8	9	10

中国公众捐款

A21. 您对您自己捐赠行为的满意度为多少分？（1~10分，分数越高表示越满意）

1	2	3	4	5	6	7	8	9	10

A22. 您在未来一年里的捐款意愿如何？（1~10分，分数越高表示捐款意愿越高）

1	2	3	4	5	6	7	8	9	10

A23. 您对以下说法的态度是怎样的？是非常赞成、比较赞成、比较不赞成还是非常不赞成？【逐行单选】

题目	非常不赞成	比较不赞成	一般	比较赞成	非常赞成	
每个人都有义务帮助他人	1	2	3	4	5	A23.1
能够帮助到别人对我来说很重要	1	2	3	4	5	A23.2
有困难的人们理应得到他人的帮助	1	2	3	4	5	A23.3
政府理应对有困难的人提供援助	1	2	3	4	5	A23.4
多数公益慈善组织能够有效地使用善款	1	2	3	4	5	A23.5
公益慈善组织在解决社会问题中发挥重要作用	1	2	3	4	5	A23.6
大多数公益慈善组织是值得信任的	1	2	3	4	5	A23.7
有困难应该找政府	1	2	3	4	5	A23.8
政府可以代替公益慈善组织来帮助有需要的人	1	2	3	4	5	A23.9
遇到困难应该自己想办法解决	1	2	3	4	5	A23.10

A24. 您出生日期是_____年____月【填写数字（年：1950~2004；月：1~12）】

A25. 您最近一年是否有连续在外地工作超过6个月的经历？【单选】

是	1
否	2

A26. 您已经取得的最高学历是？【单选】

小学及以下	1	大专	4
初中	2	大学本科	5
高中、中专、技校	3	硕士及以上	6

A27. 您的政治面貌是？【单选】

共产党员	1	民主党派	4
共青团员	2	其他	5
群众	3		

A28. 您的民族是？【单选】

汉族	1	朝鲜族	5
回族	2	满族	6
蒙古族	3	藏族	7
苗族	4	其他请注明_____	8

A29. 您的宗教信仰是？【单选】

无	1	道教	5
佛教	2	民间信仰（如妈祖、关公等）	6
基督教	3	其他，请注明_____	7
伊斯兰教	4		

A30. 您的婚恋状况是？【单选】

未婚	1
已婚	2
离婚	3
丧偶	4
其他，请注明_____	5

A30.1 您是否有孩子？【单选】

否	1	【跳答 A32 题】
是	2	【继续回答 A31 题】

A31. 您子女的数量是_____，其中 18 岁以下的有_____个？
【两空均填整数】

A32. 您户口是哪里的？【单选】

本地城镇户口	1	外地城镇户口	3
本地农村户口	2	外地农村户口	4

A33. 您目前的职业（或您退休前的职业）是？【单选】

国家机关、党群组织、企业、事业单位负责人	1
专业技术人员（医护、教师或其他专业工作者）	2
办事人员和有关人员	3
商业、服务业人员	4
农、林、牧、渔、水利业生产人员	5
生产、运输设备操作人员及有关人员	6
军人	7
全日制学生	8
其他（请注明）	9

A34. 您是否接受过其他人或组织的捐赠？【单选】

很多次	1
偶尔有	2
从来没有	3

A35. 您是否做过志愿服务？【单选】

做过很多	1
做过一些	2
没有做过	3

A36. 您家一共_____口人？【填整数】

A37. 每个月您全家所有人的总收入（包括所有家庭成员的工资、奖金及补助津贴等收入）大概是多少_____元？【单选＋填数字】

少于 3000 元	1	1 万 ~2 万元	5
3001 ~5000 元	2	2 万 ~5 万元	6
5001 ~8000 元	3	5 万元以上	7
8001 ~1 万元	4		

A38. 您个人平均每个月的收入（包括工资、奖金及补助津贴等所有的收入来源）大约是_____元？【单选＋填数字】

少于 2000 元	1	1 万 ~2 万元	5
2001 ~5000 元	2	2 万 ~5 万元	6
5001 ~8000 元	3	5 万元以上	7
8001 ~1 万元	4		

A39. 按 2018 年的收支情况，您家的生活水平在本地大体属于哪个层次？【单选】

上层	1	中下层	4
中上层	2	下层	5
中层	3	不好说	6

A40. 您认为所居住的社区/村人与人之间的关系怎么样？【单选】

很好	1	不太好	4
比较好	2	很不好	5
一般	3	不好说	6

A41. 总体而言，您对自己所过的生活的感觉怎么样？【单选】

非常不幸福	1	幸福	4
不幸福	2	非常幸福	5
一般	3		

A42. 您对未来更美好的生活是否有信心？【单选】

很有信心	1	不太有信心	4
比较有信心	2	没有信心	5
一般	3		

C1. 被访者电话_____；姓名：_____
邮箱：_____；【邮箱非必答】

再次感谢您参加我们的问卷调查，祝您生活愉快！

参考文献

安娜青、崇维祥,2014,《突破与珍视:现代公益的理念认知》,《湖南人文科技学院学报》第6期。

安树彬,2016,《慈善法前沿问题研究》,厦门大学出版社。

敖芬芬,2014,《组织信任研究综述》,《现代商贸工业》第6期。

北京青少年发展基金会,"善薪月捐计划",https://www.bjydf.cn/portal.php?mod=list&catid=79,最后访问日期:2019年11月8日。

贝恩公司、联合之路,2019,《中国互联网慈善:激发个人捐赠热情》,第2页。

彼得·辛格,2019,《行最大的善:实效利他主义改变我们的生活》,陈玮、姜雪竹译,生活·读书·新知三联书店。

彼德·布劳,1988,《社会生活中的交换与权力》,孙非、张黎勤译,华夏出版社。

毕素华,2015,《官办型公益组织的价值突围》,《学术研究》第4期。

毕素华、张萌,2015,《联合劝募:慈善组织管理与运行的新机制研究》,《南京师大学报》(社会科学版)第6期。

毕向阳、晋军、马明洁、何江穗,2010,《单位动员的效力与限度:对我国城市居民"希望工程"捐款行为的社会学分析》,《社会学研究》第6期。

布鲁克斯,2008,《谁会真正关心慈善》,王青山译,社会科学文献出版社。

布罗代尔,1997,《资本主义的动力》,杨起译,生活·读书·新知三联书店。

岑大利,1998,《清代慈善机构述论》,《历史档案》第1期。

朝黎明,2016,《公募基金会与非公募基金会财务状况之比较》,《财会月刊》第 12 期。

陈丽红、张龙平、杨平，2015，《慈善组织特征、信息披露与捐赠收入》，《当代财经》第 11 期。

陈丽红、张龙平等，2014，《慈善基金会特征、审计师选择与捐赠决策》，《审计研究》第 5 期。

陈鲁南，2016，《也说"慈善"与"公益"》，《中国民政》第 4 期。

陈天祥、姚明，2012，《个人捐赠非营利组织的行为影响因素研究——基于广州市的问卷调查》，《浙江大学学报》（人文社会科学版）第 4 期。

陈一丹等，2019，《中国互联网公益》，中国人民大学出版社。

邓国胜，2007，《个人捐赠是慈善事业发展的基石》，《中州学刊》第 1 期。

邓国胜，2017，《移动互联网时代公益组织发展的新格局》，《国家治理》第 8 期。

邓国胜等，2009，《响应汶川：中国救灾机制分析》，北京大学出版社。

邓玮，2013，《城市居民慈善意识影响因子分析及动员策略》，《重庆大学学报》（社会科学版）第 3 期。

丁美东，2008，《个人慈善捐赠的税收激励分析与政策思考》，《当代财经》第 7 期。

杜兰英、侯俊东、赵芬芬，2012，《中国非营利组织个人捐赠吸引力研究》，科学出版社。

杜兰英、赵芬芬、侯俊东，2012，《基于感知视角的非营利组织服务质量、捐赠效用对个人捐赠意愿影响研究》，《管理学报》第 1 期。

费孝通，1998，《乡土中国　生育制度》，北京大学出版社。

费孝通，2012，《乡土中国》，北京大学出版社。

夫马进，2005，《中国善会善堂史研究》，伍跃、杨文信、张学锋译，商务印书馆。

夫马进，2006，《中国善会善堂史——从"善举"到"慈善事业"的发展》，胡宝华译，《中国社会历史评论》第 7 卷。

高功敬、高鉴国，2009，《中国慈善捐赠机制的发展趋势分析》，《社会科学》第 12 期。

高鉴国，2010，《美国慈善捐赠的外部监督机制对中国的启示》，《探索与争鸣》第 7 期。

高文兴编译，2013，《如何利用社交媒体进行募款（上）》，《中国银行保险报》10 月 11 日，第 6 版。

耿云，2011，《西方国家慈善理念的嬗变》，《中国宗教》第 12 期。

公益筹款人联盟项目组，2017，《2015—2016 年度中国第三方线上平台公众公益参与方式研究报告》，内部资料。

郭俊华、刘琼，2018，《公众慈善捐赠行为的影响因素研究——以上海市为例》，《实证社会科学》第 2 期。

韩俊魁，2015，《中国购买服务进程中的政府 - 非营利组织关系：类法团主义和类多元主义的实践及其挑战》，载王名主编《中国非营利评论》第 15 卷，社会科学文献出版社。

韩俊魁，2017a，《台湾的宗教格局与宗教慈善：基于多重契约理论框架的解释》，载王名主编《中国非营利评论》第 19 卷，社会科学文献出版社。

韩俊魁，2017b，《中国政府实现购买服务战略目标之障碍与对策：基于中外比较视野》，《华南师范大学学报》（社会科学版）第 1 期。

何欣禹，2019，《网络捐款，你还信吗?》，《人民日报海外版》5 月 15 日，第 8 版。

贺宏，2018，《慈善捐赠所得税扣除的制度思考》，《税务研究》第 3 期。

侯娟、邹泓、姜斌，2009，《大学生公正信念的特点及其对社会信任感的影响》，第十二届全国心理学学术大会论文，北京。

侯俊东，2013，《个人捐赠者信任受损的内涵及其决定因素》，《中国地质大学学报》（社会科学版）第 4 期。

侯俊东、杜兰英，2011，《影响个人捐赠决策的感知特性及其维度结构——基于中国的实证经验》，《公共管理学报》第 2 期。

侯俊东、庄小丽，2016，《捐赠者会关心非营利组织的运作效率吗？——来自中国基金会的经验证据》，《中国地质大学学报》（社会科学版）第 3 期。

宦晓渝，2009，《从弱势群体的网络求助探析网络媒体责任——以"酒鬼妹妹"事件为例》，《新闻爱好者》第 22 期。

黄建圣、马宁，2008，《清善会善堂向近代慈善组织的转型》，《南通大学学报》第 3 期。

黄嵩，2015，《你搞得清第三方支付和互联网支付吗?》，公众号"黄嵩资本
　　论"12 月 14 日。

黄有光，2005，《社会选择的基本问题与人际可比基数效用的悖论》，《北京
　　大学学报》（哲学社会科学版）第 5 期。

吉登斯，1998，《现代性与自我认同》，赵旭东、方文译，三联书店。

吉登斯，2000，《现代性的后果》，田禾译，译林出版社。

菅宇正，2018，《筹款总额超 25 亿，公募慈善组织参与占比偏低》，《公益
　　时报》3 月 6 日，第 8 版。

姜鹏飞，2010，《18 世纪英国慈善事业组织和运行机制初探》，《首都师范大
　　学学报》第 6 期。

蒋晶，2014，《影响我国个人捐赠者捐赠决策过程的心理机制——基于情感
　　适应理论的实证研究》，《中国软科学》第 6 期。

蒋军洲，2016，《慈善捐赠的世界图景：以罗马法、英美法、伊斯兰法为中
　　心》，法律出版社。

金锦萍，2011，《慈善法：以慈行善之法》，《检察日报》10 月 14 日，第 5 版。

金锦萍，2016，《个人求助是人的自然权利》，《中国财富》第 2 期。

金锦萍，2017，《〈慈善法〉实施后网络募捐的法律规制》，《复旦大学学
　　报》（社会科学版）第 4 期。

瞿同祖，2005，《清代地方社会》，范忠信、晏锋译，法律出版社。

康乐，2013，《非营利组织文化对个人捐赠决策影响研究》，博士学位论文，
　　华中科技大学。

莱斯特·M. 萨拉蒙、S. 沃加斯·索科洛斯基，2007，《全球公民社会：非
　　营利部门国际指数》，陈一梅等译，北京大学出版社。

李昌禹等，2019，《互联网 + 公益 爱心添动力（大数据观察)》，《人民日报》
　　5 月 28 日，第 20 版。

李春玲，2005，《当代中国社会的声望分层：职业声望与社会经济地位指数
　　测量》，《社会学研究》第 2 期。

李方、王振耀，2013，《我国社会还很缺乏现代慈善理念》，"中国经济网"
　　3 月 24 日。

李芳，2008，《慈善性公益法人研究》，博士学位论文，山东大学。

李芳，2015，《慈善法应界定为"公益慈善法"申论》，《东方论坛》第 6 期。

李丽，2014，《大学生捐赠态度及其与社会信任度的关系研究》，硕士学位论文，重庆大学。

李琴琴，2013，《公募基金会信息披露模式研究》，硕士学位论文，哈尔滨工业大学。

李维安、姜广省、卢建词，2017，《捐赠者会在意慈善组织的公益项目吗——基于理性选择理论的实证研究》，《南开管理评论》第 4 期。

李伟民、梁玉成，2002，《特殊信任与普遍信任：中国人信任的结构与特征》，《社会学研究》第 2 期。

李喜燕，2015，《非利他性视角下慈善捐赠的立法激励》，《河北大学学报》（哲学社会科学版）第 5 期。

李洋、马昕，2019，《法治之光照亮慈善未来——我国慈善事业经历从量变到质变的历史性飞跃》，《中国社会报》4 月 2 日。

李泳、廖超瑾，2016，《市民慈善捐赠态度探析——以西南地区为例》，《社会工作与管理》第 16 期。

李珠，2018，《富人阶层捐赠影响因素与政策引导机制研究》，《中国行政管理》第 2 期。

梁其姿，2001，《施善与教化——明清的慈善组织》，河北教育出版社。

梁文美，2012，《中国"零钱慈善"模式研究》，硕士学位论文，清华大学。

林悟殊，1997，《潮汕善堂文化及其初入泰国考略》，《海交史研究》第 2 期。

刘凤芹、卢玮静，2013，《社会经济地位对慈善捐款行为的影响》，《北京师范大学学报》（社会科学版）第 3 期。

刘继同，2010，《慈善、公益、保障、福利事业与国家职能角色的战略定位》，《南京社会科学》第 1 期。

刘力、阮荣平，2018，《信仰与捐赠：宗教让人更加慷慨了吗?》，《南方经济》第 11 期。

刘丽珑、林东海，2019，《非营利组织信息披露质量提升能否改进组织绩效? ——以双向固定效应模型的实证分析为例》，《东南学术》第 2 期。

刘能，2004，《中国都市地区普通公众参加社会捐助活动的意愿和行为取向分析》，《社会学研究》第 2 期。

刘培峰，2012，《宗教与慈善——从同一个站台出发的列车或走向同一站点的不同交通工具?》，《世界宗教文化》第 1 期。

刘太刚、吴峥嵘，2017，《个人的公益捐赠越多越好吗?——基于中美两国的比较和需求溢出理论资源效率论的维度》，《江苏行政学院学报》第 4 期。

刘武、杨晓飞、张进美，2010，《城市居民慈善行为的群体差异——以辽宁省为例》，《东北大学学报》（社会科学版）第 5 期。

刘选国，2012，《中国公募基金会筹资模式的发展和创新探析》，载王名主编《中国非营利评论》第 9 卷，社会科学文献出版社。

刘亚莉、王新、魏倩，2013，《慈善组织财务信息披露质量的影响因素与后果研究》，《会计研究》第 1 期。

刘艳明，2008，《居民慈善捐赠行为研究——以长沙市 P 社区为例》，硕士学位论文，中南大学。

刘志明，2015，《非营利组织在线问责实践会影响组织的捐赠收入吗?》，《中南财经政法大学学报》第 2 期。

刘志明，2017，《慈善组织财务信息披露对捐赠决策的影响研究——对个人捐赠者和机构捐赠者的对比分析》，《福建行政学院学报》第 5 期。

柳森，2017，《见识丨互联网公益时代真的来了》，《解放日报》官网"上观"9 月 9 日，https://www.shobserver.com/news/detail? id=64440，最后访问时间：2020 年 1 月 30 日。

吕鑫，2016，《法律中的慈善》，《清华法学》第 6 期。

罗伯特·H. 伯姆纳，2017，《捐赠：西方慈善公益文明史》，褚蓥译，社会科学文献出版社。

罗公利、刘慧明、边伟军，2009，《影响山东省私人慈善捐赠因素的实证分析》，《青岛科技大学学报》（社会科学版）第 3 期。

罗进辉，2014，《独立董事的明星效应：基于高管薪酬 - 业绩敏感性的考察》，《南开管理评论》第 3 期。

马剑银，2008，《法律移植的困境——现代性、全球化与中国语境》，《政法论坛》第 2 期。

马剑银，2012，《破解中国公益组织的治理困境——从"郭美美事件"中的红十字会谈起》，载国家民间组织管理局编《2011 年中国社会组织理论研究文集》，中国社会出版社。

马剑银，2016a，《大慈善＝公益吗？——对慈善立法的文化语境解读》，《法制日报》3 月 23 日，第 10 版。

马剑银，2016b，《"慈善"的法律界定》，《学术交流》第 7 期。

马克·A. 谬其克、约翰·威尔逊，2013，《志愿者》，魏娜等译，中国人民大学出版社。

马修·毕索普、迈克尔·格林，2011，《慈善资本主义——富人在如何拯救世界》，丁开杰等译，社会科学文献出版社。

民政部，2016，"民政部公布首批慈善组织互联网募捐信息平台名单"，http://www.gov.cn/fuwu/2016－08/31/content_5103903.htm。

民政部救灾救济司，1998，《捐赠工作资料汇编》，内部资料。

南方、罗微，2013，《社会资本视角下城市居民捐款行为的影响因素分析》，《北京师范大学学报》（社会科学版）第 3 期。

南锐、汪大海，2013，《慈善环境对我国居民慈善捐赠影响的实证研究——基于 1997—2011 年的数据分析》，《当代财经》第 6 期。

潘珺、赖露、余玉苗，2015，《公益基金会信息透明度、审计师选择与捐赠人捐赠行为》，《社会保障研究》第 6 期。

彭泗清，1999，《信任的建立机制：关系运作与法制手段》，《社会学研究》第 2 期。

皮磊，2019，《2018 年中国社会捐赠总额预估为 1128 亿元〈慈善蓝皮书：中国慈善发展报告（2019）〉发布》，"公益时报网" 7 月 14 日，http://www.gongyishibao.com/html/gongyizixun/16920.html，最后访问时间：2020 年 1 月 30 日。

乔纳森·特纳，2001，《社会学理论的结构（上）》，邱泽奇等译，华夏出版社。

秦晖，2010，《"大共同体本位"与中国传统社会》，载秦晖《传统十论：本土社会的制度、文化及其变革》，复旦大学出版社。

邱习强，2017，《我国网络募捐综合监管机制研究》，硕士学位论文，山东大学。

曲丽涛，2016，《当代中国网络公益的发展与规范研究》，《求实》第 1 期。

曲顺兰，2017，《税收激励慈善捐赠：理论依据、作用机理与政策体系构建》，《财政经济评论》第 1 期。

全球联合之路、贝恩公司，2018，《中国互联网慈善：激发个人捐赠热情》，https://max. book118. com/html/2019/0513/7164133054002025. shtm，最后访问时间：2020 年 1 月 30 日。

任晓明、高炜、黄闪闪，2012，《网络慈善捐助引发的思考》，《毕节学院学报》第 12 期。

阮清华，2014，《试论近代上海民间慈善事业的网络化发展》，《华东师范大学学报》（哲学社会科学版）第 1 期。

善达网，2018，《中华儿慈会理事长王林：如果不做大做强，就要被淘汰》，搜狐网，http://www. sohu. com/a/225366149_176186，最后访问时间：2019 年 11 月 4 日。

上海联劝公益基金会，2019，《上海联劝公益基金会 2018 年年报》，上海联劝公益基金会官网，https://www. lianquan. org. cn/Know_ShowInfoDisclo-sure？id = 75&file = Picture_GetMaterialPdf% 3Fid% 3D162，最后访问时间：2019 年 11 月 11 日。

上海联劝网，2019，《让公益不至于单纯的指尖公益：新时代下的公益参与》，内部资料。

申商，2019，《累计筹款超过 160 亿，水滴筹的社会企业价值之路》，微信公众号"深响"6 月 21 日。

石国亮，2015，《慈善组织个人捐赠吸引力的实证研究》，《行政论坛》第 5 期。

石中坚，2006，《试述海外潮人社会与家乡善堂事业》，《韩山师范学院学报》第 1 期。

苏媛媛、石国亮，2014，《居民慈善捐赠影响因素分析——基于全国五大城市的调查分析》，《社会科学研究》第 3 期。

隋福毅，2019，《"人人公益"还有多远？为此，我们对比了"99 公益日"和两大国外慈善节》，微信公众号"公益时报"9 月 7 日。

孙立平、晋军、何江穗、毕向阳，1999，《动员与参与——第三部门募捐机制个案研究》，浙江人民出版社。

孙月沐，1994，《为慈善正名》，《人民日报》2月24日，第4版。

唐孜孜，2018，《第二批网络募捐平台开选 首批平台4家被约谈1家退出》，《南方都市报》1月8日。

腾讯公益，2019，"月捐页面"，https://gongyi.qq.com/loveplan/index.htm，最后访问日期：2019年10月11日。

王名，2014，《现代慈善与公民社会——实践发展、制度建设与理论研究》，《北航法律评论》第1辑。

王名，2016a，《中国公益慈善：发展、改革与趋势》，《中国人大》第7期。

王名，2016b，《慈善法将推进全新国家社会关系格局的建构》，《中国民政》第13期。

王名、徐宇珊，2008，《基金会论纲》，载王名主编《中国非营利评论》第2卷，社会科学文献出版社。

王妮丽，2004，《信任、捐赠与非营利组织的信息披露》，《学术探索》第8期。

王琴、周锐，2010，《清末民初传统慈善组织与教会慈善组织之比较》，《黑龙江史志》第17期。

王青，2012，《当前我国慈善组织应对信任危机的理性选择刍议》，《知识经济》第4期。

王少辉、高业庭、余凯，2015，《基于移动互联网的慈善捐赠运行机制研究——以湖北省"拯救一斤半早产儿"慈善募捐活动为例》，《电子政务》第3期。

王守杰，2009，《慈善观念从传统恩赐向现代公益的转型与重构》，《河南师范大学学报》（哲学社会科学版）第2期。

王卫平，2005，《论中国传统慈善事业的近代转型》，《江苏社会科学》第1期。

王言虎，2019，《小凤雅家属诉陈岚案：精英想象勿踩踏底层尊严》，《新京报》8月15日，第3版。

王勇，2019a，《民政部公布互联网公募平台2018年度考核情况 2018年互联网公募平台筹集善款 31.7 亿元》，"公益时报网" 4 月 9 日，http://www.gongyishibao.com/html/yaowen/16346.html，最后访问时间：2019 年 7 月 22 日。

王勇，2019b，《中国慈善联合会发布〈2018 年度中国慈善捐助报告〉2018 年全国接收捐赠 1624.15 亿元》，"公益时报网" 9 月 24 日，http://www.gongyishibao.com/html/yaowen/17358.html，最后访问时间：2019 年 7 月 22 日。

王振耀，2012，《宗教与中国现代慈善转型——兼论慈悲、宽容、专业奉献及养成教育的价值》，《世界宗教文化》第 1 期。

王振耀、童潇，2013，《现代公益和现代慈善的兴起和培育——北京师范大学王振耀教授访谈》，《甘肃社会科学》第 1 期。

王志清，2018，《对网络捐助中"个人求助"法律问题的研究》，《山东农业工程学院学报》第 8 期。

温彩霞，2011，《现行公益性捐赠税收政策汇总解析》，《中国税务》第 6 期。

乌尔希里·贝克，2018，《风险社会：新的现代性之路》，张文杰、何博闻译，译林出版社。

吴强，2018，《"两光之争"的背后：公益事业、资本主义和意识形态》，《文化纵横》第 1 期。

席珺，2018，《网络众筹平台法律问题研究——以"轻松筹"中个人求助为研究样本》，《吕梁学院学报》第 2 期。

谢忠强，2010，《"官赈"、"商赈"与"教赈"：近代救灾主体的力量合流——以"丁戊奇荒"山西救灾为例》，《华南农业大学学报》（社会科学版）第 2 期。

辛美娜，2008，《我国慈善组织公信力问题探讨》，硕士学位论文，内蒙古大学公共管理学院。

徐家良，2018，《互联网公益：一个值得大力发展的新平台》，《理论探索》第 2 期。

徐家良、郝斌、卢永彬，2015，《个人被动捐赠影响因素的探索性研究——以上海地区公众为例》，《学习与实践》第 3 期。

徐永光，2019，《30 年公益进退如之何？——在 2019 年中国基金会发展论坛上的发言》，微信公众号"南都公益基金会"11月23日。

徐宇珊、韩俊魁，2009，《非营利组织筹款模式研究——兼论世界宣明会筹款模式》，载王名主编《中国非营利评论》第4卷，社会科学文献出版社。

徐苑，2006，《大峰祖师、善堂及其仪式：作为潮汕地区文化体系的潮汕善堂综述》，硕士学位论文，厦门大学。

薛泽长、丁玮，2019，《众筹平台个人求助的法律责任及规制》，《学理论》第7期。

亚里士多德，1994，《政治学》第6卷，载亚里士多德《亚里士多德全集》（第9卷），苗力田译，中国人民大学出版社。

亚瑟·C.布鲁克斯，2008，《谁会真正关心慈善》，王青山译，社会科学文献出版社。

晏艳阳、邓嘉宜、文丹艳，2017，《邻里效应对家庭社会捐赠活动的影响：来自中国家庭追踪调查（CFPS）数据的证据》，《经济学动态》第2期。

杨剑利，2000，《晚清社会灾荒救治功能的演变——以"丁戊奇荒"的两种赈济方式为例》，《清史研究》第4期。

杨团主编，2016，《中国慈善发展报告（2016）》，社会科学文献出版社。

杨永娇、史宇婷、张东，2019，《个体慈善捐赠行为的代际效应——中国慈善捐赠本土研究的新探索》，《社会学研究》第1期。

杨永娇、张东，2017，《中国家庭捐赠的持续性行为研究》，《学术研究》第10期。

姚俭建，2003，《美国慈善事业的现状分析：一种比较视角》，《上海交通大学学报》第1期。

叶晓君，2018，《技术神话光环下的中国慈善公益》，《文化纵横》第5期。

俞李莉，2013，《美国个人捐赠是如何发展起来的》，《中国社会报》7月1日，第4版。

玉苗，2014，《论现代公益与传统慈善的关系》，《学会（月刊）》第8期。

曾桂林，2018，《从"慈善"到"公益"：近代中国公益观念的变迁》，《文化纵横》第1期。

曾建光、张英、杨勋，2016，《宗教信仰与高管层的个人社会责任基调——

基于中国民营企业高管层个人捐赠行为的视角》，《管理世界（月刊）》第 4 期。

展宏菲，2018，《网络慈善中个人求助的法理分析》，《中国集体经济》第 15 期。

张北坪，2006，《大学生"网络求助"：时尚背后的困境——以某大学学生"卖身救母"事件为例》，《青年研究》第 11 期。

张晨怡，2019，《慈善类草根非营利组织的个人捐赠吸引力研究——以广州"乐助会"为例》，《现代交际》第 12 期。

张建俅，2007，《中国红十字会初期发展之研究》，中华书局。

张进美、杜潇、刘书海，2018，《城市居民不同收入群体慈善捐款行为研究》，《山东理工大学学报》第 4 期。

张进美、杜潇、刘书梅，2018，《城市居民不同收入群体慈善捐款行为研究》，《山东理工大学学报》（社会科学版）第 4 期。

张进美、刘武，2011，《公民慈善捐赠行为研究综述》，《社会工作》（学术版）第 5 期。

张蕾，2019，《"水滴筹"发起人被判全额退款》，《北京晚报》11 月 6 日，第 7 版。

张立民、曹丽梅、李晗，2012，《审计在基金会治理中能够有效发挥作用吗》，《南开管理评论》第 2 期。

张璐萌，2016，《我国公募基金会联合劝募的运作路径及困境研究》，硕士学位论文，首都经济贸易大学。

张敏，2007，《透视"网络求助心理代价"——兼议报纸对网络道德监督偏差的修正》，《东南传播》第 5 期。

张楠、王名，2018，《公益 4.0：中国公益慈善的区块链时代》，载王名主编《中国非营利评论》第 23 卷，社会科学文献出版社。

张强、韩莹莹，2015，《中国慈善捐赠的现状与发展路径——基于中国慈善捐助报告（2007—2013）的分析》，《探索与争鸣》第 5 期。

张网成，2013，《我国公民个人慈善捐赠流向问题研究》，《中国软科学》第 8 期。

张杨波、侯斌，2019，《重新理解网络众筹：在求助与诈捐之间——以罗尔事件为例》,《山东社会科学》第 2 期。

赵海林,2010,《个人慈善捐赠模式探析》,《淮阴师范学院学报》(哲学社会科学版)第 2 期。

赵文聘,2019,《网络公益发展中的瓶颈问题及其消解》,《理论探索》第 3 期。

郑功成,2006,《中共慈善事业的发展与方向》,《北京观察》第 11 期。

郑渭心、石浩天,2019,《公益事业的中国进度》,《经济观察报》9 月 7 日。

中国慈善联合会,2019,"2018 年度中国慈善捐助报告",http://www.charityalliance.org.cn/u/cms/www/201909/23083734i5wb.pdf。

中国发展简报,2019,《首份中国大陆公益行业月捐人调研结果发布》,中国发展简报网 1 月 11 日,http://www.chinadevelopmentbrief.org.cn/news - 22461.html,最后访问时间:2019 年 10 月 11 日。

中国扶贫基金会,http://www.cfpa.org.cn/,最后访问时间:2019 年 7 月 30 日。

中国企业家调查系统,2007,《企业家对企业社会责任的认识与评价——2007 年中国企业经营者成长与发展专题调查报告》,《管理世界》第 6 期。

中国心理学会,2009,《第十二届全国心理学学术大会论文摘要集》。

中国信息技术公益联盟,2018,《中国信息技术公益发展白皮书 V3.0》,内部资料。

周晋三,2019,《社会引领 | 2018 十大互联网募捐平台募捐总额突破三十亿元,参与人次超十亿》,微信公众号"中国公益研究院"10 月 9 日。

周振鹤,2015,《中国历史政治地理十六讲》,中华书局。

周正、周方召、周旭亮,2010,《非营利组织"三次分配"的社会福利效应——兼论政府对非营利组织的财政激励规制》,《经济管理》第 11 期。

朱浒,2005,《跨地方的地方性实践——江南善会善堂向华北的移植》,《中国社会历史评论》第 1 期。

朱健刚、刘艺非,2017,《中国家庭捐赠规模及影响因素分析》,《中国人口科学》第 1 期。

朱文生,2017,《我国慈善捐赠的税收激励政策研究》,硕士学位论文,江西财经大学财税与公共管理学院。

朱燕菲、丁姝娟、闫肃，2017，《大学生在新型社交媒体上慈善捐赠的行为特征及其影响因素探究》，《青少年学刊》第3期。

朱英，1999，《戊戌时期民间慈善公益事业的发展》，《江汉论坛》第5期。

朱迎春、靳东升，2016，《企业公益捐赠税收政策研究》，《税务研究》第8期。

朱友渔，2016，《中国慈善事业的精神》，中山大学中国公益慈善研究院翻译组译，商务印书馆。

卓高升，2012，《现代西方社会公益精神理论溯源》，《学术论坛》第7期。

资中筠，2015，《财富的责任与资本主义演变——美国百年公益发展的启示》，上海三联书店。

自然之友，2018，《月捐人捐赠习惯调查报告》，内部资料。

邹谠，1986，《中国廿世纪政治与西方政治学》，《政治研究》第3期。

Acs, Zoltan J., Ronnie J. Phillips. 2002. "Entrepreneurship and Philanthropy in American Capitalism." *Small Business Economics* 19 (3): 189 – 204.

Agerstrōm J, Carlsson R., Nicklasson L., et al. 2016. "Using Descriptive Social Norms to Increase Charitable Giving: The Power of Local Norms." *Journal of Economic Psychology* 2016 (52).

Amos, O. M. 1982. "Empirical Analysis of Motives Underlying Individuals Contributions to Charity." *Atlantic Economic Journal* 4 (10): 45 – 52.

Andreoni James. 1990. "Impure Altruism and Donations to Public Goods: a Theory of Warm-glow Giving." *The Economic Journal* 100 (401).

Andreoni J. 1989. "Giving with Impure Altruism: Applications to Charity and Ricardian Equivalence." *The Journal of Political Economy* 97 (6): 1447 – 1458.

Ariely, D., Anat B., Stephan, M. 2009. "Doing Good or Doing Well? Image Motivation and Monetary Incentives in Behaving Prosocially." *The American Economic Review* 99 (1): 544 – 555.

Auten, G. E., Sieg, H., & Clotfelter, C. T. Charitable. 2002. "Giving, Income, and Taxes: an Analysis of Panel Data." *American Economic Review*. 2002:

371 – 382.

Bagozzi R. P. , Moore D. J. 1994. "Public Service Advertisements: Emotions and Empathy Guide Prosocial Behavior. " *Journal of Marketing* 58 (1): 56 – 70.

Barrett Kevin, Anya Mcguirk, Richard Steinberg. 1997. "Further Evidence on the Dynamic Impact of Taxes on Charitable Giving. " *National Tax Journal* 1997, 50 (2).

Bauer T. K. , Bredtmann J. , Schmidt C. M. 2013. "Time vs. Money: The Supply of Voluntary Labor and Charitable Donations in Europe. " *European Journal of Political Economy* 2013 (32).

Becker, H. S. 1974. "Art as Collective Action. " *American Sociological Review* 39 (6): 767 – 776.

Bekkers René, Pamala Wiepking. 2011. "A Literature Review of Empirical Studies of Philanthropy Eight Mechanisms that Drive Charitable Giving. " *Nonprofit and Voluntary Sector Quarterly* 40 (5).

Bekkers René. 2003. "Trust, Accreditation, and Philanthropy in the Netherlands. " *Nonprofit and Voluntary Sector Quarterly* 32 (4).

Bekkers, René, Pamala Wiepking. 2007. "Generosity and Philanthropy: A Literature Review. " this paper is available online as: Beverly V. , Gregory R. , Victoria B. , Faye G. 2005. "The Role of Brand Personality in Charitable Giving: An Assessment and Validation. " *Journal of the Academy of Marketing Science* 33 (3): 295 – 312.

Bendapudi N. , Singh S. N. , Bendapudi V. 1996. "Enhancing Helping Behavior: An Integrative Framework for Promotion Planning. " *Journal of Marketing* 60 (7): 33 – 49.

Bennett Roger. 2012. "Why Urban Poor Donate: A Study of Low-income Charitable Giving in London. " *Nonprofit and Voluntary Sector Quarterly* 41 (5).

Bennett R. , Gabriel H. 2003. "Image and Reputational Characteristics of UK Charitable Organizations: An Empirical Study. " *Corporate Reputation Review* 6 (3): 276 – 289.

Bereczkei, T. , Birkas, B. , Kerekes, Z. 2007. "Public Charity Offer as a Proximate Factor of Evolved Reputation-building Strategy: An Experimental Analysis of a Real-life Situation. " *Evolution and Human Behavior* 28 (4): 277 – 284.

Bolton, G. E. , E. Katok & A. Ockenfels. 2005. " Cooperation among Strangers with Limited Information about Reputation. " *Journal of Public Economics* 8 (89): 1457 – 1468.

Breeze, Beth. 2014. "Philanthropic Journeys: New Insights into the Triggers and Barriers for Long-term Giving and Volunteering. " University of Kent. https:// kar. kent. ac. uk/id/eprint/42741.

Brooks A. C. 2006. *Who Really Cares: The SurprisingTruth About Compassionate Conservatism.* New York: Basic Books.

Brooks, A. C. 2000. " Public Subsidies and Charitable Giving: Crowding Out, Crowding In, or Both?" *Journal of Policy Analysis & Management* 19 (3): 451 – 464.

Brooks, A. C. 2005. "Does Social Capital Make You Generous? " *Social Science quarterly* 86 (1).

Brown, Eleanor, James M. Ferris. 2007. "Social Capital and Philanthropy: An Analysis of the Impact of Social Capital on Individual Giving and Volunteering. " *Nonprofit and Voluntary Sector Quarterly* 36 (1): 85 – 99.

Bruce, I. 1998. *Successful Charity Marketing: Marketing Need.* Hemel Hempstead: ICSA Publishing.

Burt C. , Strongman K. 2004. " Use of Images in Charity Advertising: Improving Donations and Compliance Rates. " *International Journal of Organizational Behavior* 8 (8): 571 – 580.

CAF. 2018. UK Giving 2018: An Overview of Charitable Giving in the UK. Retrieved from https://www. cafonline. org/docs/default-source/about-us-publications/caf-uk-giving – 2018 – report. pdf.

Carlson M. , Charlin V. , Miller N. 1987. "Positive Mood and Helping Behavior: A Test of Six Hypotheses. " *Journal of Personality and Social Psychology* (55): 211 – 229.

Carnegie A. 1889. "Wealth." *The North American Review* 148/391: 653 - 664.

Clary, E. G. & L. Orenstein. 1991. "The Amount and Effectiveness of Help: The Relationship Motives and Abilities to Helping Behavior." *Personality and Social Psychology* 1 (17): 58 - 64.

Coleman, J. S. 1988. "Social Capital in the Creation of Human Capital." *American Journal of Sociology* 1988: 95 - 120.

Ducan, O. D. 1961. "A Socioeconomic Index for All Occupations." *In Occupations and Social Status*, edited by A. J. Reiss. New York: Wiley.

Edwards M. 2008, *Just Another Emperor?: The Myths and Realities of Philanthrocapitalism*. New York: A Network for Ideas & Action and The Young Foundation.

Faircloth J. B. 2005. "Factors Influencing Nonprofit Resource Provider Support Decisions: Applying the Brand Equity Concept to Nonprofits." *Journal of Marketing Theory and Practice* 13 (3): 1 - 15.

Feldstein Martin, Charles Clotfelter. 1976. "Tax Incentives and Charitable Contributions in the United States: A Micro-econometric Analysis." *Journal of Public Economics* 5 (1).

Fong, C. M. , Luttmer, E. F. P. 2011. "Do Fairness and Race Matter in Generosity? Evidence from a Nationally Representative Charity Experiment." *Journal of Public Economics* 95 (5 - 6): 372 - 394.

Friedman, Lawrence J, Mark D. Mcgarvie. 2002. *Charity, Philanthropy, and Civility in American History*. Cambridge: Cambridge University Press.

Gibelman M. , Gelman S. R. 2001. "Very Public Scandals: Nongovernmental Organizations in Trouble." *Voluntas: International Journal of Voluntary and Nonprofit Organizations* 12 (1): 49 - 66.

Giving USA. 2019. Giving USA 2019: Americans Gave $ 427. 71 Billion to Charity in 2018 Amid Complex Year for Charitable Giving. Retrieved from https:// givingusa. org.

Halfpenny, P. 1999. "Economic and Sociological Theories of Individual Charitable Giving: Complementary or Contradictory?" *Voluntas: International Journal of*

Voluntary and Nonprofit Organizations 10 (3): 197 – 215.

Harbaugh W. 1998. "The Prestige Motive for Making Charitable Transfers." *The American Economic Review* 88 (2): 277 – 282.

Harris M. B., Benson S. M., Hall C. L. 1975. "The Effects of Confession on Altruism." *Journal of Social Psychology* (96): 187 – 192.

Heidi, Crumpler & Philip Grossman. 2008. "An Experimental Test of Warm Glow Giving." *Journal of Public Economics* 92 (5).

Himmelfarb, Gertrude. 1991. *Poverty and Compassion: The Moral Imagination of the Late Victorians*, Vintage Books, A Division of Random House, Inc., New York.

Hodgkinson, Virginia A. 1990. "The Future of Individual Giving and Volunteering: The Inseparable Link between Religious Community and Individual Generosity." In *Faith and Philanthropy in America: Exploring the Role of Religion in America's Voluntary Sector*, edited by Robert Wuthnow, Virginia A. Hodgkinson, pp. 284 – 312. San Francisco: Jossey-Bass Publishers.

Huiquan Zhou, Shihua Ye, Legitimacy. 2018. "Worthiness and Social Network: An Empirical Study of the Key Factors Influencing Crowdfunding Outcomes for Nonprofit Projects." *Voluntas: International Journal of Voluntary and Nonprofit Organizations* 2019 (30): 849 – 864

Isen A. M. 1987. "Positive Affect, Cognitive Processes, and Social Behavior." In *Advance in Experimental Social Psychology*, edited by Berkowitz L (20): pp. 203 – 253. San Diego: Academic Press.

James, Davidson & Ralph Pyle. 1994. "Passing the Plate in Affluent Churches: Why some Members Give more than Others." *Review of Religious Research* 36 (2).

Junkui, Han. 2019. The History, Logic and Challenge of Non-Profit Classification in China: Take Non-Profit Legislation as an example. Berlin: LoGoSO Research Papers. https://refubium. fu-berlin. de/bitstream/handle/fub188/25679/12_Han_Junkui_Classifying_non-profit_organisations. pdf? sequence = 1&isAllowed = y.

Keating B., Robert P, David A. 1981. "United Way Contributions: Coercion, Charity or Economic Self-interest. " *Southern Economic Journal* 47 (3): 816 – 823.

Kitching, K. 2009. "Audit Value and Charitable Organizations. " *Account Public Policy* 28 (6): 510 – 524.

Kottasz, R. . 2004. "Differences in the Donor Behavior Characteristics of Young Affluent Males and Females: Empirical Evidence from Britain. " *Voluntas: International Journal of Voluntary and Nonprofit Organizations* 15 (2): 181 – 203.

Lai, H. H. 2005. "The Religious Revival in China. " *The Copenhagen Journal of Asian Studies* 18: 40 – 64.

Lumann, Niklas. 1979. *Trustand Power*. New York: JohnWeley & Sons Chichester.

Lunn, J. and R. Klay, et al. 2001. "Relationships among Giving, Church Attendance, and Religious Belief: The Case of the Presbyterian Church (USA). " *Journal for the Scientific Study of Religion* 40 (4): 765 – 775.

Maire Sinha. 2015. Volunteering in Canada, 2004 to 2013. Retrieved from https:/ /www. statcan. gc. ca.

Merchant A. , Ford J. B. , Sargeant A. 2010. "Charitable Organizations' Storytelling Influence on Donors' Emotions and Intentions. " *Journal of Business Research* 2010 (63) 7: 657 – 786.

Mesch Debra et al. 2006. "The Effects of Race, Gender, and Marital Status on Giving and Volunteering in Indiana. " *Nonprofit and Voluntary Sector Quarterly* 35 (4).

Michel G. , Rieunier S. 2012. "Nonprofit Brand Image and Typicality Influences on Charitable Giving. " *Journal of Business Research* 65 (5): 701 – 707.

Nathan A. , Hallam L. 2009. "A Qualitative Investigation into the Donor Lapsing Experience. " *International Journal of Nonprofit and Voluntary Sector Marketing* 14 (4): 317 – 331.

National Volunteer Week-Census. gov. 2017. New Report: Service Unites Americans ; Volunteers Give Service Worth $184 Billion. Retrieved from https://

www. census. gov/newsroom/stories/2017/april/cb17 – sfs37 – national-vol-unteer-week. html.

North A. C. , Tarrant M. , Hargreaves D. J. 2004. "The Effects of Music on Helping Behavior: A field Study. " *Environment and Behavior* 36 (2): 266 – 275.

O Neil, Michael. 2001. "Research on Giving and Volunteering: Methodological Considerations. " *Nonprofit and Voluntary Sector Quarterly.* 30 (3): 505.

Orley M. Amos Jr. 1982. "Empirical Analysis of Motives Underlying Individual Contributions to Charity. " *Atlantic Economic Journal* 10 (4): 45 – 52.

Parsons, L. M. 2007. "The Impact of Financial Information and Voluntary Disclo-sures on Contributions to Not-for-profit Organizations. " *Behavioral Research in Accounting* 19 (1): 179 – 196.

Piliavin J. A. , Charng H. 1990. "Altruism: A Review of Recent Theory and Re-search. " *The Annual Review of Sociology* 16 (1): 27 – 65.

Qian, W. and M. Abdur Razzaque, et al. 2007. "Chinese Cultural Values and Gift-giving Behavior. " *Journal of Consumer marketing* 24 (4): 214 – 228.

Reinstein David, Gerhard Riener. 2012. "Reputation and Influence in Charitable Giving: An Experiment. " *Theory and Decision* 72 (2): 221 – 243.

Robert L. Payton, Michael P. Moody. 2008. *Understanding Philanthropy: Its Meaning and Mission.* Bloomington: Indiana University Press.

Salamon L. M. (ed.). 2014. *New Frontiers of PHILANTHROPY: A Guide to the New Tools and Actors Reshaping Global Philanthropyand Social Investing.* Ox-ford: Oxford University Press.

Salamon, Lester M. 1995. *Partners in Public Service: Government-Nonprofit Rela-tions in the Modern Welfare State.* Baltimore: Johns Hopkins University Press.

Salamon, L. M. 1992. *America's Nonprofit Sector: A primer.* New York: Foundation Center.

Sargeant A. , Ford J. , Hudson J. 2008. "Charity Brand Personality: The Relation-ship With Giving Behavior. " *Nonprofit and Voluntary Sector Quarterly* 37 (3): 468 – 491.

Sargeant A. , Hilton T. 2005. "The Final Gift: Targeting the Potential Charity Legator. " *International Journal of Nonprofit and Voluntary Sector Marketing* 10 (1): 3 - 16.

Sargeant A. , L. Woodliffe. 2007. "Gift Giving: An Interdisciplinary Review. " *International Journal of Nonprofit and Voluntary Sector Marketing* 6 (12): 275 - 307.

Sargeant A. , West B. D. , Ford J. 2004. "Does Perception Matter: An Empirical Analysis of Donor Behaviour. " *The Service Industries Journal* 24 (6): 19 - 36.

Sargeant A. 2001. "Managing Donor Defection: Why Should Donors Stop Giving. " *New Directions for Philanthropic Fundraising* 32: 59 - 74.

Sargeant, A. , J. B. Ford & D. C. West. 2006. "Perceptual Determinants of Nonprofit Giving Behavior. " *Journal of Business Research* 2 (59): 155 - 165.

Saxton G. , Neely D. , Guo C. 2014. "Web Disclosure and the Market for Charitable Contribution. " *Journal of Accounting and Public Policy* 33 (2): 127 - 144.

Schervish, P. G. , J. J. Havens. 1997. "Social Participation and Charitable Giving: A Multivariate Analysis. " *Voluntas International Journal of Voluntary & Nonprofit Organizations* 8 (3): 235 - 260.

Schervish, P. G. & Havens, J. J. 1998. "Money and Magnanimity: New Findings on the Distribution of Income, Wealth, and Philanthropy. " *Nonprofit Management and Leadership* 8 (4): 421 - 434.

Schervish, P. G. & Havebs, J. J. 2001. "Wealth and the Commonwealth: New Findings an Wherewithal and Philanthropy. " *Nonprofit and Voluntary Sector Quaeterly* 30 (1): 5 - 25.

Schervish, P. G. & Havens, J. J. 1995. "Do the Poor Way More: Is the U-shaped Curve Correct? " *Nonprofit and Voluntary Sector Quartrrly* 24 (1): 79 - 90.

Schlegelmilch B. B. , Diamantopoulos A. , Love A. 1992. "Determinants of Charity Giving: An Interdisciplinary Review of the Literature and Suggestions for Future Research. " In *AMA Winter Educators' Conference: Marketing Theory and Applications*, edited by Antonio S. , Allen C. T. pp. 507 - 516. Chicago: American Marketing Association.

Schokkaert, Erik. 2006. "The Empirical Analysis of Transfer Motives." In *Hand-Book of the Economics of Giving, Altruism and Reciprocity*, edited by Serge-Christophe Kolm, Jean Ythier, Volume 1, North Holland: Elsevier B. V.

Schwartz, R. A. 1970. Personal philanthropic contributions. *Journal of Political Economy* 78 (6), 1264 – 1291.

Sen, A. 1979. "Personal Utilities and Public Judgements: Or What's Wrong with Welfare Economics." *Economic Journal* 89 (355): 537 – 558.

Senate, U. S. 2005. "Exempt Status Reform-staff Discussion Draft." *Senate Finance Hearings* 1: 1 – 11.

Shabbir H., Thwaites D. 2007. "Determining the Antecedents and Consequences of Donor-Perceived Relationship Quality: A Dimensional Qualitative Research Approach." *Psychology & Marketing* 24 (3): 271 – 293.

Shang, Jen, Rachel Croson. 2009. "A Field Experiment in Charitable Contribution: the Impact of Social Information on the Voluntary Provision of Public Goods." *The Economic Journal* 119 (540): 1422 – 1439.

Sharma E., Morwitz V. G. Saving. 2016. "The Masses: The Impact of Perceived Efficacy on Charitable Giving to Single vs. Multiple Beneficiaries." *Organizational Behavior & Human Decision Processes* 2016 (135).

Soetevent, A. R. 2005. "Anonymity in Giving in a Natural Context: A Field Experiment in 30 Churches." *Journal of Public Economics* 11: 2301 – 2323.

Srnka, K. J. & Eckler, I. 2003. "Increasing Fundraising Efficacy by Segmenting Donors." *Australasian Marketing Journal* 11: 70 – 86.

Stebbins E., Hartman R. 2013. "Charity Brand Personality: Can Smaller Charitable Organizations Leverage Their Brand's Personality to Influence Giving." *International Journal of Nonprofit and Voluntary Sector Marketing* 18 (3): 203 – 215.

Tate, S. L. 2007. "Auditor Change and Auditor Choice in Nonprofit Organizations." *Auditing: A Journal of Practice and Theory* 26 (1): 47 – 70.

Titmuss, R. M. 1970. *The Gift Relationship*. London: Allen and Unwin.

Trussel J. M., Parsons L. M. 2007. "Financial Reporting Factors Affecting Donations to Charitable Organizations. " *Advances in Accounting* 2007 (23).

WINGS. 2018. "The Global Landscape of Philanthropy. " Last modified May 26. https://wings. issuelab. org/resource/the-global-landscape-of-philanthropy. html

Wu S. Y. , Huang J. T, Kao A. P. 2004. "An Analysis of the Peer Effects in Charitable Giving: The Case of Taiwan. " *Journal of Family and Economic Issues* 25 (4): 483 – 505.

Wunderink Sophia. 2000. "The Economics of Consumers' Gifts and Legacies to Charitable Organizations. " *International Journal of Nonprofit and Voluntary Sector Marketing* 5 (3).

Yen, S. T. An. 2012. "Econometric Analysis of Household Donations in the USA. " *Applied Economics Letters*, 9 (13), 837 – 841.

Yetman, M. , Yetman, R. J. 2013. "Do Donors Discount Low Quality Accounting Information?" *Accounting Review* 88 (3): 1041 – 1067.

Zhu, Haiyan and Yu, Xie. 2007. "Socioeconomic Differentials in Mortality among the Oldest old in China. " *Research on Aging* 29 (2).

Zucker, L. G. 1986. "Production of Trust: Institutional Sources of Economic Structure, 1840 – 1920. " In *Research in Organizational Behavior*, eds. B. M. Staw and L. L. Cumings JAL Press, Greenwich, CT, 1986: 53 – 111.

图书在版编目（CIP）数据

中国公众捐款：谁在捐，怎么捐，捐给谁 / 韩俊魁
等著. -- 北京：社会科学文献出版社，2020.12
ISBN 978 - 7 - 5201 - 6916 - 5

Ⅰ.①中…　Ⅱ.①韩…　Ⅲ.①赞助 - 研究 - 中国
Ⅳ.①D632.1

中国版本图书馆 CIP 数据核字（2020）第 131102 号

中国公众捐款
　　——谁在捐，怎么捐，捐给谁

著　　者 / 韩俊魁　邓　锁　马剑银 等

出 版 人 / 王利民
组稿编辑 / 刘骁军
责任编辑 / 易　卉

出　　版 / 社会科学文献出版社·集刊分社（010）59367161
　　　　　地址：北京市北三环中路甲 29 号院华龙大厦　邮编：100029
　　　　　网址：www.ssap.com.cn
发　　行 / 市场营销中心（010）59367081　59367083
印　　装 / 天津千鹤文化传播有限公司

规　　格 / 开　本：787mm × 1092mm　1/16
　　　　　印　张：23.5　字　数：370 千字
版　　次 / 2020 年 12 月第 1 版　2020 年 12 月第 1 次印刷
书　　号 / ISBN 978 - 7 - 5201 - 6916 - 5
定　　价 / 128.00 元